Wie der Mensch
sich orientiert

Martin Urban

Wie der Mensch sich orientiert

Von der Kunst, dem Leben eine Richtung zu geben

Eichborn▸Berlin

1 2 3 05 04

Lektorat: Esther Kormann
Umschlaggestaltung: Christiane Hahn
unter Verwendung eines Gemäldes von Andreas Cellarius / © The Bridgeman Art Library
Layout und Satz: Fotosatz Reinhard Amann, Aichstetten
Druck und Bindung: Clausen & Bosse, Leck
(Eichborn Berlin)

ISBN 3-8218-0748-2

Verlagsverzeichnis schickt gerne:
Eichborn Verlag, Kaiserstraße 66
D-60329 Frankfurt am Main

www.eichborn.de
www.eichborn-berlin.de

Inhaltsverzeichnis

Einleitung

»Plötzliche Regenfälle können zum Betreten einer Buchhandlung zwingen«, weiß Loriot. Manchmal ist es auch nicht der Regen, sondern einfach Neugierde. Und jeder Autor hofft, der Blick des Neugierigen werde auf sein Buch, werde also auf dieses Buch fallen, und damit sind wir bereits beim Thema. Die Neugier ist, recht verstanden, die einzige Gier, die kein Laster ist, sondern eine Tugend. Unser angeborenes Verlangen, uns auf Neues einzulassen, ist die Wurzel allen Bemühens, die Welt zu verstehen und sich in ihr zu orientieren.

Wir nehmen es im Allgemeinen als selbstverständlich, dass wir auf unseren zwei Beinen laufen können und uns im Leben zurechtfinden. Selbstverständlich ist dies aber ganz und gar nicht, wie insbesondere diejenigen wissen, die auf Krücken angewiesen sind. Doch auch ohne Krücken läuft man in Passau nachweislich langsamer als in Dresden. Warum ist das so? Warum fällt es dem Menschen schwer, nachdem er ein ihm zuvor unbekanntes Ziel bereits erreicht hat, nun auch den Rückweg zu finden? Die Gehirnforschung kann das erklären und sogar feststellen, was sich bei einem Taxifahrer, der trainiert seine Ziele rasch zu finden, im Kopf verändert.

Unsere Sinnesorgane sind schwächer als die mancher Tiere und dennoch fantastisch genau. Und mit den Geräten, die wir bauen, können wir darüber hinaus bis ans Ende der Welt schauen, beziehungsweise zurückblicken bis in die Anfangszeit des Universums.

Der Mensch trägt seine Stammesgeschichte mit sich. Seine Erbsubstanz gibt Hinweise auf Gemeinsamkeiten nicht nur zwischen ihm und einem Schimpansen, seinem nächsten Verwandten, sondern auch auf solche zwischen Mensch und Bakterium. Das menschliche Gefühlsleben ist mitbestimmt von den gleichen Ängsten, die einst die Ahnen vor den sich nachts heranschleichenden Raubtieren hatten. Unser Körper reagiert immer noch wie der unserer Vorfahren vor Jahrmillionen: Er kann seine Kräfte schnell mobilisieren, um zu fliehen oder zu kämpfen. Doch weil dies heute im Allgemeinen nicht mehr nötig ist, ist der Mensch stressempfindlich geworden, regt sich leicht auf und beruhigt sich nur schwer. Und wie ein Kind braucht selbst die Astronautin im Weltall oder mancher Spitzensportler beim Wettkampf seinen Teddybären.

Jedes Tier folgt unmittelbar seinen Instinkten. Die Möglichkeit zu zögern, zu reflektieren ist eine Fähigkeit, die den Menschen vom Tier unterscheidet, die ihm die Chance gibt, weise zu werden, wofür er sich ohnedies hält: *Homo sapiens*, der weise Mensch, so lautet der lateinische Name, den er seiner eigenen Gattung zugedacht hat. Der moderne Mensch nennt sich sogar *Homo sapiens sapiens* – da ist der Weisheit kein Ende. Und doch tut er sich in all seiner Weisheit deutlich schwerer mit der Orientierung in der Welt als ein Hund, der seinen Weg zurück nach Hause findet, indem er nur immer der Nase nach läuft, oder ein Storch, der über Kontinente hinweg aus dem Winterquartier punktgenau wieder in seinem Nest landet. *Homo sapiens sapiens* ist ein hochkomplexes und damit ungemein störanfälliges Wesen. Seine Vorurteile täuschen ihn leicht, aber er hat die ihn gegenüber allen anderen Lebewesen auszeichnende Fähigkeit, dies zu durchschauen. Die modernen Neurowissenschaften erlauben uns, unserem Gehirn dabei zuzuschauen, wie es denkt, wie es die Wahrnehmungen verarbeitet. Exakte Naturwissenschaften verhelfen dazu, uns im Universum wie im Mikrokosmos umzuschauen und die Befunde zu interpretieren. Paläowissenschaften lassen uns unsere Vergangenheit deuten.

Denn der Mensch ist neugierig. Darin allein unterscheidet er sich aber nicht von seinen tierischen Verwandten. Jedes Rindvieh auf der Weide betrachtet ausgiebig die vorbeiziehenden Wanderer. Jedoch nur *Homo sapiens sapiens* fragt nach dem Warum. Er kann sogar fragen, warum er permanent fragt: Warum? Neuerdings lässt sich diese Frage, die sich wohl alle Eltern gelegentlich entnervt stellen, wenn ihr Kind in das entsprechende Alter kommt, und um deren Klärung sich andererseits seit Jahrtausenden die Philosophen bemühen, auch biologisch beantworten: Der Mensch kann gar nicht anders, es ist seine Natur, die Welt interpretieren zu müssen. Er hat ein natürliches Bedürfnis, zu verstehen, warum er so ist, wie er ist, warum er so viele Irrwege geht, was ihm helfen könnte, sie zu vermeiden und dem Leben eine Richtung zu geben. Im Folgenden ist von Erkenntnissen der verschiedenen Naturwissenschaften, die Medizin und die Psychologie eingeschlossen, die Rede.

Dieses Buch soll auch dem Leser, der vielleicht bereits manche Einzelheiten kennt, Zusammenhänge zeigen oder ihm helfen, diesen selbst nachzuspüren. Als Wissenschaftspublizist habe ich gelernt, Sachverhalte miteinander in Beziehung zu setzen, anders als die Wissenschaftler, die im Allgemeinen Spezialisten auf engem Arbeitsfeld sind. Mich selbst fasziniert dabei am meisten, dass der Mensch in all seiner Unvollkommenheit, an Kräften und Sinnesschärfe vielen Tieren weit unterlegen, anfällig für Krankheiten, vergesslich, charakterschwach, verführbar und nicht selten schrecklich dumm, dennoch immer wieder beweist, dass er eben auch klug ist, schöpferisch und liebesfähig, Vollkommenheit ahnen lassend.

I. Von Wegen

Blickpunkt Sonnenaufgang

Wer sich in der Welt zurechtfinden will, muss dorthin schauen, wo die Sonne aufgeht. *Ex oriente lux* – aus dem Osten kommt das Licht, formulierten einst die Römer. Daher kommt das Wort *orientieren*. Nach Osten schauen müssen selbst die US-Amerikaner, die doch vom Orient so gar nichts halten. Auch sie verwenden das Wort *to orientate*, blicken also, bildlich gesehen, in Richtung des von ihnen neuerdings ebenso gering geschätzten Alten Europa, um zu umschreiben, dass sie suchen, wo's langgeht.

Seit der Altsteinzeit und bis heute »orientiert« sich der Mensch an den Gestirnen. Geschichten von der Entstehung der Welt mit der Erde im Mittelpunkt, umkreist von Sonne, Mond und Sternen, gehören zu den ältesten Mythen. Darin werden zugleich die seither immer und immer wieder gestellten Fragen beantwortet: Wo kommen wir her, wo gehen wir hin? Wir wissen, dass das Universum in einem Urknall entstanden ist. Seit dem Jahre 2003 präzisieren die Kosmologen: Die Stunde null, die den Beginn aller Zeitrechnung angibt, schlug vor 13,7 Milliarden Jahren (plus oder minus zehn Prozent). Davon wird später noch die Rede sein. Das erste Element, das nach dem großen Knall entstanden ist, der Wasserstoff, ist auch Baustein des menschlichen Körpers, ein Stück Erinnerung an die Frühzeit des Kosmos. Im Jahre 2002 haben Wissenschaftler exakt gemessen: Vor genau 4,53 Milliarden Jahren entstand der Planet Erde und damit schließlich der Boden unter unseren Füßen, über dem die Sonne seither jeden Tag im Osten aufgeht.

Wenn wir das »Wo kommen wir her, wo gehen wir hin?« räumlich verstehen und auf die Geschichte der Menschheit beziehen, dann ist die Antwort auf das Woher einfach: Der Mensch stammt aus Afrika, er kommt *out of Africa*. Von daher kommend, haben sich bereits die Ahnen des modernen Menschen, lange bevor es den *Homo sapiens* gab, überall in der Welt verbreitet. Doch auch *Homo sapiens* selbst ist in einer weiteren Wanderungswelle aus Afrika gekommen, wo er seinen ersten Auftritt auf der Bühne des Planeten Erde hatte. 160 000 Jahre alt sind die ältesten bisher entdeckten Überreste; Schädelknochen von drei Menschen, die man 1997 in Äthiopien ausgegraben hat, mit Kratzspuren von Steinwerkzeugen. Das ist zugleich ein Indiz dafür, dass damals die Frage

Ein Strohhalm in der linken Hand, in Richtung Sonne gehalten, genügt als Sonnenuhr. Mit Hilfe der Fingerglieder wird die Sonnenhöhe bestimmt und so die ungefähre Uhrzeit. Die Methode war in Deutschland auf dem Land noch bis ins 20. Jahrhundert bekannt.
Holzschnitt Jacob Koebel, Mainz 1532

nach dem Wohin bereits eine Rolle gespielt hat. Denn diese Spuren deuten nach Meinung der Wissenschaftler, welche die Knochen untersucht haben, auf einen Totenkult hin (1). Das heißt, bereits die ältesten unserer direkten Vorfahren haben sich intensiv mit dem Tod auseinander gesetzt. Das Thema wird uns auch in diesem Buch noch beschäftigen.

Vor etwa 100 000 Jahren erschien *Homo sapiens* im Nahen Osten. Vor ungefähr 70 000 Jahren verließ er seine afrikanische Heimat. Er verdrängte überall in der Welt die Frühmenschen, wie den Neandertaler in Europa, und macht sich seither die Erde untertan. Und noch etwas kann man heute mit gentechnischen Methoden zeigen: Die Gruppe, die später Europa und Asien bevölkern sollte, war sehr klein. Forscher der Stanford-Universität in Palo Alto und der Russischen Akademie der Wissenschaften haben durch Studien an 377 Orten im Erbgut von mehr als tausend Menschen aus 52 Volksstämmen festgestellt, dass nur 1800 der Auswanderer Kinder bekommen haben – von denen wir alle abstammen. Es ist also gar nicht selbstverständlich, dass ausgerechnet *Homo sapiens* bis heute überlebt hat. Man kann nun darüber spekulieren, was unseren Urahnen, kaum war er entstanden, bereits in seiner Existenz bedroht hat. Stanley Ambrose von der University of Illinois glaubt, es war ein Vulkanausbruch. Vor gut 70 000 Jahren explodierte nämlich auf Sumatra der Vulkan Toba und schleuderte etwa 800 Kubikkilometer Asche in die Luft. Sechs Jahre lang, so vermuten die Forscher, umhüllten Staub und Schwefel die Atmosphäre. Die Durchschnittstemperatur fiel um etwa fünf Grad Celsius. Ein enormer Schock für die Natur, denn: Noch nie in den letzten paar Millionen Jahren haben sich trotz Eis- und Warmzeiten die globalen Temperaturen um mehr als fünf Grad Celsius nach oben oder unten verschoben. Es mag sein, dass diese Katastrophe die Zahl der Menschen so stark verringerte, wie die genetischen Analysen nahe legen. Vielleicht auch hat diese für uns unvorstellbare Situation erst den Rest der Menschheit dazu gebracht, ihr Glück *out of Africa* zu finden; nach dem Motto des Esels im Märchen von den *Bremer Stadtmusikanten:* »... etwas Besseres als den Tod findest du überall.« Aber das war damals alles andere als gewiss.

Die 1800 Mütter des Homo sapiens

Diese Beobachtungen lehren uns auch etwas im Lichte der deutschen Geschichte besonders Wichtiges: Die genetische Vielfalt der Menschen ist sehr gering – rund viermal geringer als die unserer heute nächsten Verwandten, der Schimpansen. Es ist also ziemlich lächerlich, die äußeren Unterschiede der schwarzen oder weißen, der gelben oder roten Menschengruppen besonders wichtig zu nehmen. Genetisch gesehen sind sie belanglos. Die Ethnologen sprechen heute folgerichtig auch nicht mehr von verschiedenen menschlichen Rassen. Denn sie wissen mittlerweile, dass der Begriff ein – naturwissenschaftlich gesehen falsches – »kulturelles Konstrukt« ist. Umso absurder war die Vorstellung von der »Reinhaltung der Rasse«, die im 20. Jahrhundert vor allem deutsche Wissenschaftler vertraten.

Auch das Wo gehen wir hin? kann man wörtlich nehmen. Die ersten Menschen mussten einerseits Nahrung und andererseits Schutz suchen. Ihre allerersten Wege waren Trampelpfade, wie sie die Tiere benutzen. Noch heute findet man im Gebirge solche Wege, auf denen Menschen seit Jahrtausenden entlanggehen. Markierungen an Felswänden mit anscheinend astronomischen Bezügen, zum Beispiel kleine, schalenförmige Vertiefungen, wie man sie an vielen Orten etwa entlang der Etsch in Südtirol findet, beweisen – selbst wenn man über deren Bedeutung nur Vermutungen äußern kann –, dass hier bereits in vorgeschichtlicher Zeit Menschen entlanggezogen sind.

Sobald der Mensch sich in seiner Umgebung orientieren konnte und bestimmte Ziele immer wieder erreichen wollte, versuchte er, seine Wege komfortabler zu machen. Bereits um 10 000 vor Christus wurden bestimmte Pfade in den gemäßigten Klimazonen regelmäßig benutzt. Die daraus entstandenen prähistorischen Fernstraßen dienten in der Alten Welt dazu, einerseits Bernstein, andererseits Salz (viel später dann auch Seide) zu transportieren. Sie waren, wie die alten Trampelpfade, weitgehend den natürlichen Gegebenheiten angepasst und blieben so teilweise bis ins 19. Jahrhundert erhalten. Auch in der Neuen Welt vollzog sich eine ähnliche Entwicklung. Der *Iroquois Mohawk Trail* verbindet über 600 Kilometer Länge Buffalo und Albany im US-Bundesstaat New York. Er war einst ein von den wilden Tieren und den Indianern begangener Trampelpfad. Daraus ist die *New York Route* 5 geworden. Sie orientiert sich an dem uralten Wegemuster, das ursprünglich allerdings nur gut einen halben Meter breit war. Die Salzstraßen in Europa werden heute als touristische Attraktionen wiederbelebt. Beispielsweise die Alte Salzstraße von Lüneburg über Mölln nach Lübeck. Sie machte es im Mittelalter möglich, das in Lüneburg hergestellte Salz an die Ostsee zu bringen, damit die Fischer dort ihre Heringe einsalzen und damit konservieren konnten. Oder im bayerisch-österreichisch-böhmischen Grenzgebiet: Das in Bad Reichenhall gewonnene Salz wurde bereits im frühen Mittelalter über Passau bis zur böhmischen Grenze gebracht, über Salzstraßen sowie die Flüsse Salzach und Inn. Planmäßig legten in historischer Zeit als Erste die Ägypter und die Babylonier Straßen an. Bereits vor 6000 Jahren waren diese Wege in der Stadt Ur in Mesopotamien mit Ziegelsteinen gepflastert.

Prähistorische Markierungen: Drei künstliche Vertiefungen (»Schalen«) in einem Felsen in Südtirol, am Rande eines Höhenwegs oberhalb des Etschtals, zeigen, dass dort bereits in Urzeiten Menschen entlanggezogen sind.
Foto Martin Urban

Meilensteine

Das Römische Reich konnte in seiner gewaltigen Ausdehnung nur deshalb von einem Zentrum aus beherrscht werden, weil die Römer Meister des Straßenbaus waren – von der Nordsee bis zur Sahara, vom Atlantik bis Mesopotamien. Die Straßen waren in erster Linie zum Marschieren da, für die Soldaten. Um das Jahr 100 nach Christus war das römische Straßennetz etwa 80 000 Kilometer lang. Natürlich wollte, wer unterwegs war, wissen, wo er sich jeweils befand; auch wenn er bereits wusste, was zum Sprichwort geworden ist: »Alle Wege führen nach Rom.« So hatten antike Straßenbauer den genialen Einfall, nach jeweils tausend Doppelschritten (lateinisch *milia passuum*) ein Zeichen für die Normstrecke der *Meile* von 1479 Metern zu setzen. Dieses Zeichen war der Meilenstein, ein meist zylindrisch geformter, in ein quadratisches Sockelende auslaufender Monolith von zwei bis drei Metern Höhe. In einen Meilenstein war der Name des Herrschers in Rom ebenso eingemeißelt wie der seines Statthalters als örtlicher Bauherr sowie die Distanzangabe vom Ausgangspunkt der Straße (*caput viae*, dem »Haupt des Weges«).

Die Idee empfinden wir heute noch als so brillant, dass alle möglichen Erkenntnisse als »Meilensteine« der jeweiligen Entwicklung gekennzeichnet werden. Naturwissenschaftlich ungebildete Menschen reden neuerdings von »Quantensprung«, wenn sie, bildlich gesprochen, den Meilenstein meinen. Sie wissen nicht, dass Quantensprünge die kleinstmöglichen Sprünge der Elektronen in der Hülle eines Atoms sind. Aber zurück zu den Meilensteinen: Bezeichnenderweise sind in dem nach Ende des Römischen Reichs nicht mehr so einigen Europa auch die Orientierungsmarken verwirrend vielfältig geworden: In Deutschland setzte man als Meile ein Fünfzehntel eines Äquatorgrades an, entsprechend 7420,4 Metern, und nannte das geographische Meile. Daraus wurden im metrischen System aufgerundet 7500 Meter. In den verschiedenen deutschen Landen wurde überdies ganz unterschiedlich gezählt. Eine preußische Meile entsprach 7532,5 Metern, eine sächsische 9062 Metern (genannt Postmeile), in Österreich zählte die Meile 7586,66 Meter, in der Schweiz 4800 Meter. Schließlich gab und gibt es noch die auch in der Luftfahrt verwendete Seemeile mit 1852 Metern, die im Ausland auch schon mal länger war: In Großbritannien zählte man die nautische Meile mit 1855, in den USA dagegen mit 1853,25 Metern.

Grenzen und Distanzen werden seit frühgeschichtlicher Zeit durch Steine markiert: Grenzstein des Kassitenkönigs Gula-Eresch in Babylonien mit astronomischen Motiven am oberen Rand. Um 1120 vor Christus

Sie unterscheiden sich von der in den USA und Großbritannien zu Lande geltenden Meile mit 1609,344 Metern.

Die erste Ampel

Nicht von ungefähr bekamen die Straßen am Ende auch noch Orientierungshilfen, die jede Bewegung beenden können. Die erste Ampel wurde 1868 vor dem Parlament in London aufgestellt, um Fußgänger mit »Rot« zu stoppen und bei »Grün« des Weges ziehen zu lassen. Alsbald explodierte das Gerät und stoppte dabei einen Schutzmann für immer. Die erste Rot-Grün-Ampel zur Regelung des allgemeinen Straßenverkehrs ist 1914 in der Euclid Avenue in Cleveland, Ohio, aufgebaut worden.

In kleinen Schritten (lateinisch passus) zum Ziel: Ohne Winkel messen zu müssen, lässt sich der Abstand AC bestimmen, wenn man die Strecken AB und ED gleich lang wählt und die Schritte für die Abschnitte AE und BD auszählt.
Holzschnitt, 1604

Wie der Mensch sich orientiert, ist kulturspezifisch verschieden. In Europa ist man gewohnt, dabei nach einem Rechts-links-Schema vorzugehen. Wer nach einem Weg sucht und ihn sich beschreiben lässt, erfährt zum Beispiel: »Gehen Sie die zweite Straße nach rechts und dann gleich nach links.« Dagegen verfolgt ein nordaustralischer Ureinwohner, ein Guugu Yimithirr, eine andere Strategie. Er hat das kosmische Ordnungssystem im Kopf, würde also nicht sagen: »Der Baum steht rechts neben dem Haus«, sondern: »Der Baum steht an der Ostseite des Hauses.« John Haviland, ehemaliger Mitarbeiter am Max-Planck-Institut für Psycholinguistik im niederländischen Nijmegen, hat festgestellt, dass ein Drittel aller weltweiten Sprachen wie die der nordaustralischen Ureinwohner ein absolutes Navigationssystem bevorzugt.

Geschlechtsbedingte Orientierungsschwierigkeiten

Anscheinend ist die Fähigkeit, sich räumlich zu orientieren, unter anderem auch vom Hormonzustand abhängig. Jedenfalls haben Wissenschaftler der Ruhr-Universität Bochum festgestellt, dass Frauen in visuell-räumlichen Orientierungstests während der Zeit ihrer Menstruation am besten abschnitten, während bei ihnen die Konzentration des Sexualhormons Progesteron einen relativen Tiefstand erreichte (2). Sie sind dann ähnlich gut wie im Durchschnitt und ständig die Männer. Die Forscher fanden ihre Vermutung bestätigt, dass der »kleine Unterschied« etwas mit den unterschiedlichen Fähigkeiten der rechten und der linken Gehirnhälfte zu tun hat. Die linke Hemisphäre ist der rechten in verbalen Fähigkeiten überlegen, während die rechte Hemisphäre der linken überlegen ist, wenn es um visuell-räumliche Funktionen geht. Diese Differenzen sind bei Männern stärker ausgeprägt als bei Frauen. Im Test der Neurowissenschaftler in Bochum wurden den Versuchspersonen Bilder gezeigt, die sie nur mit der rechten Hemisphäre wahrnehmen konnten. Dabei stellte sich heraus, dass eben die rechte Hirnhälfte, wenn es um räumlich-visuelle Orientierung geht, bei Männern immer besser als die linke funktioniert. Bei Frauen dagegen arbeiten beide Gehirnhälften gleich gut, aber etwas schlechter als die rechte männliche Hemisphäre. Während der Zeit der Menstruation dagegen funktionieren die rechten Hemisphären von Mann und Frau etwa gleich gut. Das heißt, der »kleine Unterschied« verschwindet einmal pro Monat – und dann auf Dauer nach der Menopause.

Solche Tests sagen freilich nichts darüber, dass sich bei Männern wie bei Frauen das Vermögen der räumlichen Orientierung individuell sehr stark unterscheidet. Es gibt, wie jedermann an sich selbst und seinem

Familien- oder Freundeskreis testen kann, sowohl den Menschen, der traumwandlerisch immer sein Ziel findet, als auch jene armen Zeitgenossen, die immer auf die wohlwollende Hilfe anderer angewiesen sind, wenn sie irgendeinen Ort zuverlässig finden wollen.

Für die bisher beschriebene Art, sich zurechtzufinden, sind ganz basale Fähigkeiten gefragt. Die Natur hat sie bereits im Laufe der Evolution der Pflanzen und Tiere entwickelt: Andernfalls würden die Bäume nicht himmelwärts und die Wurzeln nicht erdwärts wachsen. Sie kennen nämlich bereits ein Oben und ein Unten. Sonst könnten sich auch nicht so unterschiedliche Spezies wie Schmetterlinge oder Zugvögel oder Lachse Tausende Kilometer weit auf die Wanderung begeben und ihr Ziel sicher finden. Für die Orientierung spielt ein wohlentwickelter Gleichgewichtssinn eine wesentliche Rolle. Die entsprechenden Strukturen im Kopf sind älter als das die intellektuellen Fähigkeiten bestimmende Großhirn. Doch es ist eine intellektuelle Leistung des Menschen, dass er die nicht nur ihm eigenen Fähigkeiten sich zu orientieren und seinen Weg zu gehen auch im übertragenen Sinne verstehen kann: Er sucht seinen Lebensweg, er versucht, im Gleichgewicht zu sein und nicht aus der Bahn oder gar auf die schiefe Bahn zu geraten. In diesem Buch soll im breitesten Sinne dem nachgespürt werden, wie der Mensch sich orientiert.

Auf zwei Beinen in der Welt

Um sehen zu können, wo es lang geht, muss der Mensch sich aufrichten. Es ist ein großer Tag für ein kleines Kind, wenn es zum ersten Mal auf seinen eigenen Füßen steht, gar die ersten Schritte machen kann. Damit wiederholt jedes Kind ein Stückchen Menschheitsgeschichte: Auch die Ahnen des *Homo sapiens* »krabbelten« zunächst auf allen vieren – freilich extrem geschickt, am Boden wie in den Bäumen, und sicher rutschten sie dabei nicht wie ein Baby auf den Knien. Noch vor wenigen Jahrzehnten glaubten die Forscher an eine ziemlich geradlinige Entwicklung von einem gemeinsamen Vorfahren der Menschen und der Menschenaffen hin zum Menschen. Das war jedoch ein Irrtum. In den letzten Jahren fanden Paläoanthropologen in Afrika an verschiedenen Orten uralte Skelettreste, die beweisen, dass es eine solche geradlinige

Entwicklung nicht gab: Die Natur hat offenbar immer wieder neue Ansätze in Richtung *Homo* gemacht und wieder verworfen. Zur Jahrtausendwende fand ein kenianisch-französisches Team um die Paläoanthropologen Brigitte Senut und Martin Pickford in den Tugen Hills in Kenia Reste von fünf verschiedenen Individuen, die dort bereits vor etwa sechs Millionen Jahren lebten. Aus der nur schwachen Krümmung der Fingerknochen können die Experten ablesen, dass die Vormenschen zwar auf Bäume kletterten, aber nur mäßig geschickt. Die kräftigen Oberschenkelknochen dagegen beweisen eindeutig, dass sie bereits aufrecht gehen konnten.

In den 1970er Jahren spekulierten Wissenschaftler, die ersten Zweibeiner seien womöglich gerannt, bevor ihre Nachfahren allmählich das langsame Gehen lernten, ähnlich wie die kleinen Kinder bei ihren ersten Schritten rennen müssen, um nicht hinzufallen. Doch das Auffinden von Fußspuren widerlegte diese Theorie. Die Paläoanthropologin Mary Leakey legte 1978/79 in Laetoli in Tansania die versteinerten Spuren von zwei oder drei Hominiden frei, die hier vor 3,6 Millionen Jahren ihres Weges gingen. Man kann aus diesen Fußspuren lesen, dass sie tatsächlich gingen und nicht etwa rannten.

»Es kann die Spur von meinen Erdentagen nicht in Äonen untergehn«, lässt Johann Wolfgang von Goethe seinen Doktor Faustus sagen. Eine einzigartige Kombination von Naturereignissen hat dies in Laetoli wahr werden lassen. Damals, vor 3,6 Millionen Jahren, pustete der Vulkan Sadiman ein paar Mal etwas Asche aus. Obendrein regnete es hin und wieder. Die Asche enthielt reichlich Natriumkarbonat, das bei Kontakt mit Wasser Karbonat freigibt. Dieses kohlensaure Salz verfestigte die Asche, als sie in der Sonne trocknete. Man konnte eine Abfolge von mindestens sechs so entstandenen Schichten von zusammen 15,6 Zentimetern Dicke identifizieren. Über die jeweils noch feuchten Aschenbahnen liefen – ehe sie erneut von Asche bedeckt und schließlich für Jahrmillionen konserviert wurden – zahlreiche Tiere: Elefanten, Nashörner, Schweine, Hyänen, ein dreizehiges Pferd, Paviane, Hasen, Perlhühner, kleine Antilopen und Gazellen – sowie eben auch die Hominiden. Selbst Abdrücke von Regentropfen aus dieser Zeit kann man erkennen, nachdem in langer Verwitterungsgeschichte die ersten Spuren wieder ans Tageslicht traten. Deshalb wissen wir: Die Hominiden von Laetoli hatten bereits den frei ausschreitenden Gang des modernen Menschen. Ihre Füße hatten eine Wölbung, der große Zeh war nicht abgespreizt wie der des Affen.

Die Frage ist allerdings: Warum haben sich irgendwann unsere noch tierischen Ahnen aufgerichtet? Natürlich weil sie sich tierisch geärgert hatten, nicht sehen zu können, wo's lang geht. Aber sich aufzurichten war gefährlich, denn dabei kann man zwar besser sehen, wird aber auch von Raubtieren gesehen. An einem der sechs Millionen Jahre alten Oberschenkelknochen aus den Tugen Hills entdeckten die Forscher Einkerbungen, die sie als Bissspuren einer Raubkatze identifizierten. Schon damals galt, was der Münchner Schriftsteller Eugen Roth im 20. Jahrhundert so formulierte (3):

Bei Lebensläufen sehn wirs klar:
Wer läuft, der läuft auch schon Gefahr!

Die Gruppe männlichen und weiblichen Geschlechts, Erwachsene und ein Kind, hat vor sechs Millionen Jahren wohl ein gewaltsames Ende gefunden. Das waren damals noch keine Menschen und so gut wie wir heute konnten sie sicher auch noch nicht gehen; sie dürften durch die Savanne gewatschelt sein, wo sie dann eine leichte Beute der Raubtiere wurden. Wieso also haben sie sich das angetan und sind nicht weiter wie die Affen von Baum zu Baum gehangelt? Der Anthropologe Carsten Niemitz von der Freien Universität Berlin sieht das so: Die Ahnen des Menschen sammelten an den Ufern der Flüsse oder Seen Schnecken und Muscheln und fingen Fische. Da war es praktisch, aufrecht durchs Wasser zu gehen. Freilich tun das Gleiche auch Schimpansen, und diese sind dennoch nicht zu Zweibeinern geworden.

Wahrscheinlich ist der aufrechte Gang die oder eine Folge klimatischer Veränderungen. Vielleicht gab es dort, wo die Ahnen des Menschen lebten, eines Tages einfach keinen Wald mehr. Tatsächlich hat sich in Afrika das Klima im Laufe von Millionen Jahren stark verändert und damit auch der Lebensraum unserer Ahnen. Vor und während der Eiszeiten verschwanden die Regenwälder bis auf minimale Reste und es bildeten sich Savannen. In den Zwischeneiszeiten konnten sich zwar wieder Regenwälder bilden. Schließlich sind sie dann aber bis auf kleine Bestände verschwunden.

Eine andere bei den Forschern lange sehr beliebte Theorie hat sich allerdings nicht bestätigt: Die Ahnen des Menschen hätten sich, so stellte man sich vor, aufgerichtet, um mit ihrer Hände Arbeit allerlei Steinwerkzeuge und in weiterer Folge die Kulturen der Welt zu schaffen.

Gewiss haben sie das am Ende getan, aber offensichtlich erst, nachdem sie bereits Millionen Jahre lang kulturlos auf zwei Beinen durch die Welt gelaufen waren. Denn die ältesten bekannten Steinwerkzeuge sind nicht mehr als zwei Millionen Jahre alt. Millionen Jahre lang hat man also die großen Vorteile der Zweihändigkeit gar nicht genutzt, die Nachteile aber in Kauf genommen. Bis heute spüren wir die Bürde des aufrechten Gangs.

Die Bürde des aufrechten Ganges

Das beginnt damit, dass die Füße des Erwachsenen zentnerschwere Last zu tragen haben, lediglich auf zwei Beine verteilt und nicht gevierteilt. Allerdings hatten es, was das Eigengewicht betrifft, die Vormenschen – der *American way of life* mit allerlei *Fastfood* war noch nicht erfunden, Amerika überhaupt noch unentdeckt – leichter: Sie waren zierlicher gebaut und, das gilt ebenso für die Menschenahnen aus den Tugen Hills wie die Hominiden von Laetoli, maximal 1,40 Meter groß. Doch das Bedrückende an der Zweibeinigkeit ist immer dasselbe: Nur wenn der Mensch gerade steht, kann sich die Last des Körpers gleichmäßig auf die Füße verteilen. Dabei ist die Fußwölbung stets in Gefahr zusammenzubrechen. Das verhindern zwar, wenn es gut geht, die unermüdbaren und strapazierfähigen Bänder. Doch wenn diese überdehnt werden, können sie die alte Form von alleine nicht zurückbekommen. Und überdehnt werden die Bänder, wenn die Muskeln des Fußes ermüden und die Belastung nicht aufhört. So entsteht der Plattfuß, *Pes planus;* wobei Leidgeplagte wissen, dass es auch den Hohlfuß, den Knickfuß, den Knickplattfuß, den Spitzfuß und den Klumpfuß gibt.

Damit das Körpergewicht genau auf den Füßen ruht, müssen Schaft und Hals des Oberschenkelknochens miteinander einen möglichst großen Winkel bilden. Der wird aber im Laufe des Lebens immer kleiner, mit dem entsprechend wachsenden Risiko, dass bei alten Menschen der Oberschenkelhals bricht. Dieser Winkel beeinflusst die gesamte Statik des Menschen. Die »Traglinie« des gesunden Beins geht von der Mitte des Oberschenkelkopfes durch die Mitte des Kniegelenks und bis zur Mitte des Fersenbeins. Wenn diese Traglinie seitlich von der Mittellinie abgewandt ist, entsteht ein X-Bein, bei Abweichung in der Gegenrichtung ein O-Bein. Solche Abweichungen belasten das Kniegelenk übernormal und sorgen für seine vorzeitige Abnutzung. Diese spielte für unsere Ahnen freilich noch keine Rolle. Denn noch vor 50 000 Jahren hatten sie nach jüngsten Hochrechnungen des *Population Reference Bureaus* der USA eine Lebenserwartung von durchschnittlich zwölf Jahren, die

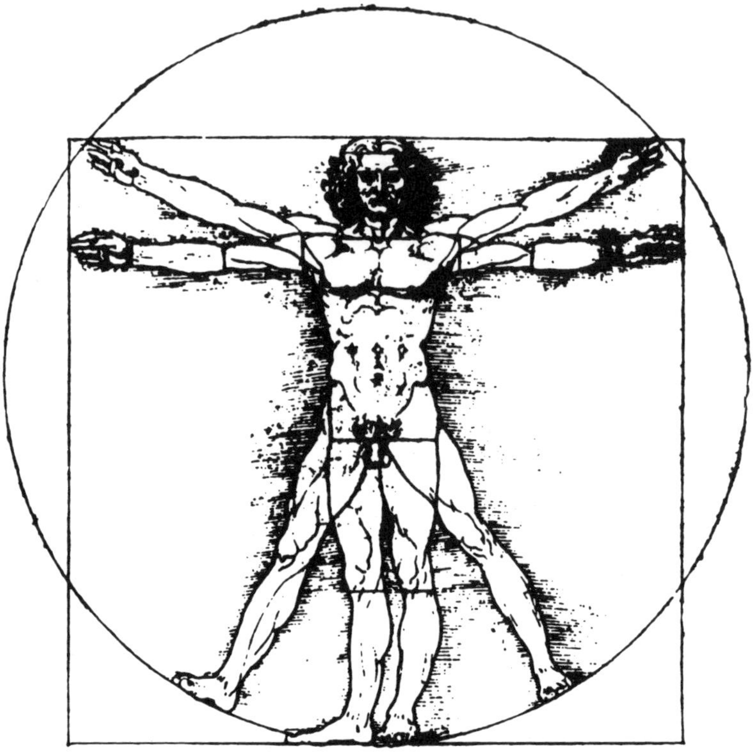

Das Gleichgewicht des Menschen und seine Proportionen spielten im antiken Griechenland eine besondere Rolle. Zu Beginn der Neuzeit entdeckten sie die Künstler neu.
Leonardo da Vinci: Proportionen des Menschen, um 1485

Hälfte der Säuglinge starb im ersten Lebensjahr. In unserer Gerontokratie dagegen ist Verschleiß eine entscheidende Größe.

Damit der Mensch richtig auf seinen zwei Beinen steht, müssen noch viele weitere Voraussetzungen erfüllt sein. Die Art *Homo* gehört bekanntlich zum (Unter-)Stamm der Wirbeltiere und für den aufrechten Gang ist die Statik der Wirbelsäule mit ihren sieben Halswirbeln, zwölf Brustwirbeln, fünf Lendenwirbeln, fünf Kreuzwirbeln und vier bis fünf Steißwirbeln sowie den Zwischenwirbelscheiben (Bandscheiben) entscheidend. Diese »Säule« ist beim Erwachsenen nicht etwa völlig gerade, sondern sanft geschwungen, ein federnder Stab, an Bändern aufgehängt und durch Muskeln bewegt. Die Säule selbst, dank ihrer Form, sowie die Bandscheiben federn die Stöße beim Laufen ab, ähnlich den Federn und Stoßdämpfern eines Autos. Die richtige Aufhängung der Beine, der richtige Beckenstand, die richtige Lage der Wirbelsäule – es muss sehr viel zusammenkommen, damit der Mensch seinen Weg gehen kann. Allerdings kann er das alles auch leicht durcheinanderbringen. Dazu

Der Stubenhocker achtet kaum auf seinen Bewegungsapparat; schon gar nicht, wenn er sich verzweifelt um einen Text müht.
Johann Rudolf Schellenberg (1748–1806): »Es wird, denk ich, nicht viel herauskommen.«

muss er zum Beispiel nur Hochleistungssport treiben. Körperlich anstrengende Arbeit sorgt ohnedies für Verschleiß, lange bevor das Leben zu Ende ist. Wir Stubenhocker (wer zum Beispiel Bücher und anderes publiziert, ist ein Stubenhocker) müssen den Bewegungsapparat lebenslänglich pflegen, je älter wir werden, desto sorgsamer. Das ist die Folge davon, dass wir uns aufrichteten und nun die Hände frei haben, ein Buch wie dieses zu schreiben und zu lesen.

Vom Nutzen, die Hände frei zu haben

Freilich hatte der aufrechte Gang durchaus noch einen wesentlichen Vorteil, der im Zusammenhang mit dem Verschwinden der dichten Wälder Afrikas sehr wichtig ist. William R. Leonard, Anthropologe an der Northwestern University in Evanston (Illinois), hat ausgerechnet, dass Schimpansen, unsere nächsten Verwandten, die auf Füßen und Fingerknöcheln laufen, dabei etwa 35 Prozent mehr Energie verbrauchen als ein am Boden lebendes Säugetier gleicher Größe, das sich auf seinen vier Füßen fortbewegt (4). Laufen auf zwei Beinen, so Leonard, ist für einen Primaten unseres Gewichts, wenn er geht, also nicht rennt, sogar noch ökonomischer, als auf vier Beinen zu gehen. Für die Menschenaffen in ihrem (in jüngster Zeit durch den Menschen stark bedrohten) Lebensraum ist relativ gleichgültig, dass ihre Fortbewegung besonders energieaufwändig ist. Sie hangeln sich an den Bäumen durch den Urwald und finden überall in Reichweite genügend Nahrung. Sie müssen nach Schätzung Leonards am Tag höchstens einen bis zwei Kilometer weit laufen oder klettern.

Mit dem Verschwinden der früchtetragenden Bäume in der Frühzeit des Vormenschen musste dieser allmählich immer weitere Strecken am Boden zurücklegen, um satt zu werden. Außerdem musste er sich etwas einfallen lassen, um überhaupt an Nahrung zu kommen. Neuzeitliche Jäger und Sammler müssen zehn und mehr Kilometer am Tag zurücklegen, um sich zu ernähren. Offensichtlich konnten nur diejenigen unserer Urahnen überleben, die immer größere Köpfe bekamen, genauer: deren Gehirn immer größer wurde. Der menschliche Vorfahre der Gattung mit dem Namen *Australopithecus*, das heißt soviel wie »südlicher Affe«, hatte noch ein Gehirnvolumen, das ungefähr so groß war wie das des modernen Schimpansen. Doch dann wuchs das Gehirn im Laufe einiger Millionen Jahre bis heute auf mehr als das Dreifache, von 400 auf rund 1350 Kubikzentimeter. William R. Leonhard und seine Frau Marcia L. Robertson, deren Spezial-Forschungsgebiet Ernährung und Energiebilanzen der Menschen ist, fingen an zu rechnen: Ein großes Gehirn ist eine viel kostspieligere Angelegenheit als ein kräftiger Bizeps. Denn pro Gewichtseinheit setzt die Hirnmasse 16-mal soviel Energie um wie Muskelgewebe. Mit Gras oder Blättern lässt sich ein kluger Kopf nicht abspeisen. Gewiss, durch Kochen kann man auch energiereichere Pflanzenteile wie die stärkereichen Knollen aufschließen und damit genießbar machen. Doch die Nutzung des Feuers musste erst einmal entdeckt werden und insbesondere eine Technik, das Feuer zu unterhalten. Die ältesten bekannten Feuerstellen in Ostafrika sind 1,6 und 1,4 Millionen Jahre alt. Ob von Menschen entfacht und gar unterhalten, sozusagen um der Bratkartoffeln willen, ist sehr fraglich. Die dauerhafte Nutzung des Feuers ist wohl höchstens einige hunderttausend Jahre alt. Und die Kartoffel hat die Natur in Lateinamerika erfunden, nicht mit dem Menschen zusammen in Afrika.

Jedenfalls sind Leonard und seine Frau sicher: »Das größere Gehirn machte eine beträchtliche Ernährungsumstellung notwendig.« Die Gattung *Homo* begann also auch das Fleischangebot der Savannen zu nutzen. Und so hängt wieder einmal alles mit allem zusammen: Der aufrechte Gang und der kluge Kopf schaffen uns die Freude am Essen in aller Vielfalt und allezeit, so lange, bis der Bauch weit größer geworden ist als der Kopf. Der Bandscheibenvorfall lässt am Ende *Homo sapiens sapiens* auch den aufrechten Gang einstellen.

Schnell in Dresden, langsam in Passau

Wenn man einen Menschen beim Gehen beobachtet, kann man sofort erkennen, ob er in Muße spaziert oder ob er aus gesundheitlichen Gründen langsam geht. Man kann natürlich auch sehen, ob er es eilig hat. Doch es gibt noch andere Unterschiede: Das Gehen spiegelt das allgemeine Tempo wider, in dem ein Mensch lebt und in dem er kulturell verankert ist, sagt Olaf Morgenroth von der Technischen Universität Chemnitz. Er hat festgestellt, dass in Deutschland die Gehgeschwindigkeit tendenziell von Norden nach Süden abnimmt, wenn auch nicht gleichmäßig. Morgenroth und Mitarbeiter haben etwa 6000 über 15 Jahre alte Passanten in 20 Städten beim Gehen beobachtet und das Ergebnis im Juni 2003 vorgestellt:

Im Durchschnitt läuft danach der Deutsche 1,4 Meter pro Sekunde. Das entspricht fünf (5,04) Kilometern in der Stunde. Frauen gehen etwas langsamer als Männer, ältere Menschen deutlich langsamer als jüngere. Die Einwohner von Dresden und Hannover sind danach mit 1,49 Metern pro Sekunde (entsprechend 5,36 Kilometern pro Stunde) die schnellsten. Der Münchner läuft 1,47 Meter, der Hamburger 1,46 Meter, der Frankfurter 1,42 Meter in der Sekunde. Am langsamsten geht man in Passau mit 1,39 und in Saarbrücken mit 1,38 Metern pro Sekunde (entsprechend 4,97 Kilometern in der Stunde). Das Tempo der Berliner wurde nicht untersucht. Die Stadt habe zu viele lokale Zentren und zu viele Touristen, so dass die Struktur für eine saubere Messung zu kompliziert sei, sagte Morgenroth. So bleibt man auf subjektive Beobachtungen angewiesen, wenn man wissen will, ob das Selbstbild der Berliner zutrifft, in allem besonders schnell zu sein.

Mit Siebenmeilenstiefeln

In alten Zeiten, als noch nicht wissenschaftliche Erkenntnis, oder was man dafür hält, das Leben bestimmte, die Menschen aber gewiss nicht dümmer als heute waren, drückte sich Lebenserfahrung in Märchen aus. Sie beschreiben in etwas anderen Bildern, was auch ich erzählen will.
In dieser alten Welt der Märchen hatte man sich vorzugsweise auf den eigenen zwei Beinen fortzubewegen; auf Schusters Rappen, wie man euphemistisch sagte, denn ein Schuster war ein Nobody und besaß gewiss kein Pferd; wohl aber die Fähigkeit, das zum Vorwärtskommen passende Schuhwerk anzufertigen. Von der schnellen Reise träumen durfte man freilich auch damals. Und so erfand man sich Siebenmeilenstiefel. Wenn man damit sieben Schritte tat, war man eine Meile gegangen. Man musste sich auch nicht über staubige Wege quälen, sondern konnte mit den Siebenmeilenstiefeln querfeldein über Berge und durch Täler schreiten; aus Freude am Gehen sozusagen. Und auch darin hat sich bis heute nichts geändert: Je unauffälliger, je kleiner einer ist, desto größer die Sehnsucht nach Größe, wenigstens des eigenen Automobils.

Inbegriff des körperlich Schwachen, der gerade mal fähig war Nadel und Faden zu bewegen, war der Schneider. Wenn arme Schneiderleute ein Kind bekamen, war es normalerweise ebenfalls zierlich. Auch Früh- und Fehlgeburten gab es damals natürlich und da hat man sehen können, dass ein Menschlein nur daumesgroß bereits eine voll ausgebildete Gestalt hat. So werden die zahlreichen Märchen vom Däumling entstanden sein.

Auch aus dem kleinen Mann kann etwas Großes werden. Davon ist jedes Kind überzeugt. Natürlich auch der Däumling im Märchen.

Jedes kleine Kind hat die Gewissheit in sich, einmal groß zu werden. Und wer von Natur aus kleiner als andere ist, muss durch Schläue ausgleichen, was ihm an Körperkraft fehlt. Däumling ist immer ein schlauer Bursche. Das wissen auch seine Eltern zu schätzen. Er sitzt dem Vater im Ohr, klein wie er ist – und der Vater lässt sich von ihm den Weg weisen. Der Däumling kann sich auch dort orientieren, wo bis heute normalerweise das kleine Chaos herrscht: in einem Haufen Wäsche, zwischen den Papieren auf dem Schreibtisch, in der Speisekammer, der Mutter unseres Kühlschranks. So ist verständlich, dass gerade der Däumling auch die erträumte Beweglichkeit erreicht. Der ganz Kleine besiegt mit List den ganz Großen, David gewinnt gegen Goliath und Däumling stiehlt dem Riesen, der auch ein Menschenfresser ist, dessen Siebenmeilenstiefel. Diese haben, folgt man den Recherchen der Gebrüder Grimm, zusätzlich die gute Eigenschaft, an jeden Fuß wie angegossen zu passen. So gestiefelt zieht der kleine Mann fort von zu Hause und in die Welt hinaus. In der Hoffnung seinen Weg zu finden – was wiederum auch ein Bild ist für jeden jungen Menschen, der sich vom Elternhaus emanzipieren muss.

Um nun wieder von den Siebenmeilenstiefeln wegzukommen: Ganz allgemein galt in früheren Zeiten der Schuh als Sinnbild von Macht. Bei den germanischen Völkern nahm man ein Stück Land in Besitz, indem man es betrat. In den Bauernkriegen, Ende des 15. und Anfang des 16. Jahrhunderts, wurde der Bundschuh, ein mit Riemen um den Knöchel gebundenes Stück Leder, zum Feldzeichen der aufständischen Bauernbünde; heute ist er Symbol von Bürgerinitiativen. In alten Zeiten setzte der Herrscher seinen Fuß auf den Nacken des besiegten Feindes. Und die archaische Geste des Fußtritts kann noch heute mörderisch sein, insbesondere, wenn der Fuß gestiefelt ist.

Ötzis Schuhwerk, optimal temperiert

Niemand weiß zu sagen, seid wann der Mensch seine Füße bekleidet. Das Schuhwerk des vor 5000 Jahren in den Ötztaler Alpen ums Leben gekommenen Steinzeitmenschen »Ötzi« war, wie die Rekonstruktion zeigt, für das Gehen in den Hochalpen besser geeignet als der moderne Trekkingschuh. Ötzis Schuh war ein mit Heu gefütterter Treter mit einer relativ dünnen Sohle aus Bärenleder. Um die Ferse bestand er aus einem ebenfalls mit Heu gefütterten Geflecht aus Lindenfasern. In diesem Schuh blieb der Fuß optimal temperiert. Schweiß oder eindringendes Wasser verdampften rasch wieder. Übrigens setzte sich erst im 19. Jahrhundert die Unterscheidung zwischen rechtem und linkem Schuh durch.

Dass einen zuweilen der Schuh drückt, ist zum geflügelten Wort geworden. Der griechische Dichter Plutarch (um 46–120 nach Christus) erzählt in seinen *Vorschriften für Eheleute* die folgende Geschichte: Ein Römer trennte sich von seiner keuschen, reichen und schönen Frau. Seinen Freunden, die ihn nicht verstanden, zeigte er zur Erklärung einen Schuh und sagte: »Auch dieser Schuh ist schön anzuschauen und neu, aber niemand weiß, wo er mich drückt.«

Weg-gehen

Unsere Sprache ist ein Werkzeug. Das Herkommen der einzelnen Worte interessiert von Berufs wegen die Germanisten oder die Linguisten und manchmal auch die Literaten. Den Anwendern ist das meistens gleichgültig. Immerhin ist es aber bemerkenswert, wie viele Wörter mit sehr unterschiedlicher Bedeutung etwas mit Weg oder Gehen zu tun haben: Natürlich be*wegen* wir uns, wenn auch nicht immer nur auf *Wegen* oder in Um*wegen*, gar auf Ab*wegen*. Be*wegen* und Be*gehen* hängen offenbar miteinander zusammen, auch *weg*lassen und *gehen* lassen. Aber auch unter*wegs* und Unter*gang*? Der *Wagen*, so wissen die Sprachforscher, kommt in der Tat vom *Weg* (manchmal auch ab von selbigem); etwas zu wagen hat dagegen nicht mit Wegen, sondern mit der Waage zu tun, in die man etwas hineinlegt, vielleicht auch *weg*legt. Vom *Weg*werfen kommen der Grüne Punkt und das Pfand auf Ein*weg*-Verpackungen. Und wem durch*wegs* die Pferde durch*gehen*, der hat wohl kein besonders um*gäng*liches Wesen. Unter*wegs* muss man nicht unbedingt mit einem Unter*gang* rechnen, gar, historisch gebildet, mit dem Unter*gang* des Abendlands. Merkwürdigerweise können Schiffe allenfalls als U-Boote etwas unter*fahren*, ansonsten nur unter*gehen*. Manchmal ent*geht* demjenigen etwas, der *weg*schaut; auch wenn man manche Menschen besser nur vom *Weg*schauen kennen sollte. Damit die Worte dem Autor, dessen Herz voll ist, nicht einfach über*laufen*, braucht er den richtigen Über*gang*, was nicht das Gegenteil von Unter*gang* ist, und am Unter*lauf* laufen die Flüsse besonders gerne über. Die Aufforderung: *Geh* heim! hat mit Geheimnis insofern durchaus zu tun, als, was man heimlich daheim tut, geheim bleiben soll. Und damit der Heimge*gang*ene nicht zum Wieder*gänger* wird, hat man die Sitte entwickelt, seine Gebeine mit einem Grabstein zu beschweren. Jemanden zu über*gehen* ist bekanntlich etwas ganz anderes als jemanden zu über*fahren* – weshalb wir jetzt zum Thema Mobilität kommen.

Der Weg ist das Ziel

Die Automobilindustrie und ihre Lobby fordern in Deutschland seit Jahren ein »Grundrecht auf Mobilität« – sie denken dabei vorzugsweise an den Bau von Straßen. Dabei müssen freilich nur die Reflexe am Steuer mobil sein. Sie sind es im Rhythmus der inneren Uhr. Und so ist es ein Naturgesetz, dass die Aufmerksamkeit am Steuer nachmittags und dann wieder nach Mitternacht Tiefpunkte erreicht. Doch diese Regel kennt eine Ausnahme, wie sich im Jahre 2003 bei Testfahrten von Antwerpen nach Lyon und wieder zurück zeigte. Sobald sich die Testfahrer bei Nacht und entsprechend müde dem heimatlichen Ziel näherten, wurden sie, sozusagen entgegen dem Stand der inneren Uhr, wieder wach wie bei der Abfahrt. *Coming-home-effect* nennen das die Wissenschaftler. Ist also doch das Ankommen das Beste am Fahren? Dagegen sprechen die viel geliebten und eigentlich unvernünftigen Kurzfahrten mit dem Auto, erst recht die Spritztouren ohne Ziel. Die Liebe zum Auto ist ein rational nicht erklärbares Phänomen. Freilich vermag man neuerdings zu erklären, welche Auswirkungen diese merkwürdige Liebe auf das menschliche Gehirn haben kann. Autofans, so haben Gehirnforscher um Isabel Gauthier von der Vanderbilt University in Nashville (Tennessee) jüngst festgestellt, erkennen die Objekte ihrer Liebe genauso sicher auf den erste Blick, wie gewöhnliche Menschen Gesichter (5). Allerdings haben die Autonarren Schwierigkeiten, Gesichter zu identifizieren. Erklärung: Die Autofans reagieren auf den Anblick eines Autos mit demselben Gehirnareal, das sonst blitzartig Gesichter identifiziert. Der Kopf dieser Zeitgenossen ist infolgedessen überfordert, wenn er seiner eigentlichen Aufgabe nachkommen soll.

Ein Gehirnareal für Autotypen

Während der längsten Zeit seiner Existenz wollte der Mensch bei begrenzter Körperkraft auf jeweils möglichst kurzem Wege ans Ziel kommen. Denn Kraft mal Weg ist Arbeit. Das ist ein Naturgesetz. Doch spielt in unserer Zivilisation die Länge eines Weges keine Rolle mehr. »Nie in der Menschheitsgeschichte waren Entfernungen bedeutungsloser«, stellte der amerikanische »Gesellschaftsfuturologe« Alvin Toffler schon in den 1970er Jahren in einer damals noch nicht globalisierten Welt fest.

Etwa drei Milliarden Tonnen Güter werden heute im Jahr allein in Deutschland hin- und hertransportiert. Anno 2015 sollen es fünf Milliarden sein, 70 Prozent mehr, darunter zwei Milliarden per Lastkraftwagen. Dies geschieht aber nicht, damit wir bekommen, was wir brauchen. Der Innentürgriff des *Mini* von BMW, ein unscheinbares Teilchen, wird nach der Jahrtausendwende in England aus Kunststoff geformt. Um es zu verchromen, bringt man das gute Stück nach Deutschland. Poliert wird es anschließend in Bosnien und montiert in England. BMW-Motto: »Aus Freude am Fahren.« Sprit ist billig.

Ein Hühnerei schmeckt in München nicht anders als in Paris oder in Hongkong. Doch Deutschland importierte 1999 fast 222 Millionen Eier aus Frankreich, während es gleichzeitig 73 Millionen Eier nach Frankreich exportierte. Nach Hongkong verkauften deutsche Hühnerbarone im selben Zeitraum sogar 230 Millionen Hühnereier. Die Agrarpolitiker Europas sind verantwortlich für viele besonders unsinnige Spielregeln unserer Zivilisation. Schweine aus Westfalen erreichen Italien im Lkw nach qualvoller Fahrt über die Alpen. Dort werden ihre Hinterteile in den Rauchfang gehängt, um anschließend als Original Italienischer Parmaschinken in deutschen Landen verkauft zu werden. Man könnte schier endlos viele Beispiele aufführen. Sie haben alle nur eine Ursache: Agrarexporte werden in Europa hoch subventioniert und Fahrkosten spielen dabei keine Rolle.

Mehr Autos, weniger Mobilität

»Wenn ich in Berlin zum Flughafen fahre, nehme ich am besten einen 40-Tonner – der ist nämlich immer noch billiger als ein Taxi.« So beschrieb die Parlamentarische Staatssekretärin im Bundesverkehrsministerium, Angelika Merkens, die Realität im neuen Jahrtausend. Der Gütertransport kostet fast nichts, weil Sprit unverhältnismäßig preiswert ist. Natürlich sieht das die Lobby der Spediteure ganz anders. Noch kurz vor den Bundestagswahlen 2002 verlangte sie »von der Politik ein Bekenntnis zum Lkw als Hauptträger unseres Wohlstandes«. Das Gegenteil ist richtig. Die subventionierte Freiheit für den Brummi und die heiße Liebe zum Pkw hat uns in Deutschland ein Straßennetz von 656 000 Kilometer Länge beschert, das ist mehr als das Sechsfache des Äquatorumfangs. Mehr Straßen bedeuten freilich mehr Verkehr, mehr Verkehr aber bedeutet weniger Beweglichkeit. Das Grundrecht auf Mobilität müsste also, richtig verstanden, erzwingen, den Autoverkehr einzuschränken. Dennoch ist der Straßenbau das beliebteste, wenngleich ein sinnloses Mittel, eine Konjunktur anzuheizen.

Wer – soweit das heute überhaupt möglich ist – sein Kraftfahrzeug »aus Freude am Fahren« und keinem anderen Grund bewegt, für den ist in der Tat der Weg bereits das Ziel. Ein Motto, das freilich auch für Sisyphos gelten kann. Jenen sagenhaften König von Korinth, der in der Unterwelt einen Felsbrocken auf den Gipfel eines steilen Berges wälzen muss, welcher kurz vor dem Ziel immer wieder abrutscht und herunterrollt. Diese Sisyphus-Arbeit ist ihm von den Göttern als Strafe zugedacht worden. Dem ungewöhnlich listenreichen Sisyphos war es nämlich einst sogar gelungen, den Tod, Thanatos, der ihn abholen sollte, in Fesseln zu legen. Doch was ursprünglich als Strafe gemeint war, kann man auch anders deuten. Für den französischen Schriftsteller und Nobelpreisträger Albert Camus (1913–1960) gilt *Der Mythos von Sisyphos* in der folgenden Interpretation: »Sisyphos ist der Held des Absurden ... Seine Verachtung der Götter, sein Hass gegen den Tod und seine Liebe zum Leben haben ihm die unsagbare Marter eingebracht ... Der Kampf gegen Gipfel vermag ein Menschenleben auszufüllen. Wir müssen uns Sisyphos als einen glücklichen Menschen vorstellen.« In diesem Zusammenhang ist es interessant, auf der sprachlichen Ebene über den Sinn des Lebens nachzusinnen. Das Wort *sinnen* gibt es in seiner heutigen Bedeutung bereits im Mittelhochdeutschen, der Sprache des Nibelungenliedes. Es leitet sich ab aus dem althochdeutschen *sinnan* und das bedeutet: reisen, streben, gehen. Bereits die vorgermanische Wurzel *sent-* zeigt im Lateinischen die Grundbedeutung *sentire*, gleich einer Richtung nachgehen. Der Sinn des Lebens wäre also gleichbedeutend mit dem Beschreiten des Lebenswegs. So ergibt der philologische Befund: Mobilität ist der Sinn des Lebens. Bereits in einer Zeit, als der Allgemeine Deutsche Automobil-Club (ADAC) noch nicht die »Freie Fahrt für Freie Bürger« verlangte, hat Bertolt Brecht die Absurdität, die in diesen Gedanken steckt, 1953 mit dem folgenden Gedicht beschrieben (6):

Ich sitze am Straßenhang.
Der Fahrer wechselt das Rad.
Ich bin nicht gern, wo ich herkomme.
Ich bin nicht gern, wo ich hinfahre.
Warum sehe ich den Radwechsel
Mit Ungeduld?

II. Von Sinnen

Mit allen Sinnen

Der Mensch braucht alle seine Sinne, um sich zu orientieren. Diese Sinnesorgane und noch andere, zum Beispiel solche, die elektrische oder magnetische Felder wahrnehmen, sind freilich auch den Tieren eigen und sie sind bei diesen zum Teil viel vollkommener ausgebildet als beim Menschen. Ein Tier trifft seine Entscheidung sekundenschnell und endgültig, ohne sich wie der Mensch groß den Kopf darüber zu zerbrechen. Ein wildes Reh zum Beispiel ergreift die Flucht, sobald es einen Wanderer erspäht. Es passiert nicht, dass sich das Tier die Sache noch einmal überlegt und wieder zurückkehrt.

Der Augenblick des Erkennens

Allerdings machen sich Menschen im Normalfall ebenfalls blitzschnell ein Bild, jedenfalls ein Bild von einem anderen Menschen. Man erkennt, so sagen uns die Psychologen, innerhalb von wenigen Tausendstel Sekunden, ob man ein bestimmtes Gesicht schon einmal gesehen hat oder nicht. Und die Gehirnforscher können nachweisen, dass wir emotional höchst unterschiedlich reagieren, je nachdem, ob uns auf einem Foto der Abgebildete direkt anschaut oder ob er zur Seite blickt (7). Außerdem wissen die Medienforscher aus ihren Experimenten, dass sich Menschen sehr schnell ein Urteil über andere Leute bilden. Anfang der 1990er Jahre wurden Videoclips von 180 Politikern mehr als 200 amerikanischen, deutschen und französischen Probanden tonlos vorgespielt (8). Unabhängig davon, ob die Beobachter die Akteure bereits kannten oder nicht, entschieden die Probanden binnen 250 Millisekunden, ob sie die auf dem Bildschirm auftauchende Person sympathisch fanden, langweilig, arrogant, unehrlich, intelligent, hinterhältig, fair und anderes mehr. »Ob dieses ganz mühelos, ohne jede kognitive Anstrengung entstandene Urteil für die betroffene Person schmeichelhaft oder aber vernichtend ausfällt, hängt nach allem, was wir bisher wissen, von Reizgegebenheiten ab, die oft geradezu erschütternd einfach strukturiert sind«, resümierte Siegfried Frey, der an den Untersuchungen beteiligt war. Im Krieg der Bilder gegen die Urteilskraft der Bürger ist der menschliche Verstand der große Verlierer, wissen Medien- und Politikwissenschaftler: »Das Auge siegt über das Ohr, Bild schlägt Ton.«

Bereits nach einem Blick von nur 150 Millisekunden Dauer auf ein Porträt konnten Probanden des Psychologen Ronald Henss von der Univer-

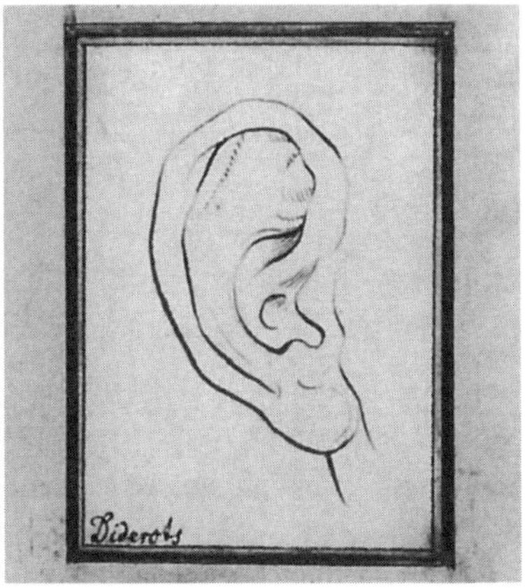

Wir machen uns blitzschnell ein Bild von unserem Gegenüber, ohne die Details bewusst wahrzunehmen. Dieser Zusammenhang interessierte schon Johann Kaspar Lavater, der in den Physiognomischen Fragmenten zur Beförderung der Menschenkenntnis *(1775–78) erforschte, aus welchen körperlichen Details sich der Charakter eines Menschen ablesen läßt. Hier: Auge, Ohr und Mund von Denis Diderot.*

sität Saarbrücken sagen, welches Geschlecht der Porträtierte hatte, wie alt und welcher Stimmung er war. Wenn wir einem fremden Menschen begegnen, genügen, so Henss, höchstens 90 Sekunden, um Aussehen, Mimik, Stimme, Gang und Geruch zu einem Gesamteindruck werden zu lassen.

Dieser erste Eindruck leitet sich aus wenigen Signalen ab. Das heißt, das Gehirn bedient sich einer Kollektion von Stereotypen, andernfalls könnte es nicht so schnell einen Gesamteindruck bekommen. Wenn diese Signale übrigens auf den ersten Blick wenig deutlich sind und das Gehirn zu lange brauchen würde, um sich ein Bild zu machen, wendet es sich ab und heftet dem in keine Schublade auf Anhieb Passenden das Etikett »langweilig« an. Zahlreiche Untersuchungen der Psychologen belegen, dass der erste Eindruck entscheidend, jedenfalls nur sehr schwer revidierbar ist. So »ökonomisch« arbeitet unser Gehirn. Und wir fallen allzu leicht darauf herein.

Dabei sind, anders als beim Tier, die im Laufe der Evolution neu hinzugekommenen Hirnrindenareale des Menschen nicht mehr direkt an die Sinnesorgane gekoppelt. Das menschliche Gehirn bezieht seine Informationen nicht mehr nur durch die Sinnesorgane, sondern vergleicht die neuen mit schon im Gedächtnis vorhandenen. Das gibt *Homo sapiens* die Möglichkeit, Teilerkenntnisse miteinander in Beziehung zu setzen und daraus zunehmend abstraktere Bilder zu gewinnen. Er bildet sich ein Urteil. Denn der Mensch kann, anders als das Tier, nicht nur mitfühlen – eine Fähigkeit, die bereits die Haustiere Hund und Katze haben, was ihre Halter immer wieder verblüfft –, sondern er kann sich sogar ein Modell, ein Bild von dem machen, was im Gehirn eines anderen Menschen passiert. Das menschliche Gehirn, so sieht es der deutsche Forscher Wolf Singer (Max-Planck-Institut für Hirnforschung, Frankfurt), »kann sich in den Beurteilungen des anderen spiegeln und sich seiner selbst vergewissern. So könnte das, was wir Bewusstsein nennen, in die Welt gekommen sein.«

Hört, hört!

Das Gehör ist eine Spätentwicklung der Evolution, zunächst an den Fischen erprobt. Allerdings bildet sich der Hörsinn in der Ontogenese, beim werdenden Menschen im Mutterleib, frühzeitig aus. Das Innenohr erreicht schon lange vor der Geburt seine endgültige Größe. Lange vor seiner Geburt kann der Mensch hören. Und bei der Mehrzahl der Menschen ist der Hörsinn am Ende ihrer Tage der zuletzt erlöschende, eben dann, wenn der Mensch aufhört zu leben. Es ist müßig, darüber zu streiten, ob für den Menschen das Hören oder das Sehen wichtiger ist: Hören und Sehen zusammengenommen ermöglichen uns eine perfekte Orientierung in Raum und Zeit. Die Ausschläge (Amplituden) der mit den Schallwellen periodisch auf das Trommelfell einfallenden Luftdruckschwankungen sind noch hörbar, wenn sie nur ein Zehnmilliardstel des Atmosphärendrucks ausmachen. »Wäre unser Ohr geringfügig empfindlicher, würden wir thermisches Rauschen hören und in einem Meer von Geräuschen versinken«, so formuliert es der Heidelberger Zoologe Werner A. Müller (9). Im empfindlichsten Frequenzbereich um 3000 Hertz (Schwingungen pro Sekunde), den, so Müller, »das brüllende Baby weidlich zu nutzen weiß«, ruft bereits ein Energiestrom von 0,05 Trillionstel Watt (0,5 mal 10 hoch minus 16 Watt), der auf eine Fläche von einem Quadratzentimeter des Trommelfells trifft, einen wahrnehmbaren Ton hervor. »Man hat kalkuliert, dass hierbei die Flüssigkeit in den Gängen des Innenohrs mit Amplituden schwingt, deren Größe geringer ist als der Durchmesser eines Wasserstoffatoms«, erläutert Müller.

Die mechanischen Schallreize nimmt der Mensch – nicht anders als ein Fisch – über spezialisierte Rezeptoren, die sogenannten sensorischen Haarzellen im Innenohr wahr. Diese Zellen haben an ihrer Oberfläche winzige Härchen als Fortsätze. Werden diese Härchen durch Schall verbogen, strömen über Kanäle in der Zellmembran kleine elektrisch geladene Moleküle (Ionen) in die Zelle: Mechanische Energie wird auf diese Weise in elektrische Impulse verwandelt. Alle unsere Sinnesorgane arbeiten so, dass letztlich ein Reiz in ein elektrisches Signal umgewandelt und so ins Gehirn weitergeleitet wird. Erst dort wird das Signal interpretiert.

Für die räumliche Orientierung ist es wichtig, dass der Mensch zwei Ohren besitzt. Schallwellen, die von einer seitlichen Schallquelle ausgesandt werden, erreichen das dieser nähere Ohr eine Winzigkeit früher und mit einem Quäntchen höheren Schalldrucks als das entferntere. Dabei kann der Mensch wiederum geringste Differenzen wahrnehmen: Zur Ortung einer Schallquelle kann das Gehör Unterschiede im Schallpegel von einem Dezibel und Laufzeitdifferenzen von drei Hunderttausendstel Sekunden auswerten. Schließlich hört ein trainiertes Ohr den

Frequenzunterschied zwischen 1000 und 1001 Hertz, also von einer Schwingung pro Sekunde. Gleichzeitig vermag das Ohr – von den Lautsprecherherstellern weidlich ausgenutzt und in der Diskothek oder gar beim Open-Air-Konzert präsentiert – einer Dynamik standzuhalten, die – ins Optische übertragen – uns sofort erblinden ließe. Doch die Generation der mit dem *Walkman* Aufgewachsenen, vor allem der Technofans, erfährt es leidvoll: Wenn das Ohr mit einem reinen Ton sehr hoher Intensität beschallt wird, sterben die für diesen Ton zuständigen inneren Haarzellen des Innenohrs ab, von denen jede einzelne eine Leitung ins Zentralnervensystem besitzt. Abgestorbene Haarzellen werden, anders als zum Beispiel Riechzellen, nicht mehr ersetzt. Da die Extrembeschallung die unterschiedlichsten Frequenzen, für die das Ohr auch unterschiedlich empfindlich ist, umfasst, entstehen für die Betroffenen Lücken in der Tonleiter, das heißt, sie sind für manche Töne taub geworden.

Weil der Mensch hören kann, kann er sich mit der Musik unerhörte Klangwelten schaffen. Mindestens seit 50 000 Jahren gibt es Flöten, wie die Archäologen aus Funden von regelmäßig mit Löchern versehenen Hohlknochen schließen. Die Tonleiter mit der siebenfachen Unterteilung der Oktave, Grundlage unserer Musik, ist bereits um 2000 vor Christus im alten Ägypten nachweisbar. Und der im 6. vorchristlichen Jahrhundert lebende griechische Gelehrte Pythagoras (den Gymnasialschülern bestens bekannt aus dem Geometrieunterricht mit dem für das rechtwinklige Dreieck geltenden »Satz des Pythagoras«, obendrein der Erste, der lehrte, dass die Erde rund ist) stellte fest, wie man auf mathematische Weise die Töne unserer Tonleiter als einfache Zahlenverhältnisse darstellen kann: Wenn man zum Beispiel die Saite einer Geige genau in der Mitte ihrer Länge niederdrückt, ist der dann mit dem Geigenbogen erzeugte Ton exakt eine Oktave höher, als wenn die ganze Saite voll schwingt.

Diese reine Stimmung ist ein Kennzeichen sowohl der frei tastbaren Saiten- als auch der Blasinstrumente. Bei letzteren verhält sich die schwingende Luftsäule, etwa in einer Flöte, wie die schwingende Saite einer Geige. Beim Klavier allerdings mit seinen ein für alle Mal festgelegten Saitenlängen gibt es Probleme: kleine Differenzen zwischen den Halbtönen – wie zum Beispiel Cis und Des, die sich in mathematisch reiner Stimmung in ihrer Höhe unterscheiden. Deshalb konnte man bis zur Zeit von Johann Sebastian Bach (1685–1750) nicht ohne weiteres die Tonarten auf dem Cembalo oder Klavichord wechseln. Der Halberstäd-

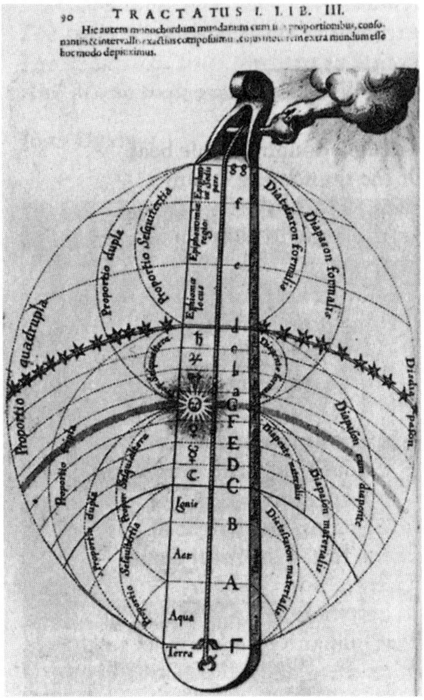

Die Melodie der Welt. Wenige Jahre nachdem dieses Bild 1687 mit der Geige als Symbol der »reinen« Stimmung erschienen war, wurde die Idee des wohltemperierten Klaviers geboren.

ter Organist Andreas Werckmeister schlug 1691 vor, die Oktave in zwölf absolut gleiche Tonintervalle zu unterteilen, also eine, wie Werckmeister es seinerzeit formulierte, »gleichschwebende Temperatur« einzuführen. Durch eine winzige Unreinheit beim Stimmen wurde der Unterschied etwa zwischen dem Cis und dem Des nivelliert. Damit hatten die Komponisten schlagartig eine viel größere Entfaltungsfreiheit gewonnen. Johann Sebastian Bach griff diese Neuerung auf und schuf 1722 *Das Wohltemperirte Klavier oder Praeludia und Fugen durch alle Tone und Semitonia;* Vorspiele und Fugen in allen Ton- und Halbtonarten, in Dur und Moll.

Ohne die Fähigkeit zu hören gäbe es weder die Sprache noch die Musik, jenen den Menschen emotional wohl am stärksten bewegenden Ausdruck seiner Kreativität. Das Hören ist sowohl Medium der nach außen gerichteten Kommunikation als auch der nach innen gerichteten Meditation. Fromme Juden zitieren seit zweieinhalbtausend Jahren den Satz aus der Thora (5. Mose, 6, 4): »*Höre*, Israel, der HERR ist unser Gott, der HERR allein.«

Hören und Zuhören ist nicht dasselbe. Das ist nur scheinbar selbstverständlich. Wie oft fordert der Lehrer die Kinder im Unterricht auf:

»Jetzt hört doch mal zu!« – vergeblich. Die Fähigkeit zuzuhören wird, so meint der Münchner Grundschulpädagoge Joachim Kahlert, fälschlicherweise als »Bringschuld der Kinder« angesehen, obwohl sie eine Kunst sei, die gelernt werden müsse. Zu dieser falschen Einstellung passt das Ergebnis von Unterrichtsanalysen, wonach Lehrer im Durchschnitt zwei Fragen pro Minute stellen – Schüler dagegen jeweils nur eine im Monat (10). Wenn daheim der Fernseher oder das Radio permanent läuft, verhindert dies ein konzentriertes Zuhören. Ausgerechnet den Menschen, die einem am nächsten stehen, hört man übrigens am wenigsten zu; in dem Glauben, sie so gut zu kennen, dass man ohnehin weiß, was sie gerade sagen wollen. Kahlert und seine Mitarbeiter haben zwei Jahre lang ein Modell »GanzOhrSein« an zehn daran beteiligten Schulen erprobt. Sie kamen zu der Erkenntnis: »Kinder, die über zwei Jahre im Hören und Zuhören geschult wurden, sind viel sensibler für ihre akustische Umwelt.« Die für alle angenehme Folge: Der Lärmpegel in der Schule sinkt und die Konzentrationsfähigkeit der Kinder steigt. Zuhören lernen kann man übrigens auch noch als Erwachsener, wie entsprechende Trainingsprogramme zeigen.

Schau'n wir mal

Sehen zu können gibt dem Menschen die detailreichste Information seiner Umwelt in schier unendlich vielen Farben und Formen. Kein Sinnesorgan reicht weiter in das Universum hinaus: Mit den Augen blicken wir in Lichtjahre entfernte Galaxien. Ohne die Fähigkeit zu sehen wäre der Mensch nicht in der Lage, sich Bilder von der Welt zu machen, nicht nur Abbilder, sondern auch Bilder, die vor seinem inneren Auge, in der Fantasie oder im Traum entstehen.

Die »unendlich vielen Farben« entstehen aus einem winzigen Bereich des Wellenspektrums, den wir als das sichtbare Licht wahrnehmen; Wellenlängen zwischen 400 und 750 Nanometern (vier bis 7,5 Zehntausendstel Millimeter). Das gesamte Wellenspektrum im Universum von den kurzwelligen Gammastrahlen bis zu den extrem langwelligen Radiowellen umfasst mehr als 16 Größenordnungen, reicht also von der Größe eins bis zur Größe der Ziffer eins mit 16 Nullen. Nur eine halbe Größenordnung aus dem Spektrum aller Wellen nehmen wir als Licht wahr.

Das hat seine Gründe: Nur das Licht im Wellenlängenbereich zwischen 300 und 800 Nanometern, also ein bisschen kurzwelliger und ein bisschen langwelliger noch, als wir sehen können, kann bestimmte Moleküle so anregen, dass es von diesen absorbiert wird. Licht kürzerer Wellenlänge zerstört diese Biomoleküle, langwelligere Strahlung verursacht »chaotische« Wärmebewegung. Deswegen können wir weder Ultraviolettstrahlen noch Wärmestrahlen sehen. Unser Auge ist so empfindlich, dass es bereits auf ein einzelnes Lichtteilchen, ein Photon, reagieren kann. Und aus nur drei Farben schaffen uns die Augen mit ihren Rezeptoren für Blau, Grün und Rot im Gehirn die Bilder der Welt in ihrer ganzen Buntheit. Wie uns unser Gehirn mit zwei Ohren einen einheitlichen Hörraum schafft, schafft es uns über die zwei Augen mit den zwei Netzhäuten ein dreidimensionales Bild der Welt.

Wenn sich uns ein Mensch nähert, wird das Bild von ihm auf unserer Netzhaut immer größer. Dennoch haben wir nicht den Eindruck, dass der Mensch tatsächlich größer wird – oder kleiner, wenn er sich wieder von uns entfernt. Der Bildeindruck bleibt gleich, auch wenn unser Kopf, unsere Augen sich bewegen. Im Laufe eines Tages ändert sich mit dem Lauf der Sonne die spektrale Zusammensetzung des Lichtes. Mittags überwiegt das kurzwelligere, am Morgen und am Abend das langwelligere Licht. Trotzdem erscheint uns das beleuchtende Licht selbst immer unbunt. Das grüne Gras sehen wir bei jeder Beleuchtung grün, die rote Rose bleibt rot. Und wenn eine Zeichnung unvollständig ist, zum Beispiel von einem Dreieck nur die Ecken aufgemalt sind und jeweils die Mittelstücke der durchgezogenen Linien des Dreiecks fehlen, sehen wir dennoch ein vollständiges Dreieck. Denn die Bilder der Welt, die wir wahrnehmen, fallen wohl auf die Netzhäute unserer Augen. Aber unser Kopf sorgt dafür, dass wir eine konstante Wahrnehmung behalten – Voraussetzung dafür, dass wir uns in der Welt zurechtfinden.

Grenzerfahrungen

Den unmittelbaren Kontakt zur Welt hat der Mensch über rund 1,6 Quadratmeter Körperoberfläche. Die Haut als Begrenzung des menschlichen Leibes ist der Ort ganz spezifischer Grenzerfahrungen: Hier finden sich die Sensoren, die uns Berührungen, Druck und Vibrationen spüren, unterschiedliche Temperaturen als warm oder kalt wahrnehmen sowie Schmerzen empfinden lassen. Erstaunlicherweise nimmt man beim Betasten eines Gegenstandes nicht nur die Stellen, die man gerade berührt, sondern die ganze Form wahr. Der Raum zwischen den Fingern wird mit dem Bild, das sich das Gehirn macht, ausgefüllt. Das Gehirn verhindert auch, dass wir uns selbst überlisten: Kein gesunder Mensch kann sich selbst erfolgreich mit den eigenen Händen kitzeln. Das Wort »fühlen« ist mehrdeutig: Wenn ich ein Gegenüber tastend erfühle, so fühle ich sowohl das Gegenüber als auch gleichzeitig mich selbst als Fühlenden. Das Gehirn kann im Normalfall immer erkennen, dass ich, indem ich mich selbst streichle, nicht nur passiv gestreichelt werde, sondern auch der aktive Täter bin.

Die Haut ist ein Kosmos, der uns auf höchst unterschiedliche Weise in Kontakt zur Welt bringt. Extrem empfindlich für Berührungen sind, wie jedermann an sich selbst feststellen kann, Lippen, Zunge und Gaumen, ebenso die Fingerkuppen, eher unempfindlich ist der Rücken. Wenn man die Haut gleichzeitig mit den zwei Spitzen eines Zirkels vorsichtig berührt, dann vermag die Zunge die beiden Spitzen zu identifizieren, wenn diese einen Abstand von nur einem bis zwei Millimeter haben. Ähnlich empfindlich sind die Fingerkuppen. Auf dem Rücken dagegen werden die beiden Reize immer noch als *eine* Berührung wahrgenommen, wenn der Abstand bereits einige Zentimeter beträgt.

Warm und kalt empfindet man normalerweise nicht gleichzeitig. Erst in den Jahren 1883/1884 entdeckte man, dass die Haut unterschiedliche Sensoren für Kälte und für Wärme hat. Sie ist übrigens bei weitem dichter mit Kälterezeptoren als mit Wärmerezeptoren bestückt. Man kann darüber spekulieren, welchen biologischen Sinn das hat. Vielleicht den, dass der Mensch dringender darauf achten muss, sich vor übermäßiger Kälte, als vor übermäßiger Wärme zu schützen. Übrigens besonders reich an »Kaltpunkten« ist die Nase, die freilich auch relativ viele »Warmpunkte« hat. Ebenfalls stark kälteempfindlich ist die Brust, die aber relativ wenige Wärmepunkte hat, nur etwa halb so viele wie die – auch stark kälteempfindliche – Stirn.

Die Relativität von heiß und kalt

Wärme- und Kälteempfindung sind für den Menschen etwas sehr Relatives, immer von der Vorgeschichte abhängig, sogar im Widerspruch zur physikalisch messbaren Temperatur. Der Mainzer Zoologe und Biophysiker Christoph von Campenhausen schildert das folgende, dies illustrierende Experiment (11):

Man tauche eine Hand in heißes Wasser von ungefähr 40 Grad Celsius, bis sie nach ein bis zwei Minuten infolge der verstärkten Durchblutung rot geworden ist. Wenn man die Hand abgetrocknet hat, verschwindet nach kurzer Zeit die Warmempfindung der noch immer geröteten Hand. Berührt man nun mit beiden Händen kurz das Gesicht, so spürt man, dass die rote Hand wärmer ist als die andere. Betastet man aber einen anderen Gegenstand, ohne dass sich die Hände dabei berühren, so erscheint die Temperatur dieses Gegenstandes beiden Händen gleich. Senkt man beide Hände in lauwarmes Wasser, so erscheint dieses der roten Hand kühl und der anderen warm zu sein, solange die Hände nicht bewegt werden. Tastet man aber mit beiden Händen unter Wasser nach einem Gegenstand, so verschwindet der Unterschied zwischen der Kühl- und der Warmempfindung an beiden Händen. Sobald man mit dem Betasten des Gegenstandes aufhört, erscheint das Wasser der roten Hand wieder kühl und der anderen warm. Faltet man die abgetrockneten Hände, so hat man sofort eine Kaltempfindung. Solange die Hände tastende Bewegungen aneinander ausführen, weiß man auch, welche Hand warm und welche kalt ist. Sobald man die Hände stillhält, bleibt nur die allgemeine Kaltempfindung, und man ist nicht einmal in der Lage, von einem Finger, den man ansieht, zu sagen, ob er nun warm oder kalt ist.

So ließe sich denn eine eigene Relativitätstheorie der Empfindlichkeiten entwickeln. Sie müsste auch den Schmerz umfassen. Dieser hat als ein Signal eine lebenswichtige Funktion für den Menschen. Eugen Roth beschrieb sie einst so (3):

Damit man doch zum Doktor geh,
Schuf Gott den Schmerz – denn, täts nicht weh,
Dann säß der erste Arzt noch immer
Allein in seinem Wartezimmer.

Freilich ist auch der Schmerz etwas Relatives, je nach der Vorgeschichte. Dabei ist der Schmerz, dessen Ursache man nicht kennt, am wenigsten erträglich. Denn auch das Schmerzbild entsteht im Kopf. Der größere Schmerz lässt den geringeren verschwinden. Und wenn anderes gerade wichtiger ist, verschwindet jegliche Schmerzempfindung. Umgekehrt gibt es Menschen, die auf die geringste Unpässlichkeit bereits mit dem Griff zur Schmerztablette reagieren. Dabei wissen sie vermutlich durchaus, dass zum Beispiel Kopfschmerz ebenso wenig durch eine zu geringe Aspirinkonzentration im Gehirn entsteht wie Müdigkeit durch zu wenig Koffein im Blut. Schmerz ist wie gesagt und wie übrigens auch die Müdigkeit, ein lebenswichtiges Signal, auf das man angemessen reagieren muss. Auf der Körperoberfläche des Menschen gibt es ungefähr 3,5 Millionen »Schmerzpunkte«, 30 Millionen Riechsinneszellen und 100 000 Schmecksinneszellen. Letztere sitzen auch auf der Haut, allerdings im Körperinnenraum.

Ungleich viel größer als die Körperaußenfläche ist die Körperinnenfläche, die innere Auskleidung des Menschen: Magen-Darm-Trakt, Atemwege und der Urogenitaltrakt haben, was man oft vergisst, den direkten Kontakt zur Außenwelt, der Atmosphäre mit allen ihren Schadstoffen und Mikroorganismen sowie zur Nahrung mit Verdaulichem und Unverdaulichem. Die Körperinnenflächen sind besonders ausgekleidet: mit Schleimhäuten. Die Schleimhautoberfläche des erwachsenen Menschen ist etwa 250-mal so groß wie seine äußere Haut: etwa 400 Quadratmeter. Ein Haus mit Garten würde auf einer solchen Fläche von 20 mal 20 Metern leicht Platz finden. Vierhundert Quadratmeter Schleimhaut sortieren, was wir von der Außenwelt inkorporieren und was wir wieder ausscheiden. Der größte Teil dieser Kontaktfläche, etwa 200 bis 300 Quadratmeter, also Reihenhaus mit Garten, kleidet Magen und Darm aus.

Der Duft der Welt – der Geschmack der Welt

Fünf bis sechs Millionen Sinneszellen auf zweieinhalb Quadratzentimetern Fläche im obersten Teil der Nase warnen uns, wenn's brenzlig wird, oder locken uns an liebreizende Orte. Die menschliche Nase kann sich nicht messen mit dem Riechorgan zum Beispiel eines Schmetterlings wie des Seidenspinner-Männchens. Dieses reagiert bereits auf einzelne Duftmoleküle des weiblichen Sexuallockstoffs. Ohnedies ist die menschliche Nase dabei, ihre Fähigkeiten zu verlieren: Im Max-Planck-Institut für Evolutionäre Anthropologie in Leipzig haben Wissenschaftler gemeinsam mit israelischen Forschern Anfang des Jahres 2003 ihren Befund mitgeteilt, dass der Mensch im Laufe der Evolution zunehmend unter Nasenschwäche leidet. Einst verfügte er wie andere Säugetiere über knapp

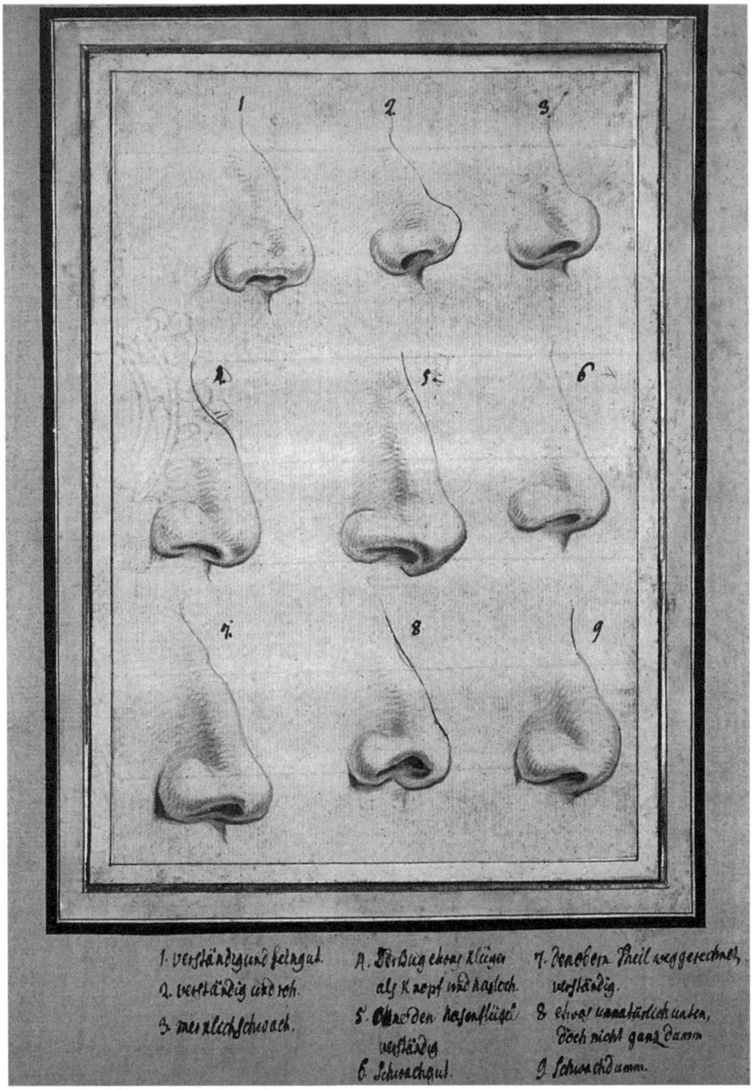

Der Mensch orientiert sich im Laufe der Evolution immer mehr optisch und weniger »der Nase nach«. Nach Auffassung von Johann Kaspar Lavater (1741–1801) war es möglich, den Charakter eines Menschen aus dessen Physiognomie zu lesen. Die moderne Psychologie beurteilt den Menschen allerdings aus guten Gründen nicht mehr nach der Form seiner Nase.

tausend für das Riechen zuständige Gene. Jetzt sind es noch knapp 400, die übrigen wurden im Laufe von ein paar Jahrhunderttausenden funktionsunfähig – eine Entwicklung, die noch nicht abgeschlossen ist. Dieser Prozess vollzieht sich zwar in Schritten, die für den Einzelnen unmerklich sind, aber die Tendenz ist eindeutig: Der Mensch orientiert sich zunehmend optisch und kaum mehr »immer der Nase nach«.

Immerhin genügt selbst dem modernen Menschen bereits die unvorstellbar kleine Menge von vier Milligramm des stinkigen, im Knoblauch enthaltenen Methylmerkaptans, mit denen man die Luft in hundert Messehallen von je einem halben Kilometer Länge, hundert Meter Breite und zwanzig Meter Höhe – hundert Millionen Kubikmeter – gleichmäßig anreichert, um dann immer noch feststellen zu können: »Es riecht nach etwas!« Die Nase als Orientierungsmittel muss vor den unangenehmen Gerüchen verdorbener Speisen ebenso wie zum Beispiel vor Brandgeruch warnen. Sie hat aber auch die schöne Aufgabe, die Verdauungsorgane schon mal auf allerlei Gutes vorzubereiten und so die Speichel- und Magensaftsekretion anzuregen.

Die Nase lässt nach

Allerdings ist der Geruchssinn höchst launisch. Man hat festgestellt, dass sich die Nase an einen Testduft von Oktanol (Octylalkohol), den sie gerade wahrnimmt, so schnell adaptiert, dass bereits drei Minuten später die hundertfache Konzentration nötig ist, um überhaupt noch wahrgenommen zu werden. Ähnliche Erfahrungen macht, wer im Selbstversuch ein Parfüm aussuchen will. Es gibt Düfte, bei denen eine zehnmilliardenfach höhere Konzentration als beim Methylmerkaptan nötig ist, damit sie uns in die Nase steigen. Das hat den Vorteil, dass sich die in schlecht belüfteten Räumen lebenden Menschen an ihre und der Mitmenschen Ausdünstungen nebst Küchen- und Toilettengerüchen gewöhnen.

Freilich wirken Düfte auch unbewusst. Denn die Duftreizsignale werden zum limbischen System des Gehirns weitergeleitet, dem Gefühlszentrum. Und so passiert es, dass man – ohne zu wissen, warum – einen Mitmenschen spontan nicht riechen oder gut leiden kann. (Die Konvention erlaubt es nicht zu sagen: Ich kann ihn gut riechen.) Oder man empfindet die »Atmosphäre« eines Hauses als angenehm (wobei gewiss noch andere als olfaktorische Reize eine Rolle spielen). Auch die Parfümhersteller profitieren davon.

Wir haben ein gutes Gedächtnis für die mit angenehmen oder unangenehmen Gerüchen assoziierten Erfahrungen. Ich besuchte 1943/44 die zweite Grundschulklasse in einer Dorfschule in Masuren in Ostpreußen. Ein halbes Jahrhundert später war ich wieder dort und in jenem abgelegenen, jetzt polnischen Dorf war die Zeit stehen geblieben. Selbst die Schultoiletten – »Plumpsklos« auf dem Schulhof – hatten ihren charakteristischen Geruch trotz aller Regimewechsel behalten, der mir sofort die Erinnerung an jene längst vergangene Zeit wachrief, obgleich ich mir optisch die Verhältnisse nicht mehr vorstellen konnte.

Vier Geschmacksrichtungen entscheiden

Ohne unsere empfindliche Nase wären wir mit unserem bisschen Geschmackssinn arm dran. Denn die Zunge kann nur die vier Grundqualitäten süß, salzig, sauer und bitter unterscheiden – dazu noch mechanische und thermische Reize. Mit zugehaltener Nase kann die Zunge auch beim Kauen nicht zwischen Apfel, Birne, roher Kartoffel oder Sellerie differenzieren.

Biologisch gesehen, haben sich aus guten Gründen gerade die vier Geschmacksempfindungen entwickelt: Bittere Stoffe sind unter natürlichen Bedingungen normalerweise unbekömmlich, sehr sauere Stoffe können gefährlich sein, süße haben einen hohen Nährwert und Salz ist für den Körper lebensnotwendig. Fünf- bis zehntausend Geschmacksknospen mit je rund 25 Sensorzellen sind für die letzte Kontrolle der Nahrung zuständig, bevor diese im Magen verschwindet. Schlechter Geschmack bedeutet zum Beispiel, dass ein Würgereflex ausgelöst und das Unzuträgliche ausgespuckt wird. Guter Geschmack dagegen löst, wie schon ein entsprechend angenehmer Duft, die Speichelsekretion an. Chemische Reize wie Duft und Geschmack belasten offensichtlich die Sinnesorgane extrem: Anders als bei allen anderen Sinnen sterben die chemisch orientierten Sinneszellen nämlich jeweils nach rund zwei Wochen ab und müssen durch neue ersetzt werden.

Die Zunge lässt sich von den verschiedenen Geschmacksqualitäten an unterschiedlichen Orten reizen: Süß empfinden wir mit der ganzen Zunge, am stärksten aber mit der Zungenspitze. Bitter dagegen spüren wir bei weitem am stärksten mit dem hinteren Teil der Zunge, salzig schmeckt auf der ganzen Zunge ziemlich gleich stark und sauer am stärksten in der Mitte an den Seiten.

Mechanische Reize erleben wir unterschiedlich genussvoll, wie die Lebensmittelindustrie längst herausgefunden hat. So unterscheiden die Süßwarenhersteller zwischen solchen Menschen, die Schokolade lustvoll kauen, und anderen, die lieber lustvoll lutschen. Wer lieber lutscht, wird kaum eine Schokolade mit ganzen Nüssen kaufen, sondern eher etwas Cremiges. Und andererseits weiß insbesondere jeder Weinkenner, dass es nicht nur auf den Geschmack ankommt, sondern auch auf den Nachgeschmack.

Duft- und Geschmackseindruck entstehen letztlich erst im Gehirn und das lässt sich leicht täuschen. Man braucht gar nicht das volle Bouquet, es genügen ein paar Leitsubstanzen. In einer »Hühnersuppe« aus der Tüte sind ein paar winzige Körnchen Huhn enthalten, etwa zwei

Gramm Trockenmasse pro Tüte, entsprechend sieben Gramm »Nasshuhn«. Davon kann kein Koch der Welt Hühnergeschmack in vier Tellern Suppe produzieren. Es genügt aber ein Gramm synthetisches »Huhnaroma«, spottbillig herzustellen. Denn billig müssen sie sein, die Aromen. Ein Kilogramm Vanille aus der Orchidee kostet rund 2000 Euro, synthetisches Vanille rund zehn Euro. Erdbeergeschmack wird aus Sägespänen in Alkohol und ein paar Zusätzen, die Firmengeheimnis sind, extrahiert. Die paar Flöckchen Erdbeere im Joghurt sind geschmacklos. Sie dienen nur dazu, das Ganze Erdbeerjoghurt nennen zu dürfen. Man kann auch sagen: Fakefood.

Der Mensch geht mit seinen Haustieren um wie mit seinesgleichen. Deshalb mussten Kälber, von Natur aus Vegetarier, so lange Tiermehl fressen, bis der Wahnsinn das Rindvieh befiel. Der Geruchs- und Geschmackssinn von Mensch und Säugetier hat, wie ich schon sagte, auch die Funktion, vor dem Verzehr von Ungenießbarem zu schützen. Futtermittelhersteller haben, um diese Reflexe auszuschalten, ein Aroma entwickelt, das »unerwünschte Futterfett-Noten« maskiert, ein anderes »zur Kaschierung von Tier-, Fisch- und Blutmehl«, ein drittes »vermittelt den typischen Geruch von frischem Heu« (12).

Der Geruch von frischen Semmeln oder von Kaffee kommt übrigens nicht immer aus dem Herd oder der Kaffeekanne. Er soll in Kaufhäusern unauffällig zur Kaffeetheke führen. Und ein Gebrauchtwagen kann dadurch attraktiv gemacht werden, dass er vermittels eines Sprays innen wie ein Neuwagen riecht.

Wandlungsfähigkeit der Sinne

Vor einigen Jahren hat der Neurobiologe Alvaro Pascual-Leone an der Harvard-Universität mit Hilfe der Positronen-Emissions-Tomographie (PET) die Gehirne von Blindgeborenen sowie von sehenden Menschen beobachtet, die gerade Blindenschrift (Braille) abtastend lasen. Dies regte bei den Blinden, nicht aber bei den Sehenden, die Aktivität im visuellen Zentrum der Großhirnrinde an. In weiteren Experimenten hat Pascual-Leone sehfähigen Probanden fünf Tage lang die Augen verbunden. Alsbald wurde beim Abtasten der Blindenschrift das Sehzentrum im Gehirn aktiv. Es wurde auch bei der Lokalisierung von Tönen aktiviert; Veränderungen, die sich bereits nach einem Tag ohne Augenbinde wieder zurückbildeten. Die Sehrinde blieb dann ausgeschaltet, auch wenn den Probanden während des neuerlichen Abtastens der Blindenschrift wieder die Augen verbunden wurden.

Synästhetiker: Schaltfehler im Gehirn

Etwa einer bis zwei unter tausend Menschen sind Synästhetiker. Das heißt, sie nehmen zum Beispiel Wörter, Buchstaben, Zahlen oder Töne auch als Farben wahr. An der Medizinischen Hochschule Hannover hat man die Aktivität des Gehirns von Synästhetikern und Nichtsynästhetikern untersucht. Beiden Versuchsgruppen wurden die Augen verbunden und vom Tonband verschiedene Wörter vorgespielt. Jedes Mal wurden die »Hörrinde« und angrenzende Bereiche im Gehirn aktiviert; bei Synästhetikern aber zusätzlich auch Teile der »Sehrinde« sowie das Gefühlszentrum, das limbische System. Offensichtlich ist das Sinnessystem des Menschen flexibel. Man hat jüngst multisensorische Neuronen entdeckt. Sie sprechen auf verschiedene Sinnenreize an, etwa auf Sehen, Hören und Tasten.

Wem aus irgendwelchen Gründen ein Sinnesorgan fehlt oder abhanden gekommen ist, dessen übrige Sinnesorgane schärfen sich mit der stärkeren Inanspruchnahme. Das fällt besonders bei blinden Menschen auf.

Das scharfe Gehör eines Blinden

Jacques Lusseyran erblindete mit acht Jahren. Der 1924 in Paris geborene spätere Professor für französische Literatur an der Sorbonne und anschließend an der Universität von Hawaii hat seine Erfahrungen als Blinder aufgeschrieben (13). Das Kind Jacques machte die Erfahrung: »Ich konnte die Gesichter nicht mehr sehen. Wahrscheinlich würde ich sie mein ganzes Leben lang nicht mehr sehen. Mitunter hätte ich sie gern berührt, wenn sie mir schön schienen. Doch die Gesellschaft unterbindet sorgfältig solche Gesten.« Jacques wunderte sich, dass es zwar allerlei Tabuvorschriften gibt, die Berührungen untersagen und Blößen verdecken. Doch die Stimme bleibe unbedeckt, denn der Mensch wisse nicht, dass er sich beim Sprechen verrät: »Wenn sich die Leute an mich, den kleinen Blinden, wandten, waren sie nicht auf der Hut. Sie waren überzeugt, dass ich die Worte vernähme, die sie sagten, dass ich ihren Sinn verstehe. Sie ahnten nie, dass ich in ihrer Stimme wie in einem Buch lesen konnte ... Ich konnte schließlich, ohne es zu wollen, ohne daran zu denken, so vieles in den Stimmen lesen, dass sie mich mehr interessierten als die Worte, die sie formulierten. Manchmal hörte ich im Unterricht ganze Minuten lang nichts mehr, weder die Fragen des

Lehrers noch die Antworten meiner Kameraden. Ich war viel zu sehr von den Bildern in Anspruch genommen, die ihre Stimmen vor mir vorbeiziehen ließen, und das umso mehr, als diese Bilder oft in auffallendem Widerspruch zum Augenschein standen.«

Während des Zweiten Weltkriegs leitete Jacques Lusseyran noch als Gymnasiast eine Widerstandsgruppe im besetzten Frankreich. Seine Mitkämpfer hatten erfahren, wie gut Jacques Stimmen lesen konnte. Eines Tages wollten sie genau diese Fähigkeit in Anspruch nehmen. Die Gruppe hatte Kontakt zu einem gewissen Nivel, der besonders eifrig und besonders gut unterrichtet war. Man konnte ihm nichts vorwerfen, war sich aber seiner nicht sicher. So wurde er Lusseyran vorgestellt. »Seine warme Stimme, seine wohlabgerundeten Sätze gaben ihm das Gesicht, das ich zunächst gesehen hatte. Aber unter diesem Gesicht kam sofort ein anderes zum Vorschein. Bald zog es sich zurück, zog sich zusammen, bald kam es wieder, ohne sein Zutun, hervor. Das sah aus wie eine Aufblähung. Dieser Mensch hatte Blasen in der Stimme.« Das Votum Jacques': »Diesen Menschen fallen lassen! So schnell wie möglich sich von ihm lösen.« Die Diagnose war richtig. Denn einige Monate später wurde der verdächtige Nivel unter den Mitgliedern eines Ordnungsdienstes während einer Tagung über die Zusammenarbeit mit Deutschland gesehen. »Er trug das Parteiabzeichen und brüllte mit den anderen Heil Hitler.«

Jacques Lusseyran hat die Verhaftung seiner Gruppe und das Konzentrationslager Buchenwald überlebt. Er ist daran auch nicht zerbrochen. Im Gegenteil, am Ende seiner Schilderung dieser Erfahrungen konnte er schreiben: »Die Freude kommt nicht von außen; sie ist in uns, was immer uns geschieht. Das Licht kommt nicht von außen; es ist in uns, selbst wenn wir keine Augen haben.«

Von ähnlichen Erfahrungen wissen auch die Märchen zu berichten. Während der Riese und Menschenfresser sich tumb auf seine Nase verlässt – »Ich rieche Menschenfleisch« –, haben die Kleinen, die Zwerge, die besondere Fähigkeit, weil sie eben klein sind, zwar zu sehen, aber nicht gesehen zu werden. Die Tarnkappe auf dem Kopf macht sie unsichtbar. Im höheren Sinne klug und weitsichtig ist der Jäger, der manchmal auch ein verwunschener Königssohn ist. Er kann einer Fliege, die zwei Meilen entfernt auf dem Ast einer Eiche sitzt, das linke Auge herausschießen.

Ein böses Schicksal lässt manchmal den Helden der Geschichte erblinden, etwa wenn er in die Dornensträucher fällt. Ein Blinder ist entweder besonders begabt, in sich hineinzuschauen, oder er ist als Held der Geschichte ein Suchender, der einen Prozess des Reifens durchlebt. Am Ende findet er dann, was er sucht. Die Tränen der Geliebten netzen seine Augen, er wird sehend und damit reif für eine Beziehung oder gar dafür, ein Königreich zu regieren. Im Märchen kann das dasselbe sein. In unserer Zeit dagegen zerstört das Regieren und vor allem der Weg dahin, bis es am Ende so weit kommt, dass jemand Macht ausüben kann, eher Beziehungen und verdirbt leichter den Charakter als dass er diese fördert.

III. Der Ordnung halber

Norm und Normal

Die Welt ist von Natur aus so unübersichtlich, dass bereits niedere Tiere sich selbst Ordnungen schaffen, um sich daran orientieren zu können. Ameisen zum Beispiel legen Geruchsspuren, um ihren Artgenossen den Weg zu einer Nahrungsquelle zu weisen. Säugetiere markieren ihr Revier – und unterscheiden damit zwischen Mein und Dein. So nimmt es nicht wunder, dass bereits in der Altsteinzeit die Menschen Normen entwickelten, die ihnen halfen, sich zurecht zu finden.

Die Erfindung des Rechtecks

In dem Begriff »normal« steckt schon eine lange Entwicklungsgeschichte der menschengemachten Ordnungen. »Normal« leitet sich ab von lateinisch *norma* gleich Regel, Vorschrift, aber auch Winkelmaß, rechter Winkel. Der Zusammenhang verwundert nicht mehr, wenn man weiß, dass zu den frühen Leistungen der Menschheitsgeschichte die Erfindung des Rechtecks und damit des rechten Winkels gehört. Ich habe in meinem Buch *Wie die Welt im Kopf entsteht* (14) erklärt, dass sich unsere Ahnen dabei kosmische Ordnungen zum Vorbild genommen haben: Wenn man nämlich die mit dem Lauf der Sonne zur Zeit der Tag- und Nachtgleiche festgelegten Punkte des Sonnenauf- und -untergangs, also Ost und West, sowie den Mittagspunkt (beziehungsweise seine Projektion an den Horizont), den Süden also und dessen Gegenüber, den Norden, miteinander verbindet, entsteht ein Quadrat; eine in der Natur (abgesehen von Kristallbildungen) nicht vorkommende Figur. Während die frühen menschlichen Behausungen rund waren wie die erste natürliche Behausung des Menschen, die Fruchtblase im Mutterleib, und die Zelte der Nomaden bis in die heutige Zeit, entwickelten sich bereits die frühen städtischen Kulturen nach den »männlichen« Ordnungsstrukturen, die der rechte Winkel bestimmt. Das gilt genauso für Mohenjo Daro, eine der großen Hauptstädte der Zivilisation am Indus im 3. vorchristlichen Jahrtausend, wie für die Stadtstaaten an Euphrat und Tigris, der Wiege unserer Kultur, oder Ägypten. In diesen Städten hat man, Jahrtausende bevor es Autobahnen gab, die Straße als künstliche gerade Linie erfunden. Die breite Straße, wie man sie in Mohenjo Daro anlegte, hatte jedenfalls nicht mit Verkehrsplanung zu tun. Der US-Amerikaner Lewis Mumford beschreibt in seinem grundlegenden Werk *Die Stadt* (15), dass der Verkehr sich damals gewöhnlich eher in engen, gewundenen Gas-

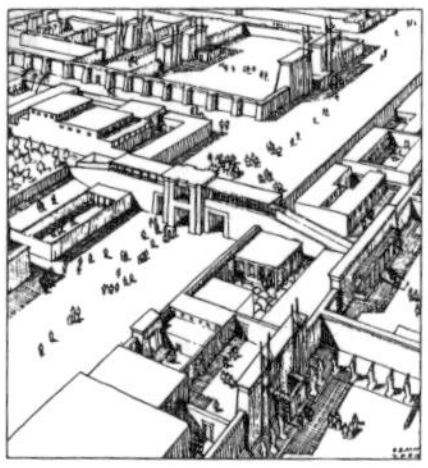

60 Meter breit war die Prachtstraße im ägyptischen Tell-el-Amarna aus dem 14. vorchristlichen Jahrhundert, angelegt ohne Rücksicht auf die glühende Sonne, vermutlich als Prozessionsstraße.

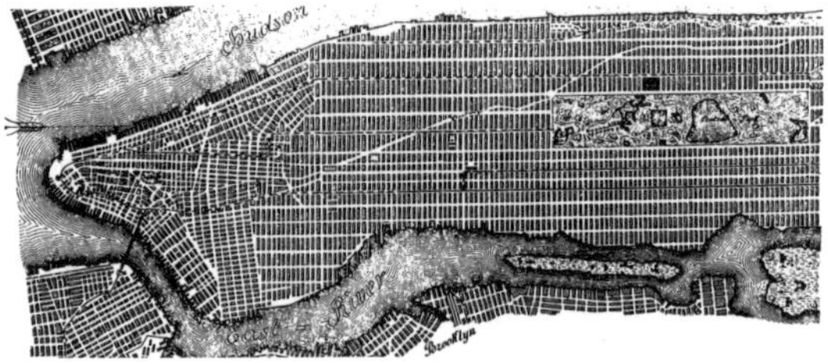

Der Gitternetz-Stadtplan war eine Voraussetzung für schnelles Bauen: das Zentrum von New York anno 1911.

sen vollzog, die gegen die glühende Sonne geschützt und damit dem Klima angepasst waren. Die frühen Prachtstraßen wurden, so Mumford, »wahrscheinlich zuerst für religiöse Prozessionen und marschierende Soldaten geschaffen«. Dass die Hauptstraßen häufig den Himmelsrichtungen folgten, »deutet vielleicht auf die zunehmende Herrschaft der Himmelskörper hin; denn diese Anlage mißachtete praktische Gesichtspunkte wie etwa die Hitze zu mildern oder die ortsüblichen Winde abzufangen.« Dasselbe gelte für den »Gitternetzplan«, wie wir ihn viel später, im 14. vorchristlichen Jahrhundert, im ägyptischen Tell-el-Amarna finden; »alles andere als eine Anpassung an das Klima: In den breiten Straßen von Tell-el-Amarna – die Straße des Hohepriesters, wahrscheinlich eine Prozessionsstraße, war 60 Meter breit – war man in höchstem Maße der glühenden Sonne ausgesetzt.« Allerdings hatte der Gitternetz-Stadtplan, ursprünglich ein Symbol für kosmische Ordnung, für die alten Ägypter auch ganz praktische Bedeutung: »Ein einfacher geometrischer Plan war die Voraussetzung für schnelles Bauen« (Mumford). Jahrtausende später haben die Menschen aus dem Alten Europa, die sich ihre Städte in der Neuen Welt bauten, diese Erfahrung erneut gemacht.

In Mohenjo Daro spielte der rechte Winkel nicht nur bei der Anlage der großen Straßen eine Rolle. Man baute dort damals bereits mit Ziegelsteinen, und diese waren genormt: Sie hatten alle die gleichen Seitenmaße im Verhältnis eins zu zwei zu vier. Auch die Gewichte waren genormt. Ziegelsteine aus Nilschlamm in Ägypten gab es ebenfalls in unterschiedlichen, jeweils genormten Größen. Die Idee der Normung ist eine der großen Leistungen der Menschheitsgeschichte. Für uns ist selbstverständlich, dass technische Bauteile, von der Schraube bis zur Steckdose, von stets gleicher Größe sein müssen, damit sie zusammenpassen. Das gilt auch für die Höhe von Küchenherd, Kühlschrank oder Waschmaschine – für Kleidungsstücke oder Kugelschreiberminen. Aber darauf musste man erst einmal kommen. Die alten Römer haben ihr Weltreich mit Wasserleitungen durchzogen, die sie zwar nicht erfunden hatten – bereits um 700 vor Christus gab es in Ninive, der Hauptstadt des assyrischen Reichs, einen 28 Meter langen Aquädukt – doch die Römer haben das System perfektioniert. Die römischen Wassertechniker *(aquarii)* steckten die dafür benötigten Tonröhren ineinander und dichteten sie mit Zement ab. Die Röhrendurchmesser bestimmte man nach einem Grundmaß von fünf Viertel Fingern, entsprechend 23 Millimetern. Über etwa 20 genau festgelegte Abstufungen kam man zu Rohren mit bis zu 300 Millimetern Querschnitt. Allein die Hauptstadt Rom wurde zur Kaiserzeit aus acht Aquädukten von insgesamt rund 35 Kilometer Länge mit Wasser versorgt.

Knapp 2000 Jahre dauerte es noch, bis sich dann allmählich entwickelte, was Voraussetzung für jegliche Industrialisierung ist. 1917 wurde der Normenausschuss der Deutschen Industrie gegründet, der die *Deutsche Industrie Norm*, DIN, festlegte und international eine Vorreiterrolle spielte. DIN 1 ist das Maß für einen Kegelstift; ein im Maschinenbau verwendetes Befestigungsmittel, vorwiegend aus Metall. Viel wichtiger erscheint uns heute die zweite dieser Normen, die für Papier. DIN A4 ist das bekannte Briefbogenformat. Die Reihe beginnt mit einem Bogen von einem Quadratmeter Fläche, durch Halbieren entsteht das jeweils nächstkleinere Format; durch zweimaliges Falten des DIN-A4-Briefbogens kommt man beispielsweise zum Postkartenformat DIN A6. So schaffen wir uns einfache Ordnungen in einer für uns undurchschaubar hochgeordneten Welt.

Ordnung im Chaos

Ordnung zu schaffen ist ein urmenschliches Mittel gegen die Angst. Man erkennt das, wie vieles andere auch, am besten dort, wo übertrieben wird. Zwanghafte Menschen fallen dadurch auf, dass sie in extremer Weise ordnungsliebend sind. Alles hat seinen Platz, die Stifte auf dem Schreibtisch liegen parallel und griffbereit, das heißt bei Rechtshändern mit der Spitze nach links weisend. Beneidenswert, mag jeder weniger Ordentliche denken, dass sich da einer so im Griff hat. Er findet immer alles und verplempert keine Zeit mit der Suche nach irgendetwas, das er

»verlegt« hat. Doch der Ordnungszwang schränkt, wie jeder Zwang, den Menschen in seiner relativen Freiheit ein, auf unterschiedliche Weise und flexibel zu handeln. Ich werde darauf noch weiter unten eingehen.

Newtons Philosophia naturalis

Das Gegenteil von Ordnung ist das Chaos. Mit dem hebräischen Wort *Tohuwabohu*, gleich »wüst und leer«, schildert der Schöpfungsbericht des Alten Testaments (1. Mose 1,2) den chaotischen Zustand der Welt vor dem ordnenden Eingreifen Gottes. Im Jahre 1687 veröffentlichte der Brite Isaac Newton seine *Philosophia naturalis principia mathematica* (Mathematische Grundlagen der Naturwissenschaft). Er bahnte damit den Weg in das »Zeitalter der Vernunft«. Newton hatte darin zu einem Abschluss gebracht, was die großen Astronomen Kopernikus, Kepler und Galilei begonnen hatten, und kam zu der Erkenntnis: Wenn man die Position und die Geschwindigkeit der um die Sonne kreisenden Planeten zu einem bestimmten Zeitpunkt kennt, dann kann man ihre Bahnen für alle Zeiten vorausberechnen. Isaac Newton (1642–1727) ist dabei ein bescheidener Mensch geblieben. Er hat sein Lebenswerk im Jahre 1676 in einem Brief so eingeschätzt: »Wenn ich tiefere Einsichten hatte als andere Leute, so nur deswegen, weil ich auf den Schultern von Giganten stand.« Isaac Asimov zitiert Newton – sozusagen vom Hörensagen – noch mit einem anderen Lebens-Selbstbild (16): »Ich weiß nicht, als was mich die Welt ansieht; ich selbst sehe in mir lediglich einen kleinen Jungen, der an der Küste spielt und es darauf abgesehen hat, einen besonders glatten Kiesel oder eine besonders schöne Muschel zu finden, während das große Meer der Wahrheit unergründlich vor mir liegt.«

Die Idee des Determinismus

Unter dem Einfluss des französischen Mathematikers und Astronomen Pierre-Simon Laplace (1749–1827) entwickelte sich aus den in engen Grenzen völlig richtigen Erkenntnissen der Astronomen eine Ideologie mit allgemeinem Anspruch: der Determinismus. Man glaubte, es sei prinzipiell möglich, die Zukunft genau zu beschreiben, wenn man die Anfänge genau genug kenne. Die Welt wurde mit dem Bild des Uhrwerks beschrieben. Und man entwickelte weitere Ideologien wie den Marxismus, die sich nicht nur auf Astronomie und Physik beschränkten, sondern auch meinten, die Zukunft der Gesellschaft »wissenschaftlich« vorhersehen zu können. »Den Sozialismus in seinem Lauf hält weder Ochs noch Esel auf«, glaubte der letzte Staatsratsvorsitzende der DDR, Erich Honecker, bis zum bitteren Ende. Im 20. Jahrhundert erst begriffen die Physiker, dass diese Vorstellung bereits in den exakten Naturwissenschaften prinzipiell falsch ist. Man kann die Zukunft nicht durch Extrapolation der Vergangenheit voraussagen. Und man kann den Anfangszustand prinzipiell nicht genau kennen, wie Werner Heisenberg mit seiner »Unschärferelation« auf der Ebene der Elementarteilchen erkannte.

In den 1950er Jahren bemerkte der amerikanische Meteorologe Edward Lorenz zufällig, dass ein einfaches Modell der atmosphärischen Konvektion, der inneren Bewegung von Flüssigkeiten und Gasen, das er selbst entwickelt hatte, versagte. Kleinste Störungen des Anfangszustands hatten auf Dauer erhebliche Auswirkungen; eine exponentiell wachsende Unsicherheit. In einem Vortrag schilderte Lorenz die ihm unlösbar erscheinenden Schwierigkeiten, die Dynamik der Atmosphäre zu erfassen. Ein namentlich nicht bekannter Zuhörer wies nun Lorenz auf Folgendes hin: Wenn die Atmosphäre tatsächlich so instabil sei, dann würde ja bereits der Flügelschlag einer Möwe genügen, um die Entwicklung grundlegend zu verändern. »Dies sei in der Tat der Fall, erwiderte Lorenz und berechnete die sich nach einem Zeitraum von etwa zwei Wochen ergebenden Änderungen. Im Laufe dieser Auseinandersetzung wurde aus der Möwe ein Schmetterling.« So schildert Raoul Robert vom Institut Fourier der Universität Grenoble die Anfänge der »Chaostheorie« (17). Seither geistert das Bild durch die Medien, bereits der Flügelschlag eines Schmetterlings könne das Wetter so sehr beeinflussen, dass eine Wetterprognose von mehr als zwei Wochen prinzipiell unmöglich sei. Es herrsche eben Chaos in der Welt.

Heute weiß man, dass das Bild vom Schmetterling falsch ist, weil sich die Natur in allem Chaos doch ganz ordentlich verhält. Ein Blick auf die Wetterkarte zeigt, dass sich in der Atmosphäre Strukturen bilden: Hochdruck- und Tiefdruckareale, die sich durchaus berechenbar verhalten. Die Tatsache, dass kleinste Störungen exponentiell auf unabsehbare Weise anwachsen, gilt nur für kurze Zeitspannen. Im Laufe der Zeit organisieren sich auch in turbulenten Strömungen stabile Wirbel – wie eben die Hochs und Tiefs der Atmosphäre. Der berühmte rote Fleck des Planeten Jupiter ist ebenfalls ein gigantischer Wirbel von 20 000 Kilometern Durchmesser in der obersten, etwa hundert Kilometer dicken Gasschicht des Planeten. Bereits Galileo Galilei hat ihn vor 400 Jahren mit seinem selbst gebauten Fernrohr erblickt. Eine sehr stabile »chaotische« Struktur also. Man kann die dynamischen Verhältnisse, wie sie in der Atmosphäre oder im Meer auftreten, anhand vereinfachter Modelle simulieren. Sogar die außergewöhnlichen Situationen, in denen sich eine kleine Störung unaufhaltsam zu einer Katastrophe auswächst, kann man nachahmen. Offensichtlich ist richtig, was man sich dazu theoretisch überlegt hat, und man versteht die Dynamik, auch wenn man sie nicht in allen Details überblicken kann. Und das heißt: Aus Chaos im Kleinen entsteht Ordnung im Großen.

Der Leitfaden

Das vermutlich älteste Hilfsmittel der Orientierung, das wir immer noch nutzen, ist der Leitfaden. Man hat sich an das Wort gewöhnt und fragt nicht, wie der *Faden* in die Anleitung gekommen ist. Es ist dies der Faden der Ariadne, den diese einst dem Theseus gab, damit er sich im Labyrinth des Minotaurus nicht verirrte, sondern den Weg zurück finden konnte. Der Mythos ist wohl über 4000 Jahre alt. Die Geschichten, die man sich einst erzählte und deren Abfallprodukt gewissermaßen unser heutiger Leitfaden geworden ist, handeln von Göttern und Menschen auf der Insel Kreta im alten Europa. Der Göttervater Zeus verliebte sich einst in die phönizische Königstochter Europa, näherte sich ihr in Gestalt eines Stieres und entführte sie nach Kreta. Er zeugte mit ihr den sagenhaften König Minos, der Knossos zu seiner Hauptstadt machte.

Eines Tages erbat der König von den Göttern eine Bestätigung seiner Macht und errichtete dem Meeresgott Poseidon einen Altar. Dieser schickte ihm einen prachtvollen weißen Stier, den er den Göttern opfern sollte. Vielleicht war Minos von seiner Familiengeschichte geprägt. Jedenfalls war er von der Schönheit des Stieres so begeistert, dass er ihn seiner Herde einverleibte und dem Poseidon stattdessen einen anderen Stier opferte. Dieser war gekränkt und rächte sich, indem er die Frau des Minos in Liebe zu seinem Stier entbrennen ließ. Dieser zeugte mit ihr den Minotaurus, ein Wesen von menschlicher Gestalt mit einem Stierkopf. Der gehörnte Ehemann baute für das Ungeheuer ein Versteck, eben das Labyrinth, als Aufenthaltsort. Dort warf er ihm sieben Jungfrauen und sieben Jünglinge zum Fraß vor, die ihm die Athener alle neun Jahre zur Sühne für den Tod eines Sohnes von Minos bei einem ihrer Wettkämpfe schicken mussten. Der sagenhafte griechische Held The-

Etwa 4000 Jahre alt ist der Mythos von Theseus und Minotaurus. Auch dabei geht es um Orientierung. Holzschnitt Venedig, 1491

seus wollte dem ein Ende bereiten und reiste eines Tages als neuerliches Sühneopfer mit einer Gruppe junger Männer und Frauen nach Kreta. Dort verliebte er sich in die Tochter von König Minos, Ariadne. Sie wollte ihm helfen und gab ihm ein Wollknäuel, dessen Faden er auf dem Hinweg zu Minotaurus auslegen sollte, um rasch den Rückweg zu finden. Theseus tötete Minotaurus, fand mit Hilfe des Fadens der Ariadne den Weg zurück aus dem Labyrinth und verließ mit den übrigen Geiseln sowie Ariadne heimlich die Insel. Bei der ersten Rast auf der Insel Naxos erschienen allerdings die Götter dem Theseus im Traum und befahlen ihm, Ariadne auf Naxos zurückzulassen, da sie bereits dem Gott des Weines, Dionysos, versprochen sei. Theseus gehorchte.

Diesen Mythos kennen wir, weil die Geschichten über die Jahrtausende immer wieder aufgeschrieben wurden. Der erste, der das tat, war Homer im 9. Jahrhundert vor Christus. Da war die frühminoische Zeit schon rund 2000 Jahre vergangen. Merkwürdigerweise gibt es zwar seit Urzeiten Bilder von Labyrinthen, doch ein Gebäude wie den sagenhaften Wohnsitz des Minotaurus hat man nie gefunden. Hermann Kern, auf dessen umfangreiche Arbeit zum Thema ich mich beziehe (18), ist sich sicher, dass es das historische Labyrinth niemals gegeben hat. Die Gleichsetzung des Labyrinths mit einem Irrgarten sei auch erst in der Zeit des Hellenismus aufgekommen. Homer beschreibt dagegen in seiner *Ilias* ein Bildnis auf dem Schild des Achilles, den diesem der Gott des Feuers, Hephaistos, geschmiedet hatte. Die Beschreibung beginnt so:

> *Ferner schuf er darauf einen Reigen, der rühmliche Künstler,*
> *Jenem ähnlich, den einstens in Knossos, der weiten Feste,*
> *Daidalos hatte gefügt für die lockige Maid Ariadne …*

Wie findet man den Rückweg? Forscher erklären heute, was im Gehirn passieren muss. Der Weg aus dem Labyrinth gelang Theseus nach dem altgriechischen Mythos mit Hilfe des »Leitfadens«, den ihm Ariadne gegeben hatte.

Es folgt die Darstellung des Tanzes einer Kette von Knaben und Mädchen auf einem in besonderer Weise gestalteten Tanzplatz. Für Kern, der auch spätere Schilderungen von Tänzen im alten Griechenland hinzuzieht, ist klar, dass der Ariadnefaden nichts anderes darstellt als diese Kette von Tänzerinnen und Tänzern, welche sich vielleicht an einem Seil festgehalten haben und durch die Windungen eines auf dem Tanzplatz in irgendeiner besonders bemerkenswerten Weise strukturierten »Labyrinths« bewegten. Natürlich war dies nicht ein gewöhnlicher Volkstanz, sondern eine heilige Handlung, womöglich ein Initiationsritual.

Alles andere als eine heilige Handlung ist das Auslegen moderner Ariadnefäden. Es ist geradezu ein Kennzeichen der modernen Gebrauchsanleitung, dass sie unverständlich ist. Zum Beispiel der Leitfaden zum Gebrauch einer Luftmatratze: »Die Feuchtigkeit immer schadet der Puff Unterlage. Wenn die Puff Unterlage etwas kaputt geht, kann man mit den zusätzlichen Nylon Kleiderstoff und Zement reparieren. Wenn das Wetter kalt ist, wird die Puff Unterlage sich langsam puffen. Entrollen der Puff Unterlage und liegen auf ihr, dann wird sie von der Wärme sich Inflationen bekommen.« Das Beispiel war Gegenstand einer Ausstellung 1997 in Berlin zum Thema Gebrauchsanweisungen. Übrigens hat die in meinen Computer eingebaute automatische Rechtschreibkontrolle die eben beschriebene Gebrauchsanweisung anstandslos durchgehen lassen. »Form und Ausführlichkeit sollen auf die Eigenart des Erzeugnisses und die voraussetzbare Sachkunde des Verwenders abgestimmt sein«, heißt es in der entsprechenden Normvorschrift DIN 8418. Noch ein Beispiel? Im Leitfaden zum Gebrauch eines Miniradios heißt es: »Das ist ein klein, das dünnest MW/UKW stereo HI-FI in der Welt, mit faltbar stereo Kopfphon. Setzen sie das stereo Kopfphon in Kopfphon Wagenwinde ein, die Macht ist an, sonst die Macht ist ab. When sie kleinen Lärm wollen, als die Stereo Wirkung, setzen den Umschalter an MONO.«

Von den Gehirnforschern wissen wir, dass »der Gestaltungsdruck der Seele« (Wolf Singer) uns dazu verleitet, selbst im größten Unsinn noch Sinn zu finden. Deshalb bringt kaum ein Kunde ein neu erworbenes Gerät dem Verkäufer zurück, weil er die Gebrauchsanleitung nicht versteht. Er hätte das Recht dazu. Denn es ist keine Schande, zuzugeben, dass man die wirren Erklärungen für den Gebrauch insbesondere moderner elektronischer Geräte nicht begreift. Denn, so sagt der Bamberger Psychologe Dietrich Dörner: »Unser Denkvermögen wurde für eine Umwelt entwickelt, die wesentlich schlichter und überschaubarer strukturiert war als die, in der wir heute leben.« Zwar ließen sich in den Familienverhältnissen der Ariadne wohl Ähnlichkeiten mit heutigen Wirrnissen erkennen, aber ihre Gebrauchsanweisung für das Labyrinth vor 4000 Jahren war entschieden besser als heutige Imitate, die auf die »Sachkunde des Verwenders abgestimmt« sind.

Theseus brauchte einst den Ariadnefaden, um aus dem Labyrinth herauszufinden, nachdem er zuvor problemlos bis ins Zentrum vordringen konnte. Für den Kunsthistoriker Kern ist deshalb die Vorstellung, das Labyrinth sei ein Gebäude gewesen, »ganz sinnlos« – denn wer in ein verwinkeltes Bauwerk eindringen könne und den Weg ins Zentrum finde, finde auch wieder den Rückweg. Der Kunsthistoriker irrt, und die neurowissenschaftliche Forschung unserer Zeit kann erklären, was wohl jeder Autofahrer ohnedies schon mal erlebt hat: Er fährt durch eine fremde Stadt und merkt sich anhand von auffälligen Gebäuden den Weg. Auf dem Rückweg erkennt er die markanten Punkte wieder – und verfährt sich doch. Die Neuropsychologen Boris Suchan und Irene Daum von der Ruhruniversität Bochum haben untersucht, »wie das Gehirn den Rückweg findet« (19), wenn kein Ariadnefaden ausliegt. Dass wir einen Rückweg finden können, ist nämlich keineswegs selbstver-

Wie das Gehirn den Rückweg findet

ständlich. Denn es genügt nicht, sich allein visuell zu orientieren also markante Punkte zu merken. Man muss zusätzlich ein räumliches Vorstellungsvermögen haben. Die Bochumer Forscher haben ihre Versuchspersonen mit Bildmustern traktiert, die sie auch dann wiedererkennen sollten, wenn diese um 90 Grad gedreht wurden. Und die Neuropsychologen haben darauf geachtet, wo im Gehirn sich dabei Aktivitäten der Nervenzellen zeigten. Schlussfolgerung der beiden: »So wird der Autofahrer den Rückweg durch die Stadt nur dann wiedererkennen, wenn sein unteres Stirnhirn aktiv ist und durch den Parietalkortex im hinteren Hirnbereich unterstützt wird. Die entgegengesetzte Perspektive realisiert dagegen das obere Stirnhirn mit Unterstützung des Parietalkortex, indem das erinnerte Bild, d.h. die Straßenabzweigungen und die Häuserfront, von links nach rechts bzw. von vorne nach hinten gedreht werden.« Der »Parietalkortex«, der Speicher im hinteren Bereich der linken Großhirnhälfte, wird auch benötigt, wenn eine Versuchsperson eine Telefonnummer, die ihr vorgesagt wird, aus dem Gedächtnis rückwärts, also von hinten nach vorn, wiederholen soll.

Aus dem Märchenbuch der Gebrüder Grimm wissen wir, dass Hänsel und Gretel zwar keinen Ariadnefaden auslegten, wohl aber Kieselsteine warfen, um den Heimweg aus dem finsteren Wald sicher zu finden. Diese Fähigkeit haben, wie wir neuerdings wissen, auch die Waldmäuse. Sie legen wie Hänsel und Gretel Spuren, um sich nicht zu verlaufen. Wie Forscher der Universität Oxford beobachteten, platzieren die Nagetiere Körner, Zweige oder Blätter am Boden, um interessante Plätze zu markieren oder den Rückweg ins eigene Nest zu finden (20). Im Test legten die Wissenschaftler ihren Waldmäusen kleine weiße Plastikscheiben in ihren künstlichen Wald. Sobald sich die Mäuse beim Erkunden der neuen Umgebung etwas weiter von ihrem Nest entfernten, nahmen sie die Scheiben als Markierungen mit auf den Weg.

Sicher ist sicher

Wir kommen ganz zwanglos vom Labyrinth zum Thema Sicherheit. Nicht zuletzt derenthalben hat der Mensch das Haus erfunden. Vielleicht war dies ein Fehler. Denn mittlerweile ist das kultivierte Heim ein höchst unsicherer Ort geworden. Hierzulande ereignen sich die meisten

Katastrophen zu Hause: Etwa 2,5 Millionen Haushaltsunfälle wurden 1999 gezählt, darunter 6230 tödlich verlaufene. Bei Verkehrskarambolagen dagegen kamen im selben Jahr rund 395 000 Menschen zu Schaden, etwa 7700 starben daran. Die Erfinder des Hauses dachten noch nicht an den elektrischen Stromschlag oder die Gasexplosion oder den vollmotorisierten Heimwerker. Sie ahnten auch noch nichts von der sich im Laufe der Zeit entwickelnden unfallträchtigen Neigung des Menschen zum Putzen. Sie bauten sich allerdings sicherheitshalber frühzeitig Tür und Tor mit Angeln, Pfosten und Schwellen. Diese sind im Nahen Osten erfunden worden und wurden im Laufe der Geschichte zu Symbolen für Schutz und Sicherheit, aber auch für Offenheit und Gastfreundschaft. Man kannte die Tür im alten Ägypten, aber auch in Babylon und in Assur. Türen und Tore verschloss man zunächst von innen mit einfachen Riegeln, später hat man sie mit verschließbaren Riegeln geschützt. Bereits vor rund 4000 Jahren bauten Ägypter Schlösser aus Holz mit mehreren senkrechten Zuhaltungen. Das Sicherheitsschloss des Amerikaners Linus Yale aus dem Jahre 1848 ist nur eine Verbesserung dieses uralten Prinzips. Yale hatte einen drehbaren Zylinder mit einer Öffnung für einen Schlüssel versehen. In diese Öffnung ragen unterschiedlich lange Stifte. Der passende Schlüssel hebt mit den Vertiefungen zwischen den Zacken die Stifte so weit an, dass sie den Zylinder freigeben und das Schloss sich drehen lässt.

Die älteste literarische Beschreibung eines Schlosses mit Riegel, Schlüssel und Schlüsselloch stammt von dem im 9. vorchristlichen Jahrhundert lebenden Griechen Homer. Er beschrieb ein so genanntes Schubriegelschloss: An dem innen an der Tür sitzenden Riegel war eine Schnur befestigt, die nach außen durch ein Loch führte. Mit Hilfe dieser Schnur zog man den Riegel vor. Aber das war erst der Anfang. Der griechische Dichter Aristophanes lässt im 5. vorchristlichen Jahrhundert die Frauen sich über den »neuen lakedämonischen Schlüssel« beklagen. Dieser ermöglichte es dem Hausherren, die Speisekammer abzuschließen und den Schlüssel mitzunehmen. In der zweiten Hälfte des 1. nachchristlichen Jahrhunderts erfand dann der griechische Mechaniker und Mathematiker Heron von Alexandria eine ganz besondere Art von Verschluss: einen Münzautomaten. Gegen den Einwurf eines Fünfdrachmenstücks spendete der Automat – eine Portion Weihwasser. So viel zum Thema innere Sicherheit.

Der Urgrund menschlichen Sicherheitsstrebens ist älter als die

Existenz des Menschen auf der Erde. Es ist die Angst davor, gefressen zu werden. Im Folgenden beziehe ich mich auf Erkenntnisse, die der Mainzer Psychiater, Ethnologe und Verhaltensforscher Rudolf Bilz bereits vor Jahrzehnten gewonnen hat (21). Bilz war ein ausgezeichneter Beobachter der Tiere und der Menschen. Ihn interessierte dabei besonders das tierische Erbe, das auch *Homo sapiens* immer noch mit sich trägt, selbst wenn er nichts davon ahnt.

Die Urangst vor dem Nachtfeind

Zu keiner Zeit im Leben waren die Urmenschen, wie schon ihre tierischen Vorfahren, wehrloser als jeweils im Schlaf. Die Angst vor dem »Nachtfeind«, wie Bilz ihn nennt, war immer gegenwärtig. Und sie ist es immer noch; man denke daran, wie uns etwa ungewohnte Geräusche zu panikartigem Aufwachen reizen können. Manchmal sind es nicht nur Geräusche. »Ratte beißt 79-Jähriger im Schlaf Fingerkuppe ab – Antonie Müller hatte Terrassentür im Haus ihrer Tochter offen gelassen.« Das meldete der Regionalteil der *Süddeutschen Zeitung* am 25.6.2003 aus Starnberg. Da kommen offenbar selbst bei nicht Betroffenen archaische Ängste hoch. »Es ist ein Albtraum«, sagte die Starnberger CSU-Stadträtin Hannelore Hartmann zur SZ. Schließlich könne dies auch Kindern passieren. Es passiert aber normalerweise hierzulande nicht, und die Starnberger Veterinäramtchefin mahnte zu Recht: »Panik ist nicht angesagt.« Nachts reagieren schlafende Tiere, wie eben auch der Mensch, viel heftiger auf – im allgemeinen nur vermeintliche – Gefahren als bei Tageslicht. Bilz hat das so formuliert: »Der nachtfeindbezogene Schlaf scheint die Ursorge, sozusagen das Urparadigma menschlicher Sorge zu sein. Unsere späten Zivilisationssorgen stellen sich unter diesen Generalnenner, woraus die Sorgen-Schlaflosigkeit resultiert, als ob wir in jeder Sorge des Nachtfeinds gewärtig sein müssten.« Wer kennt das nicht, beim Einschlafen fallen einem allerlei ungelöste Probleme ein und schon ist man hellwach, von Schlafen kann nun keine Rede mehr sein? Denn die Probleme stellen sich nachts viel schärfer als bei Tageslicht. Und so wird auch der Mensch in solchen Situationen, ähnlich wie ein Hund, zum »Angstbeißer« – etwa wenn er sich ausmalt, wie er diesem oder jenem Menschen, der ihn geärgert hat, morgen die Meinung sagen wird. Selbstverständlich sieht dann am helllichten Tag alles anders aus.

Nun hat der Mensch, anders als zum Beispiel der augenscheinlich ebenfalls von Ängsten vor dem »Nachtfeind« gepeinigte Pavian, die seine Pein verstärkende Fähigkeit, den »Nachtfeind« dämonisch zu überhöhen. Diese Fähigkeit hat er mittlerweile fantastisch weit entwickelt. Und dies nicht erst in der technisch entwickelten Welt. Bei afrikanischen Stämmen gelten zum Beispiel bestimmte Tiere wie das nachtaktive Erdferkel (*Orycteropus*), obwohl sie tatsächlich völlig harmlos sind, als besonders gefährlich, da sie von bösen Zauberern geschickt werden, denen sie sogar als Reittier dienen können. Die Hauptangst hat der Mensch aber mittlerweile nicht mehr vor den wilden Tieren, sondern vor seinesgleichen. Denn mit seinen Waffen kann er zwar die wilden Tiere ausrotten und ist darum auch eifrig bemüht, kann aber nicht die Angst vor seinen Mitmenschen eindämmen. Dabei sind es nicht etwa tatsächliche Feinde, sondern die im Kopf entstehenden Feindbilder, die Angst machen. Je größer die Angst, desto höher rüstet sich der Mensch. Die eigene Waffe ist Symbol dafür, gegen alles gewappnet zu sein; das Wort *wappnen* kommt denn auch vom mittelhochdeutschen *wapenen* gleich rüsten, bewaffnen.

Wie bei der Angst des schwarzen Mannes vor dem Erdferkel vernebeln auch beim weißen Mann starke innere Bilder die Wirklichkeit. Denn es zeigt sich, dass dort, wo die Menschen am besten bewaffnet sind, in den USA, das Leben am wenigsten sicher ist. Denn wer eine tödlich wirkende Waffe besitzt, ist nun einmal leichter in der Lage, andere Menschen zu töten, als ein Unbewaffneter. Der Münsteraner Kriminologe Joachim Schneider hat im Jahre 2003 die Ergebnisse seiner Untersuchung über das Morden in der Welt vorgelegt (22). Danach wird unter den männlichen Deutschen im Alter zwischen 15 und 24 Jahren unter 100 000 Menschen jeweils einer zum Mörder, unter 100 000 US-Bürgern finden sich im statistischen Mittel 21,9 Mörder. Das ist die bei weitem höchste Quote weltweit, gefolgt von Schottland mit 5, Neuseeland mit 4,4 und Israel mit 3,7.

Den »Angstbeißer« gibt es, wie gesagt, nicht nur unter den Hunden. Rudolf Bilz hat noch eine andere Verhaltensweise bei Angst auf seine archaischen Wurzeln hin studiert; den Unterschied nämlich im Verhalten von Pferd und Mensch. Wenn das Pferd in Angst oder gar Panik gerät, läuft es fort. Denn, so Bilz: »Das Pferd ist ein Steppentier und hat sozusagen stets seine horizontale Steppe bei sich, auch wenn es im Stall steht. Die Steppe lässt nur die Flucht in der Horizontalen zu, insofern gilt der Satz, dass das Pferd ein ›steppenangepasstes‹ Verhalten zeigt. Es verhält sich ›steppenhaft‹, während sich der Mensch paläoanthropologisch-baumhaft verhält, indem er ein Angstverhalten zeigt, das aufwärts

Feindbilder entstehen im Kopf. Den »Angstbeißer« gibt es nicht nur unter den Hunden.

tendiert.« Bilz interpretiert so seine Beobachtungen als Psychiater im Zweiten Weltkrieg in Berlin an einem aus guten Gründen von extremer Angst gepeinigten zwangsneurotischen Mann. Dieser saß am Tisch mit permanent angezogenen Beinen und versuchte krampfhaft zu vermeiden, den Boden zu betreten. Wenn sich dies aber nicht vermeiden ließ, steigerte sich die Angst ins »Maßlose«. Bilz vergleicht diese Verhaltensweise mit der eines kleinen Kindes, das, wenn es Angst hat, von der Mutter hochgehoben werden will. Der archaische Hang des »Auf die Bäume, ihr Affen, der Wald wird gefegt« zeigt sich nach Bilz immer noch in den Extremsituationen.

Leben mit Krücken

Bereits die tierischen Vorfahren des Menschen können ihre Unvollkommenheit mit Krücken aller Art ausgleichen. Der Stock ist auch für den Schimpansen ein verlängerter Arm oder eine verlängerte Faust. Der blinde Mensch benutzt den Stock, um Zeit zu gewinnen: um vor einem Hindernis rechtzeitig stehen zu bleiben oder ausweichen zu können. Vermutlich ist es ein tierisches Erbe, dass der Mensch sich mit dem Knüppel in der Hand so stark fühlt, dass dieser zu einem Symbol seiner Macht geworden ist: als Zepter für Kaiser und Könige, als Marschallstab für die höchsten Offiziere, als Rohrstock des Lehrers und Schlagstock des Polizisten. In den frühen südamerikanischen Kulturen gibt es sogar einen »Gott des Stabes«. Sein Abbild ziert eine Kürbisschale, die um das Jahr 2250 vor Christus in Peru als Grabbeigabe diente. Der »Gott des Stabes« spielte in Südamerika in Kulturen vor- und nachchristlicher Zeit eine Rolle. Die Liktoren – Begleiter der höchsten Beamten im alten Rom – trugen diesen ein Rutenbündel *(Fasces)*, das ein Beil umhüllte, voran, als Zeichen der Macht über Leib (Ruten) und Leben (Beil). Der *Faschismus* (italienisch von *fasci* gleich Rutenbündel), das Gewaltregime des Benito Mussolini im Italien des 20. Jahrhunderts, hat daher seinen Namen.

Krücken können bereits im Tierreich von merkwürdigster Art sein: Der Kuckuck zum Beispiel kann nur in fremden Nestern überleben, weil diese Vogelart den Nestbau, das Brüten und die Aufzucht des frisch geschlüpften Nachwuchses nicht gelernt hat. Die Eier der legitimen Brut sind für den jungen Kuckuck potenzielle Konkurrenz. Deshalb besitzt der eben aus dem Ei geschlüpfte, noch ungefiederte Kuckuck als Krücke ein Hohlkreuz, das sich perfekt als Eierbecher verwenden lässt. Dahinein schaufelt der nackte Jungkuckuck die Eier seiner Pflegeeltern und rollt sie Stück für Stück aus dem Nest.

Die Leiden des Demosthenes

Einer der größten Redner der Antike, Demosthenes (384–333 vor Christus), hätte wegen seiner körperlichen Gebrechen eigentlich überhaupt kein Redner sein können. Man weiß, welche harte Therapie er sich selbst verordnete, und versucht daraus heute Schlüsse auf sein Leiden zu ziehen. Anscheinend litt Demosthenes ausgerechnet an einem Sprachfehler. Vielleicht hat er gelispelt. Jedenfalls soll er sich einen Kieselstein in den Mund (vermutlich unter die Zunge) geschoben und dann versucht haben, das Meeresrauschen zu übertönen. Seine Atemtechnik soll er verbessert haben, indem er redend auf die Berge stieg. Überdies litt der Mann noch an einer weiteren Störung: Offenbar einem krampfartigen Sichdrehen des Kopfes; Ärzte diagnostizieren dies heute als Schiefhals, *Torticollis spasmodicus*, verbunden mit einer *spasmodischen Dysphonie*, mit einer ebenfalls krampfartigen Stimmbänderstörung. Jedenfalls wird berichtet, Demosthenes habe bei seinen Redeübungen eine Schwertspitze an sein Kinn gehalten, um seinen Kopf an den unwillkürlichen Seitwärtsdrehungen zu hindern. Demosthenes versuchte seinerzeit, die politische Freiheit der Griechen gegen die aufkommende Macht der Makedonen zu verteidigen. *Philippika* war die ursprüngliche Bezeichnung für die Reden des Demosthenes gegen den makedonischen König Philipp II., den Vater Alexanders des Großen. Marcus Tullius Cicero (106–43 vor Christus), ein nicht minder großer Redner im alten Rom, bezeichnete später in Erinnerung an Demosthenes seine 14 Reden gegen Marcus Antonius als *Orationes Philippines*. Seither wird eine Straf- oder Hassrede Philippika genannt. Übrigens hat Antonius, ein Freund des römischen Feldherren und Staatsmannes Gajus Julius Cäsar, dessen Mörder Brutus und Cassius ausgerechnet bei *Philippi* (anno 42 vor Christus) geschlagen.

Wir sind vom Thema abgekommen. Ich kann das aber mit einer ebenfalls Demosthenes zugeschriebenen Anekdote rechtfertigen. Dieser beklagte sich seinerzeit über den Hang der Menschen, Geschichten hören (und erzählen) zu wollen, auf die folgende Weise: Der angesehene Politiker meldete sich während einer Versammlung zu Wort, fand aber kein Gehör. Darauf sagte er: »Ich wollte Euch nur eine hübsche Geschichte erzählen!« Sofort trat Ruhe ein. Demosthenes begann: »Ein Mann mietete sich an einem heißen Sommertag einen Reitesel von Athen nach Megara. Unterwegs wollte er rasten und sich im Schatten des Esels niedersetzen. Damit war aber der Besitzer und Führer des Tieres nicht einverstanden, der den Schatten selbst nutzen wollte: ›Ich habe dir nur meinen Esel vermietet, nicht aber dessen Schatten‹, begründete er.« Als Demosthenes mit seiner Geschichte so weit gekommen war, verließ er das Rednerpult. Damit waren aber seine Zuhörer nicht einverstanden. Sie riefen vielmehr: »Halt! Wie ging denn der Streit aus?« Da drehte sich Demosthenes um und sagte: »Was ich zum Wohle unserer Stadt sagen wollte, das wolltet ihr nicht hören, aber für den Schatten eines Esels interessiert ihr euch.«

Krücken zur Vollkommenheit

Der Mensch ist zwar, physisch gesehen, unter allen Säugetieren ein besonders unvollkommenes Wesen. Aber er ist womöglich doch die

»Krone der Schöpfung«. Denn nur er kann, und sei es mit Hilfe von Krücken, Vollkommenheit erleben. Zum Beispiel Marianne Buggenhagen aus Ückermünde am Stettiner Haff, am Rande der DDR. Als Kind wollte das groß gewachsene Mädchen Volleyball spielen, Nationalspielerin werden. Aber sie war völlig unbegabt. Ihr Trainer sagte ihr: »Marianne, dir kann man beim Laufen die Schuhe besohlen.« So wurde sie Krankenschwester. Eine Rückenmarkerkrankung warf sie aus der Bahn. Der Bandscheibenvorfall wurde falsch diagnostiziert, der Schaden war irreparabel. Mit 19 Jahren wusste sie, dass sie im Rollstuhl enden würde, und versuchte, sich das Leben zu nehmen. Das misslang. Von der Körpermitte bis zu den Füßen gelähmt, erreichte sie 1977 mit Anfang zwanzig das Rollstuhlstadium. Sie empfand es wie eine Befreiung, denn sie war nun wieder in der Lage, wenn auch mit dem Rollstuhl, weite Strecken zurückzulegen, und vor allem hatten endlich die Schmerzen aufgehört. Marianne Buggenhagen fand Arbeit als Krankenschwester und Therapeutin im Klinikum Berlin-Buch. Als sie drei Monate im Rollstuhl saß, schaute sie sich ein Basketballspiel von Rollstuhlfahrern an – und war fasziniert von der Eleganz dieser Bewegungen. Das wollte sie auch können. Sie fing an zu trainieren und fiel den DDR-Sportfunktionären positiv auf. In den Jahren 1979 bis 1990 hatte sie in der DDR etwa 130 Meistertitel – im Rollstuhlfahren über verschiedene Distanzen, Kugelstoßen, Diskus- und Speerwerfen, Schwimmen, Basketball – gewonnen. Nach der Wende gewann sie bei den Paralympics der Jahre 1992, 1996 und 2000 siebenmal eine Goldmedaille und einmal Bronze, wurde bis zum Jahre 2002 zwölfmal Weltmeisterin und Weltrekordhalterin im Fünfkampf, Diskuswerfen und Kugelstoßen. Marianne Buggenhagen ist längst schon nicht mehr nur den Fans bekannt: 1994 wählten die Zuschauer der ARD Marianne Buggenhagen zur Sportlerin des Jahres. 1995 erhielt sie in Los Angeles den *Noel Foundation Award* der Vereinten Nationen; einen Preis für Frauen, den unter anderem auch Mutter Theresa bekommen hat und Benazir Bhutto. US-Vizepräsident Al Gore lud sie ein ins Weiße Haus. Marianne Buggenhagen ist *die* deutsche Behindertensportlerin. »Ich, das Ückermünder Landei auf der Bühne der Weltpolitik«, staunte sie in einem Interview (23). »Der Rollstuhl ist nicht das Ende«, sagt Marianne Buggenhagen ihren Patienten im Krankenhaus in Berlin-Buch. Ihr hat die Krücke in allem Leid die Welt als Lebensraum geöffnet.

Bis vor etwa hundert Jahren war der Lebensraum, den der Einzelne erobern konnte, im Normalfall sehr eng. Die Ordnung als Sekundärtugend, als hierarchischer Aufbau der Gesellschaft, bestimmte bis zum Ersten Weltkrieg die europäische Welt. Das spiegelt sich auch in den zum Teil bereits aus der Steinzeit stammenden Märchen. Kleider machen Leute: Man sieht bereits am Gewand, ob man einen Bettler vor sich hat oder einen König. Und wenn ein König sich als Bettler verkleidet, ist er für die Leute ein Bettler. Damit ein armes, von der bösen Stiefmutter als Aschenputtel gehaltenes Mädchen einem Königssohn auffällt, muss ihr zuerst das richtige Gewand vom Baum in den Schoß fallen: »Bäumchen, rüttle dich und schüttle dich, wirf Gold und Silber über mich.« Und weil das Bäumchen auf dem Grab der eigenen Mutter steht, wird der Wunsch erfüllt. Man kann auch sagen, es bricht etwas vom Erbe der Mutter durch – so dass der Königssohn Aschenputtel in silbernem und goldenen Gewand als seiner ebenbürtig erkennen kann. Heute kann im Prinzip jeder alles tragen. Die Königstocher, das heißt die soziale Schicht, der jemand entstammt, kann man allenfalls an der Sprache erkennen. Aber das ist ein Versagen der Schule. Und Aschenputtel ist nach Hänsel und Gretel, Schneewittchen und Rotkäppchen das bekannteste Märchen in Deutschland geblieben, wie eine Umfrage des Demoskopischen Instituts Allensbach anno 2003 feststellte.

IV. Strategien des Lebens

Häufiges passiert oft, Seltenes geschieht selten

Das Naturgesetz der Statistik

Wer kennt das nicht? Das eigene Kind ist krank und man hat keine Ahnung, liest deshalb in schlauen Büchern und gerät in Panik: Die Symptome könnten das Schlimmste bedeuten. Diese Erfahrung machen übrigens auch junge Mediziner, noch dazu, wenn sie im Freundes- oder Familienkreis um Rat gefragt werden. Da empfiehlt es sich, das Naheliegende als einfachste Erklärung zuerst in Betracht zu ziehen. Sehr seltene Krankheiten treten nun mal sehr selten auf und das heißt, sie sind unwahrscheinlich. Häufige Erkrankungen dagegen kommen eben oft vor. Und so ist es – leider – ganz normal, dass Kinder ziemlich oft unter Kinderkrankheiten leiden. Diese aber gehen, wie sie gekommen sind. Deshalb ist es auch vernünftig – der Erfahrung entsprechend – häufig auftretende Leiden zunächst mit häufig erfolgreichen – das heißt einfachen und bewährten – Mitteln zu behandeln und erst, wenn diese nicht helfen sollten, gewissermaßen den großen oder den ganz großen Hammer zu schwingen.

Freilich ist das mit der Erfahrung so eine Sache. Der Zahnarzt macht die Erfahrung, dass extrem viele Menschen, denen er in seiner Praxis begegnet, Zahnschmerzen haben. Der Internist macht diese Erfahrung dagegen eher selten. Wer ein nicht so oft auftretendes Leiden optimal behandeln lassen will, geht daher zweckmäßig zum Spezialisten für eben dieses seltene Leiden. Im Jahre 1851 hat ein kluger Mann namens Wunderlich aus leidvoller Beobachtung die sehr wenig spezifischen therapeutischen Erfahrungen eines Arztes, die damals im wesentlichen auf Selbsterlebtem gründeten, mit dem Vorgehen eines Physikers verglichen, die mittlere Temperatur eines Raumes aus der Erinnerung daran zu ermitteln, wie oft er darin gefroren oder geschwitzt hat.

Das Prinzip, wonach Seltenes selten geschieht, ist ein Naturgesetz. Ein Gesetz der Statistik. Wer Lotto spielt, könnte wissen – und weiß es natürlich auch –, dass ein Sechser die ganz große Ausnahme ist, jedenfalls nicht zu erwarten. Und wer selbst ein Kotzbrocken ist, sollte schon gar nicht glauben, eine Frau zu finden, die schön ist und charmant und klug. Je mehr Supereigenschaften zusammenkommen sollen, desto seltener passiert dies. Nehmen wir an, unter hundert Frauen sei eine wirklich außergewöhnlich klug, ebenfalls unter hundert eine außergewöhnlich schön und unter hundert Frauen eine außergewöhnlich charmant. Vorausgesetzt, diese Eigenschaften sind unabhängig voneinander: Die Wahrscheinlichkeit, dass alle drei besonderen Begabungen in einer einzelnen Frau zusammenkommen, ist dann 0,01 mal 0,01 mal 0,01 entsprechend eins zu einer Million.

Man kann daraus Konsequenzen ziehen: Wenn jemand zum Beispiel ein außergewöhnlich talentierter Sänger ist, was bekanntlich sehr selten vorkommt, kann man nicht erwarten, dass er zugleich auch noch außergewöhnlich klug ist. Die Enttäuschung darüber hat vermutlich den Spruch entstehen lassen: »Dumm, dümmer, Tenor.« Und weil die Dummheit ganz allgemein auf dieser Welt nicht auszurotten ist, hat Christian Morgenstern einst das folgende *Galgenlied* verfasst (24):

Ein finstrer Esel sprach einmal
Zu seinem ehelichen Gemahl:
»Ich bin so dumm, du bist so dumm,
wir wollen sterben gehen, kumm!«
Doch wie es kommt so öfter eben:
Die beiden blieben fröhlich leben.

Dummheit bedeutet Mangel an Einsicht – auch unter Experten. Honoré Daumier karikierte sie im 19. Jahrhundert: »Die Kenner«.

Der Gedanke, die Dummheit könne aus Einsicht von der Welt verschwinden, ist faszinierend, aber eben eine Illusion. Denn die Dummheit bedeutet ja insbesondere Mangel an Einsicht. Ob nun klug oder dumm oder von beidem etwas, alles in allem ist jeder Mensch einzigartig bis in den Fingerabdruck, wie jeder Fernsehkrimi-Zuschauer weiß. Einzigartig ist auch das Spektrum seiner jeweiligen Verhaltensweisen. Und das – um wieder zurückzukommen auf das Thema dieses Kapitels, wonach Häufiges oft passiert, Seltenes aber selten – macht es möglich, das »Täterprofil« eines Verbrechers zu erstellen. Typisch heißt nämlich in unserem Zusammenhang: Wir benehmen uns immer mehr oder minder gleich und sind daran identifizierbar. Zum Beispiel hat das FBI in den neunziger Jahren festgestellt, dass in den USA 93,7 Prozent der schwarzen Opfer eines Mordes von schwarzen Tätern ermordet wurden und 86,2 Prozent aller weißen Mordopfer von weißen Tätern. Serienmörder allerdings sind im Allgemeinen Einzeltäter, männlich, von weißer Hautfarbe und zwischen 20 und 35 Jahre alt.

Einzigartig bis in die Fingerspitzen

Das älteste überlieferte »Täterprofil« stammt von einem Dr. Thomas Bond. Er übermittelte anno 1888 in einem Brief an den Leiter der Kriminalpolizei in London mögliche Charakteristika von »Jack the Ripper«. Dieser hatte im Herbst 1888 fünf Prostituierten im Alter von 25 bis 47 Jahren die Kehle durchschnitten. Er wurde nie gefasst. Im Gegenteil, bis in unsere Zeit werden immer neue Namen mit diesem Mörder in Verbindung gebracht – zuletzt im Jahre 2001 der des in München geborenen Malers Walter Sickert (1860–1942) durch die amerikanische Kriminalschriftstellerin Patricia Cornwell.

Dagegen lieferte der Wiener Kriminalpsychologe Thomas Müller, ein Pionier der aus den USA kommenden Wissenschaft des »Profiling« in Europa, 1997 sein Meisterstück bei der Suche nach dem Täter, der vier Jahre lang Österreich mit Brief- und Rohrbombenanschlägen terrorisierte. Vier Menschen starben dabei, 13 wurden verletzt. Aus allerlei Indizien schloss Müller, dass es sich um einen allein stehenden, um die 50 Jahre alten Mann handeln müsse. Mit der Aussage »Einzelgänger« stand Müller im Gegensatz zur Meinung der Politiker und der Polizei, die nach dem Mitglied einer rechtsradikalen Gruppe suchte. Dem Kriminalpsychologen war das kleine Detail aufgefallen, dass der große Unbekannte die Batterien zum Zünden seiner Bomben immer so ausgerichtet hatte, dass deren Beschriftungen stets auf exakt gleicher Höhe standen. Der Attentäter musste ein extrem zwanghafter Mensch sein. So jemand braucht viel Zeit für Entscheidungen und ist deshalb stressanfällig. Müller entschied sich, ihn unter Druck zu setzen. Er ließ ein Täterprofil veröffentlichen mit dem bewusst falschen Hinweis, dass es nur zehn Menschen im Lande gebe, auf die diese Beschreibung zutreffe. Naturgemäß fühlte sich der Sprengstoffterrorist verfolgt, und als er zufällig in eine Verkehrskontrolle geriet, verlor er vollends die Nerven. Als er eine Bombe in seinem Auto vor den Polizisten verstecken wollte, explodierte diese und zerfetzte ihm seine Hände: Franz Fuchs, 48 Jahre alt, allein stehend, war gefasst.

Niemand kann sich immer unter Kontrolle haben, schon gar nicht in Stress-Situationen. Der Mensch, so sagt man gerne, ist ein Gewohnheitstier. Das heißt, er braucht und er entwickelt Routine. Andernfalls wäre das Leben sehr schwer zu bewältigen. Kein gesunder Erwachsener denkt normalerweise darüber nach, ob er die Zahnbürste mit der rechten oder der linken Hand ergreifen soll, ob er in eine Jacke zuerst mit dem linken oder dem rechten Arm schlüpft. Der geübte Autofahrer überlegt auch nicht, wann er den nächsten Gang einschaltet. Dergleichen geschieht automatisch. Diese elementaren Bewegungsmuster hat man sich irgendwann eingeprägt. So kann man ein solches »prozedurales Wissen« im rechten Augenblick einfach abrufen, wobei das Bewusstsein weitgehend ausgeschaltet ist. Der Kopf bleibt frei für andere Aufgaben. Eine totale Selbstkontrolle ist unmöglich. Man kann das gut als Fernsehzuschauer verfolgen. Menschen, die sich völlig auf ihre Worte konzentrieren und dabei auch noch auf die Mimik und die Bewegungen der Hände achten – hampeln mit den Füßen. Oder Nachrichtensprecher zappeln mit den Fingern, während sie ihren Text sehr konzentriert vorlesen.

Erst recht nicht kann man sein Unbewusstes, seinen Schatten, die dunkle Seite kontrollieren, denn sie ist einem verborgen – selbst wenn sie ein Beobachter aus einer gewissen Distanz sofort wahrnehmen kann. Das ist auch die Chance eines guten Kriminalisten. Der Kriminalpsychologe Thomas Müller ist offensichtlich nicht nur sehr einfühlsam, sondern auch ein äußerst genauer Beobachter. Das kann man aber nicht generalisieren. Im Gegenteil: In den neunziger Jahren hat man in einigen wissenschaftlichen Studien die Fähigkeiten von speziell ausgebildeten »Profilern« mit jenen von Studenten, Psychologen und Kriminalbeamten verglichen. Ergebnis: Meist konnte den Profilern eine nur geringfügig bessere Leistung nachgewiesen werden.

Die Erfahrung, dass etwas immer nach demselben Muster abläuft und deswegen leicht vorauszusehen ist, ist bereits in dem Sprichwort ausgedrückt: »Der Krug geht so lange zum Brunnen, bis er bricht«. Häufiges passiert eben oft, eine uralte Erfahrung, welche die Menschen bereits in einer Zeit reflektierten, als man mit leicht brechenden Tonkrügen das Wasser aus dem Brunnen schöpfte. Freilich gibt es auch eine gegenteilige Erfahrung; nämlich die, dass sich ein Mensch völlig ändert, also vom Saulus zum Paulus wird, wie es ebenfalls sprichwörtlich heißt. Der Apostel Paulus hatte, bevor er zum leidenschaftlichen Verkünder und Interpreten der Botschaft des gekreuzigten Jesus wurde, dessen Jünger ebenso leidenschaftlich verfolgt.

Murphys Gesetz

Die Erfahrung, dass Seltenes selten vorkommt, steht nicht im Widerspruch zu *Murphys Gesetz*. Danach passiert, was immer passieren kann, tatsächlich auch irgendwann einmal. Irgendwann kann schon heute sein. Denn auch das Unwahrscheinlichste ist eben prinzipiell jederzeit möglich. Die Erde kann zum Beispiel mit einem anderen großen Himmelskörper zusammenstoßen. Das ist nicht wahrscheinlich, geschieht also selten. Aber eben dies ist nach heutigem Wissen vor etwa 60 Millionen Jahren passiert und führte dazu, dass unter anderem die Saurier ausgestorben sind.

Wenn etwas falsch gemacht werden kann ...

Namensgeber für *Murphys Gesetz* – man kann nicht eben sagen Entdecker – ist Edward Aloysius Murphy, wie das US-Wissenschaftsmagazin *Science 83* Anfang 1983 enthüllte. Als Sicherheitsingenieur bei der US-Luftwaffe hatte Murphy ein Testgerät entwickelt. Ein Experiment damit ging 1949 daneben – weil ein an sich extrem unwahrscheinlicher Fehler gemacht wurde: »Wenn etwas falsch gemacht werden kann, dann macht es auch jemand falsch«, sagte Murphy zu dem Luftwaffenmajor John Paul Stapp. Dieser hatte gerade einen Beschleunigungstest an sich selbst gemacht, weil man wissen wollte, was der Mensch so aushält. Nun aber wusste man nicht, was Stapp ausgehalten hatte, weil Murphys Geräte nichts messen konnten. Denn eben: Wenn etwas falsch gemacht werden kann, dann macht es auch jemand falsch. »Das ist Murphys Gesetz«, sagte spontan einer der Umstehenden zur Erklärung des Malheurs von Edward Aloysius. Den Satz erwähnte Stapp einige Wochen später bei einer Pressekonferenz – und damit war das »Gesetz« in die Welt gesetzt. Alsbald fanden sich dazu allerlei witzige Varianten, die durchaus etwas mit Lebenserfahrung zu tun haben, etwa: »Das, was du suchst, findest du immer an dem Platz, an dem du zuletzt nachschaust.« Dies ist selbstverständlich richtig, denn anschließend musst du ja auch nicht weiter suchen. Oder: »Man hat niemals Zeit, es richtig zu machen, aber immer Zeit, es noch einmal zu machen«, oder: »Maschinen, die versagt haben, funktionieren einwandfrei, wenn der Kundendienst kommt.« Oder – eine wohl eher typisch amerikanische Weisheit: »Alles Gute im Leben ist entweder ungesetzlich, unmoralisch oder es macht dick.« Die Kernaussage: »Wenn etwas schief gehen kann, dann wird es auch schief gehen« jedenfalls steht völlig im Einklang mit den Naturgesetzen.

Im Zusammenhang mit der Diskussion um die Sicherheit von Atomkraftwerken hat man, Murphys Gesetz ernsthaft bedenkend, die Idee einer *fehlerverzeihenden Technik* entwickelt. Wer weiß, dass die Technik und der sie bedienende Mensch fehlerhaft sind und Fehler machen können, also weiß, dass eben Murphys Gesetz gilt, muss dafür sorgen, dass ein Fehler nicht zu einer Katastrophe führt. Eine Schlussfolgerung daraus ist, Techniken, die – wenn auch unter höchst unwahrscheinlichen Umständen – katastrophal enden können, gar nicht erst zu nutzen. Das fällt besonders Technikern schwer. Wer ein geborener Bastler ist, hat aus seiner individuellen Erfahrung heraus ein hohes Selbstvertrauen, die Dinge irgendwie hinzubekommen. Vor allem dort, wo man improvisieren muss, etwa weil nicht genug Geld da ist, um moderne Technik einzusetzen, findet man diese Mentalität. Zu einer ganz großen Katastrophe kommt es nun einmal selten, meistens geht ein Störfall gut aus, und die Techniker mit der Wird-schon-gut-gehen-Mentalität fühlen sich bestätigt. So ist auch die bisher einzigartige Katastrophe im Block vier des sowjetischen Atomreaktors von Tschernobyl in der Ukraine am 26. April 1986 gewissermaßen beim Basteln passiert.

Unfähig zur Voraussicht

»Du hast's jut, du bist doof«, sagt der Berliner, womit er meint, dass Intelligenz nicht unbedingt glücklich macht. Der Psychologe Dietrich Dörner hat allerdings das Gegenteil experimentell bestätigt gefunden, was ihn zu der Schlussfolgerung führte: »Der Mensch ist angeborenerweise unfähig zur Voraussicht« – also auf ungute Weise doof.

Dörners Versuchspersonen beteiligten sich an einem Spiel. Es ging darum, Entscheidungen zu treffen, wie sie Kommunalpolitiker tagtäglich zu fällen haben. Die Computersimulation kann langfristige Auswirkungen solcher Entscheidungen schneller zeigen als die Realität. Den Spielern waren bestimmte Sachverhalte bekannt, gewisse Konsequenzen ebenfalls. Aber man weiß natürlich nicht alles und schätzt auch nicht alles richtig ein, sieht manches fälschlich als nebensächlich an. Am Ende sieht dann vieles ganz anders aus, als man ursprünglich erwartet hat. Hier hilft nun der Blick in die Zukunft im Zeitraffertempo. Man sieht sehr viel rascher als gewöhnlich, dass die zunächst wenig beachteten Nebenwirkungen unerwartet zu Haupteffekten werden, und kann so strategisches Denken trainieren. Inzwischen hat das Leben längst bestätigt, was man mit Dörners Technik prinzipiell bereits vor vielen Jahren spielerisch hätte voraussehen können: Die Hoffnungen auf eine *New Economy* sind zerronnen, auf steiles Wachstum folgten rasante Abstürze und Pleiten überall in Deutschland und anderswo.

Die längste Zeit in der Geschichte der Menschheit konnte diese davon ausgehen, dass die Welt morgen so aussieht wie heute; am Lebensanfang eines Individuums wie an dessen Ende. Die massiven Veränderungen – das Entstehen und Vergehen von Eiszeiten oder Dürreepochen – entwickelten sich im Vergleich zu einem Menschenleben unendlich langsam. Seit rund 250 Jahren ist das anders geworden. Die Welt verändert sich durch menschliches Tun rasant. Und deshalb sind Dörners Beobachtungen so wichtig: Die Fähigkeiten eines Individuums reichen nicht aus, um die Zukunft angemessen vorauszusehen. Die schlimmen Erfahrungen der letzten Generationen von Weltkriegen, Inflationen, von Völkermord und -vertreibungen bestätigen dies nur. Der Mensch hatte keine Zeit, sich biologisch an die von ihm selbst ausgelöste Beschleunigung von Entwicklungen anzupassen und binnen weniger hundert Jahre völlig neue geistige Fähigkeiten zu entwickeln.

Darin unterscheidet er sich nicht von der übrigen Natur. Das Tempo der biologischen Evolution ist gemächlicher als das der zivilisatorischen Entwicklung. Die Natur konnte bisher sogar massive Klimaänderungen überleben, wenn diese langsam vonstatten gingen. Andernfalls sind die nicht anpassungsfähigen Arten ausgestorben. Tiere und Pflanzen können sich nach heutigem Wissen zum Beispiel an Temperaturerhöhungen von maximal einem Zehntel Grad Celsius im Jahrzehnt – ein Grad in hundert Jahren – anpassen; zum Beispiel, indem die wärmeempfindlicheren Arten Biotope in größerer Gebirgshöhe oder in größerer Polnähe besiedeln. Schon 0,2 Grad Temperaturerhöhung im Jahrzehnt sind nach einem Gutachten des Wissenschaftlichen Beirats der Bundesregierung »nicht mehr tolerierbar«. Nach den Prognosen von Anfang 2001 des *Intergovernmental Panel on Climate Change* (IPCC) der Vereinten Nationen, in dem aller verfügbarer Sachverstand weltweit zusammengefasst wurde, muss man in diesem Jahrhundert – menschengemacht – globale Temperaturerhöhungen um 1,4 bis 5,8 Grad Celsius erwarten, jedenfalls mehr als die Natur verkraftet.

Man kann sich ausmalen, was passiert, wenn Witterungsextreme, wie sie Klimaforscher vorausgesagt haben und wie sie in den letzten Jahren zu verzeichnen waren, zur Regel werden: Wenn die Winter regelmäßig zu warm sein werden, gemessen am bisherigen Durchschnitt, wird es in den Alpen keinen Skitourismus mehr geben. Wenn es im Winter regnet, anstatt zu schneien, und das Wasser sofort abfließt, kommen allmählich die Gebirge selbst ins Rutschen. Und auch die Hochwassergefahr wächst. Bisher werden die mitteleuropäischen Flüsse im Sommer ganz wesentlich von der Schneeschmelze und den dann ebenfalls abschmelzenden Gletschern in den Alpen gespeist. Bereits seit einigen Jahren fällt im Winter im Hochgebirge weniger Schnee, als in den Jahrzehnten zuvor üblich war, so dass zahlreiche Gletscher immer weiter zurückgehen. Wenn ein Sommer dann so heiß wird wie der anno 2003 in Mitteleuropa, dann brennen großräumig die mediterranen Wälder. Atommeiler, die auf das Kühlwasser der Flüsse angewiesen sind, können, wenn die Flüsse kaum noch Wasser führen, ebenso wenig betrieben werden wie die Binnenschifffahrt. Und umgekehrt kann extremes sommerliches Hochwasser wie im Jahre 2002 »Land unter« für ganze Regionen bedeuten; ebenfalls eine in Mitteleuropa neue Erscheinung.

Wie gesagt, man kann sich nach den jüngsten Erfahrungen ausmalen, welche Folgen es hätte, wenn Witterungsextreme, die bisher als »Jahrhundertereignisse« gezählt werden, zur Regel werden, sich also großräumig das Klima ändert. Was aber genau zu erwarten sein wird, weiß niemand. Mit Institutionen wie dem IPCC versucht der Mensch seine begrenzten Fähigkeiten, in die Zukunft zu schauen, auszuweiten. Denn anders als die Tiere hat er jede Menge Hilfsmittel, um in die Zukunft zu blicken. Die Entwicklung des Klimas allerdings ist ein ungeheuer komplexes Geschehen. Und es gibt keine Theorie, die sie vollständig beschreibt. Man muss deshalb mit vereinfachenden Modellen rechnen und diese an der Realität überprüfen. Zum Beispiel, indem man bekannte Witterungsverläufe der Vergangenheit mit Hilfe dieser Modelle simuliert und die so entstandenen Voraussagen mit den tatsächlichen Verläufen vergleicht.

Aber richtig prognostizieren zu können ist eine Seite. Die andere, aus den Prognosen die richtigen Konsequenzen zu ziehen. Der *Club of Rome* – eine private Gruppierung politisch engagierter Menschen – hat Anfang der siebziger Jahre des vorigen Jahrhunderts darauf aufmerksam gemacht, dass der Mensch kein Sensorium für exponentielles Wachstum entwickelt hat. Stellen wir uns einen großen See vor, der mit Seerosen bewachsen ist. Nehmen wir an, ihr Flächenverbrauch ist so groß, dass er sich jedes Jahr verdoppelt. Dann ist drei Jahre vor dem Ende, das heißt bevor der See zugewachsen ist, gerade mal ein Achtel der Seeoberfläche bewachsen, was vielleicht gar nicht weiter auffällt. Zwei Jahre vor dem Ende erst ein Viertel. Und selbst noch ein Jahr vorher ist der See nurmehr zur Hälfte bewachsen. So etwas nennt man exponentielles Wachstum.

Kein Gefühl für exponentielles Wachstum

Das Bild eines seerosenbewachsenen Teichs ist schön. Wir können es ersetzen durch das nicht so schöne Bild der von Autos verstopften Straßen oder durch das Horrorbild des von Menschenmassen überfüllten Planeten Erde. Überall haben wir exponentielles Wachstum. Ökonomen in aller Welt sehen das Wachstum der Autoindustrie als positiv für das Wohlergehen der Menschheit. Und der Papst versteht den als göttliche Verheißung im Buch Genesis des Alten Testaments formulierten Satz »Seid fruchtbar und mehret euch« als Aufforderung – und verbietet jegliche Verhütungsmethode außer der Enthaltsamkeit. Der Mensch ist eben unfähig zur Voraussicht – und exponentielles Wachstum kann er sich schon überhaupt nicht vorstellen. Die Risiken schrankenlosen Wachstums – verbunden mit exponentiell wachsendem Verbrauch der Ressourcen – lassen sich zum Teil extrem genau beschreiben. Aber das Wissen verändert den Menschen nicht, wenn sein Handeln von starken Gefühlen wie der rasenden Liebe zum Auto oder von Ideologien wie dem Glauben an die Unfehlbarkeit des Papstes in Rom geprägt ist.

Kurz- und Langzeitstrategien

Die ersten Strategen in der Geschichte der Menschheit waren die vorzeitlichen Jäger. Sie entwickelten Techniken, wilde Tiere zu erlegen, die ihnen an Kraft, Schnelligkeit und manchmal auch an Ausdauer weit

überlegen waren. Das erforderte ein geschicktes Zusammenspiel der Männer. Zumindest Grundformen einer Sprache mussten sie bereits kennen, um miteinander zu kommunizieren. Und dass die gemeinsame Jagd nicht ganz einfach ist, sieht man schon daran, dass sich bis heute immer mal wieder Jäger gegenseitig erlegen, manchmal sogar sich selbst, was technisch gar nicht so leicht ist.

Während die Jagd Kurzzeitstrategien verlangt, muss der Landwirt längerfristig planen. Erst lange Zeit nach den Jägern und Sammlern sind denn auch die ersten Bauern in die Weltgeschichte eingetreten. Landwirtschaft verlangt auf alle Fälle, zur rechten Zeit und am richtigen Ort zu säen und zu ernten sowie einen Teil der Ernte selbst in Hungerzeiten jeweils für die neue Saat zurückzuhalten. Die Menschheit hätte nicht überlebt, wenn die Bauern und Bäuerinnen nicht jeweils angemessene Strategien entwickelt hätten, für ihre Ernährung zu sorgen. Damit konnten die Menschen nicht nur überleben, sondern sich auch deutlich vermehren. Während nach einer Hochrechnung des *Population Reference*

Bureaus der USA vor zehntausend Jahren etwa fünf Millionen Jäger und Sammler durch die Welt liefen, lebten nach der Erfindung des Ackerbaus vor 2000 Jahren bereits 300 Millionen Menschen auf der Erde. Um 1900 waren es 1,6 Milliarden, heute sind es 6,2 Milliarden. Erst in unserer Zeit hat sich herausgestellt, dass man in einer übervölkerten Welt ganz andere Strategien entwickeln müsste um eine nachhaltige Landwirtschaft zu ermöglichen. Doch das scheitert an der Tatsache, dass der Mensch unfähig zur Voraussicht über längere Zeiträume ist.

Vom Nutzen des Nichtwissens

Psychologen, die erforschen, wie Entscheidungsprozesse ablaufen, haben festgestellt, dass sich – unter Umständen – Menschen deshalb richtig entscheiden, weil sie von einer Sache wenig wissen. Gerd Gigerenzer, Direktor am Max-Planck-Institut für Bildungsforschung in Berlin, hat in Experimenten bewiesen: »Es gibt Situationen, in denen die Tatsache, dass man von etwas noch nie gehört hat, gerade das Informative ist« (25). Welche Stadt hat mehr Einwohner, San Diego oder San Antonio?, fragte das Team von Gerd Gigerenzer amerikanische Studenten. 62 Prozent antworteten richtig: San Diego. »Dieselbe Frage stellten wir deutschen Studenten. Diese wussten sehr wenig über San Diego, und viele von ihnen hatten noch nie von San Antonio gehört. Welcher Anteil der Deutschen fand die richtige Antwort? 100 Prozent! Die deutschen Studenten verwendeten die Rekognitionsheuristik und tippten auf die Stadt, deren Namen sie schon einmal gehört hatten – San Diego. Die amerikanischen Studenten konnten diese Heuristik nicht verwenden, weil sie von beiden Städten schon gehört hatten. Sie mussten mit ihrem Wissen arbeiten.« Heuristik nennt man die Kunst durch planmäßiges Suchen zu neuen Erkenntnissen zu kommen. Unkenntnis hat also den deutschen Studenten geholfen besser abzuschneiden als ihre amerikanischen Kommilitonen. Je komplexer ein Problem ist, desto mehr Informationen muss man außer Acht lassen. Aber welche? »Die Kunst besteht darin, die richtige Information zu ignorieren«, sagt Gigerenzer, »das ist das Geheimnis der intelligenten Strategien.«

Wenn ein Beamter mit einer neuen Situation konfrontiert wird, dann hat er bekanntlich drei Antwortmuster parat um ein Ansinnen abzulehnen: »Das haben wir immer so gemacht«, »Das haben wir noch nie so gemacht« – und: »Da könnte ja jeder kommen.« Der menschliche Denkapparat arbeitet nämlich grundsätzlich ökonomisch – was zu der Tendenz führt mit bewährten, eingeübten Verhaltensweisen zu reagieren. Oft ist das auch zweckmäßig. »Was der Bauer nicht kennt, das frisst er nicht«, lautet ein deftiges Sprichwort. Dahinter verbirgt sich uralte Erfahrung. Bereits Kinder, die zunächst – jedenfalls grundsätzlich – alles essen, was ihnen die Mutter gibt, und sowieso alles in den Mund nehmen wollen, reagieren wenige Jahre später zurückhaltend auf alles Neue. Das schützt sie davor sich zu vergiften. Entscheidungspsychologen nennen dieses Verhalten die »Rekognitions-« oder »Wiedererkennungsregel«. Menschen ziehen im Allgemeinen Bekanntes dem Unbekannten vor. Das nutzen die Hersteller von Markenartikeln. Sie können auf ihren guten Namen hin ihre Produkte erheblich teurer verkaufen als die Produzenten von *No-Name*-Produkten ihre Waren, selbst wenn diese besser sein sollten.

Ignorieren – aber richtig

Es gibt eine sehr einfache Methode mit sich selbst stets im Reinen zu sein: Man beachtet nur, was die eigene Meinung bestätigt. »Hypothesengerechte Informationsauswahl« nennen dies die Psychologen. Informationen, die der jeweiligen Hypothese nicht entsprechen, werden nicht beachtet. Im Alltagsleben entwickeln sich dabei Weisheiten wie »Typisch – Frau am Steuer« oder der feste Glaube an die Aussagekraft von Horoskopen. Auch Wissenschaftler sind vor solcher Blickverengung nicht gefeit. Jede Ideologie (Bilderlehre) fußt darauf nur zur Kenntnis zu nehmen, was dem Vorurteil entspricht. »Die Tatsache, dass solche reduktiven Hypothesen Welterklärungen aus einem Guss bieten, erklärt vielleicht nicht nur ihre Beliebtheit, sondern auch ihre Stabilität. Wenn man einmal weiß, was die Welt im Innersten zusammenhält, gibt man ein solches Wissen ungern auf, um wieder in die unübersichtlichen Gefilde eines nichthierarchisch gegliederten Netzes wechselseitiger Abhängigkeiten zu geraten. Unübersichtlichkeit schafft Unbestimmtheit, Unbestimmtheit schafft Angst.« So erklärt dies der Bamberger Psychologe Dietrich Dörner (26).

Übrigens hat selbst die Natur Mechanismen entwickelt, die uns vor allzu viel Wissen schützen. Der New Yorker Neurowissenschaftler und Medizinnobelpreisträger des Jahres 2000 Eric Kandel beschrieb es so: »Es gibt ein Molekül, das die Weiterleitung der Information vom Kurz- ins Langzeitgedächtnis blockiert. Nur wenn die Wirkung dieses Moleküls unterdrückt wird, kann ein neuer Inhalt dauerhaft den Weg ins Gedächtnis finden.« (27) Diese Unterdrückung funktioniert offensichtlich beim Menschen mit zunehmendem Alter immer schlechter.

Selbstschutz vor Informationsmüll

Wenn es dieses Informationsblockiersystem allerdings nicht gäbe, hätte das die Folge, so Kandel, »dass sich dann das Hirn mit Müll füllt, der die ganze Kreativität des Geistes zuschüttet. Es gibt ja einige wenige Menschen mit fast perfekter fotografischer Erinnerung. Sie alle klagen über den Informationsramsch in ihrem Kopf... Die Natur hat schon ihre guten Gründe, warum sie uns manches vergessen lässt.« Es gibt freilich auch die bewusste Einstellung zu »vergessen«. Gemeint damit ist nicht etwa ein Verdrängen unliebsamer Erinnerungen, ohne sie zuvor ernsthaft bedacht zu haben, sondern Vergessen im Sinne von nicht zurückschauen, da bekanntlich die Vergangenheit, anders als die Zukunft, nicht mehr zu beeinflussen ist. Sportpädagogen wissen zum Beispiel, dass ein Athlet, der einen groben Patzer gemacht hat, etwa ein Eiskunstläufer bei einem komplizierten Sprung in der Kür, die Übung sogleich noch einmal machen soll, um mit einem Erfolgserlebnis den Fehler leichter vergessen zu können.

»Glücklich ist, wer vergisst, was nicht mehr zu ändern ist«, heißt es in der Operette *Die Fledermaus* von Johann Strauß. In allerlei Tests mit jungen und älteren Menschen haben Psychologen an der Universität Göttingen jüngst nachweisen können, dass jüngere Menschen auf Kommando Wörter bewusst vergessen können, die sie zuvor gelernt haben. Älteren Menschen dagegen gelingt das wesentlich schwerer. Die Konsequenz ist offensichtlich: Ein nur rückwärts gewandtes Leben lässt die Menschen unlebendig, schlimmstenfalls lebensunfähig werden. Das haben bereits die Verfasser der biblischen Geschichten von Sodom und Gomorrha gewusst: Diese zu Symbolen für Stätten der Unmoral gewordenen Orte wollte Gott mit »Schwefel und Feuer« vernichten. Nur ein einziger »gerechter Mann«, Lot, sollte mit seiner Familie gerettet werden. Ihnen war eingeschärft worden, die Gegend zu verlassen und nach vorne zu schauen. Doch »Lots Weib sah hinter sich und ward zur Salzsäule«, heißt es im 1. Buch Mose (19, 26). Drastischer als im Bild des Zur-Salzsäule-Erstarrens kann man die Konsequenzen des Nichtvergessenkönnens kaum ausdrücken.

Wenn vom Nutzen des Nichtwissens die Rede ist, gehört dazu auch, dass es manchmal gut ist, sich dumm zu stellen: »Mein Name ist Hase, ich weiß von nichts« ist eine bereits vor über 150 Jahren zum geflügelten

Wort gewordene Schutzbehauptung des juristisch versierten Studenten Victor von Hase. Er wurde von der Universität Heidelberg zur Rechenschaft gezogen, nachdem er seinen Studentenausweis zum Nutzen eines anderen Studenten »verloren« hatte, und wehrte sich mit der dann berühmt gewordenen Formulierung.

Man sagt ja nichts, man red't ja nur

Im 19. Jahrhundert, als der Lautsprecher noch nicht erfunden war und man sich auf Partys noch unterhalten musste, war in gebildeten Kreisen das Konversationslexikon als Hilfsmittel sehr beliebt. Man hatte etwas, woran man sich halten konnte. Da gab es zum Beispiel ein *Neuestes Conversations-Handbuch für Berlin und Potsdam* von 1834 »zum täglichen Gebrauch der Einheimischen und Fremden aller Stände, enthaltend: die Beschreibung oder Nachweisung alles Wissenswerthen der Oertlichkeit, mit besonderer Berücksichtigung der Beziehungen der Hauptstadt zu den Provinzen – Motto: Einem Jeden dat Syne«. Es förderte den Glauben, die Welt verstehen zu können.

Doch da kann man sich leicht täuschen lassen. »Man sagt ja nichts, man red't ja nur«, wie der Bayer formuliert. Psychologen unserer Zeit haben nämlich experimentell nachgewiesen, dass »Fakten, Fakten, Fakten« nicht unbedingt helfen, sich in der Welt zurechtzufinden – es kommt vielmehr auf die Deutung an. Ein solches Experiment zum Beispiel sieht so aus: Die Probanden werden mit bestimmten Techniken des Umgangs mit komplexen Systemen vertraut gemacht, wobei sie gleichzeitig dazugehörige Spezialbegriffe wie *positive* und *negative Rückkopplung* oder *kritische Variable* lernen. Alles auf höchst einfachem Niveau. Doch am Ende glauben sie, sie hätten Wichtiges gelernt. Anders die Versuchsteilnehmer einer Kontrollgruppe, der man dasselbe beibrachte, die man aber mit Fachbegriffen verschonte. Sie fanden am Ende – mit Recht –, dass sie nicht viel gelernt hatten. Fazit des Bamberger Psychologen Dietrich Dörner: Die mit Fachbegriffen Traktierten »konnten mit vielen schönen, neuen Begriffen über ihr Denken und Tun und über die jeweiligen Probleme reden. Ihr Tun blieb aber von diesem Zugewinn an Eloquenz ganz unbeeinflusst.« In diesen Zusammenhang passt, dass der Erziehungswissenschaftler Roland Reichenbach (Universität Münster) den seiner Beobachtung nach unter Hochschullehrern in Deutschland weit verbreiteten »Einschüchterungskitsch« entdeckt hat. Er meint damit »sprachliches Imponiergehabe, welches auf ›ehrfurchtsvolle Unterwerfung‹ der Lernenden abzielt.«

Das nun ist eine Lebenserfahrung: Zwischen Reden und Handeln bestehen nicht selten große Widersprüche. Deshalb ist es, wenn man einen Menschen kennen lernen will, viel wichtiger auf dessen Handeln als auf seine schönen Worte zu achten. Die öffentliche Meinung wird von dieser Weisheit bestimmt: »Öffentliche Personen«, etwa Politiker, werden gnadenlos verdammt, wenn man sie bei den kleinen im Alltag jedermann bekannten Widersprüchen ertappt: beim Lügen, beim Ergattern kleiner Vorteile, wenn sofort erkennbar wird, dass Reden und Handeln nicht übereinstimmen. Wenn sie dagegen grobe Fehler machen, welche die Allgemeinheit noch so teuer zu stehen kommen, passiert nichts, weil das nicht für jedermann durchschaubar ist.

Selbstüberschätzung

In dem Vierzeiler *Der fliegende Frosch* hat einst Wilhelm Busch beschrieben, was Selbstüberschätzung heißt:

Wenn einer, der mit Mühe kaum
gekrochen ist auf einen Baum,
schon meint, dass er ein Vogel wär,
so irrt sich der.

Menschen überschätzen oft sich und ihre Fähigkeiten. So glauben beispielsweise 80 Prozent aller Autofahrer, dass sie weit bessere Chauffeure seien als der Durchschnitt. Ähnlich verhält es sich mit der Selbsteinschätzung in puncto Intelligenz, Geschicklichkeit oder Toleranz. Dabei ist statistisch gesehen nur jede zweite Mensch mindestens durchschnittlich begabt. So ist der Intelligenzquotient, der IQ, nämlich definiert. Wenn man in einer Kurve auf der Abszisse, der Horizontalen, den jeweiligen IQ-Wert aufträgt und darüber, auf der Ordinate, der Vertikalen also, die jeweilige Anzahl der Menschen mit einem bestimmten Intelligenzquotienten, dann ergibt sich eine völlig symmetrische, glo-

ckenförmige Kurve, eine so genannte gaußsche Verteilung, genannt nach ihrem Entdecker Karl Friedrich Gauß (1777–1855). Die Zahl der dummen Menschen ist danach also genauso groß wie die der gescheiten. Die Sache mit dem Autofahren ist allerdings komplizierter. Die Qualitäten der Autofahrer müssen nämlich nicht unbedingt einer gaußschen Verteilung entsprechen, es muss keineswegs genauso viele gute wie schlechte Autofahrer geben. Das lässt sich an einem Beispiel erläutern: Nehmen wir die Zahl der Unfälle, die ein Fahrer verursacht, als Maßstab für seine Fähigkeiten am Steuer. Wenn von insgesamt einem Dutzend Personen am Steuer fünf Fahrer jeweils einen Unfall verschuldet haben, zwei keinen, aber vier drei und einer sieben Unfälle verursachten, dann ist die durchschnittliche Unfallhäufigkeit, also die Zahl der Unfälle geteilt durch die Anzahl der Betroffenen: 24 geteilt durch zwölf gleich zwei. Die Mehrzahl der Autofahrer, nämlich sieben von zwölf, ist dann besser als der Durchschnitt, denn sie hat weniger als zwei Unfälle verursacht. Ein konstruiertes Beispiel, das zur Vorsicht beim Generalisieren mahnen soll. Doch die Tatsache, dass sich viele Menschen überschätzen, bleibt bestehen. Ende des letzten Jahrhunderts haben Psychologen in den USA in Tests festgestellt, dass, wer sich selbst überschätzt, zu dumm ist, seine Beschränktheit zu erkennen. Da hilft nicht die im Apollotempel von Delphi im antiken Griechenland notierte Aufforderung: »Erkenne dich selbst.« Eine Ermahnung übrigens, die der römische Politiker und Philosoph Marcus Tullius Cicero (106–43 vor Christus) so interpretierte: »Das Gebot ›Erkenne dich selbst‹ war nicht allein dazu bestimmt, dem Stolz der Menschheit vorzubeugen, sondern ebenso dazu, dass wir unseren eigenen Wert verstünden.«

Selbstüberschätzung des Experten

Selbstüberschätzung ist ein beliebter Fehler des Experten. Davon zeugen allerlei nette Sprüche wie der: »Ein Fachmann ist ein Mann, der aufgehört hat zu denken – er weiß.« Der Satz wird dem 1959 gestorbenen US-amerikanischen Architekten Frank Lloyd Wright zugeschrieben. Der Physik-Nobelpreisträger Werner Heisenberg definierte (28): »Ein Fachmann ist ein Mann, der einige der gröbsten Fehler kennt, die man in dem betreffenden Fach machen kann, und der sie deshalb zu vermeiden versteht.« Bertrand Russell, der britische Mathematiker und Philosoph (1872–1970), wusste zum Thema zu sagen: »Selbst wenn alle Fachleute der Meinung sind, können sie sehr wohl im Irrtum sein« – auch wenn der deutsche Satiriker Klaus Staeck im 20. Jahrhundert dazu aufforderte: »Fresst Scheiße, Milliarden Fliegen können nicht irren.«

Ursachen des Misslingens

Neben der Selbstüberschätzung gibt es auch weitere Gründe dafür, dass eine Strategie nicht aufgeht und etwas nicht gelingt. Eine Strategie, so definiert es der *Brockhaus*, ist »der Entwurf und die Durchführung eines Gesamtkonzepts«. Seine Konzepte entwickelt der Mensch im Kopf, mit Hilfe des Kortex, der Großhirnrinde. Das gilt für die großen Konzeptionen – die Lebensplanung – wie für die Zubereitung einer Mahlzeit. Man kann es nicht direkt wahrnehmen und deshalb auch nicht ohne weiteres einsehen, aber die Hirnforscher können erkennen: Der Mensch glaubt nur, dass der Kortex, dass sein Verstand im Leben die Regie führt. In Wahrheit aber spielen unbewusste Vorgänge die entscheidende Rolle. Man kann das Wirken unbewusster Vorgänge am ehesten beobachten, wenn eine Strategie nicht aufgeht, ein Plan scheitert. Da gibt es etwa den Vorführeffekt: Man will anderen etwas zeigen. Es ist einem sehr wichtig – und prompt misslingt es. Oder: Man hat sich auf eine Prüfung vorbereitet. Und plötzlich weiß man die einfachsten Fragen nicht mehr zu beantworten. Oder man versagt unerwartet in einem Wettkampf. Die Degenfechterin Imke Duplitzer dachte bei den

Olympischen Spielen 2000 in Sydney im Mannschaftswettbewerb der Frauen plötzlich daran zu versagen; und dies, obwohl sie vorne lag. Sie verkrampfte sich, verlor den Kampf und vergab sich und der Mannschaft die Chance auf eine Medaille. Hohe Erwartungen können zu Blockaden führen, beschreibt der Kölner Sportpsychologe Henning Allmer: »Auf höchstem Niveau gibt es kaum Unterschiede zwischen den athletischen Fähigkeiten oder technischen Fertigkeiten. Sieg oder Niederlage ist reine Kopfsache« (29).

Und im Kopf passieren die merkwürdigsten Dinge. Der Sportpsychologe Dieter Hackfort aus München-Neubiberg weiß von einem, der seit Jahren seine Socken nicht wäscht, weil er in diesen Socken in zwei aufeinander folgenden Wettbewerben erfolgreich war. Oder von Weitspringerinnen, die Plüschbären als Schrittmarkierungen auf die Startbahn setzen – stets in ganz bestimmter Reihenfolge. Gerät diese Reihenfolge einmal durcheinander und wird dann gleichzeitig der Sprung für ungültig erklärt, dann glaubt die Springerin, die falsche Aufstellung der Plüschtiere sei die Ursache des Versagens. Hackfort erklärt dieses Bedürfnis nach Ritualen damit, dass sich der Sportler Strukturen schafft, eine Ordnung, an der er sich festhalten kann: »Ein Athlet bekommt dadurch das Gefühl, die Situation im Griff zu haben. Sie wird überschaubar für ihn und damit kontrollierbar.« Vermutlich aus ähnlichen Gründen wie die Sportler hatte auch die Astronautin und Medizinerin Claudie Haignere, die anno 2001 als erste Europäerin in die Internationale Raumstation ISS einzog, einen Teddybären dabei; denselben, der sie auch schon 1996 auf ihrer Reise mit der russischen Raumstation MIR begleitet hatte – sozusagen ein Stück Normalität. Für mich zeigt sich in diesem Detail auch noch etwas anderes. Es entlarvt nämlich alle die schönen Pläne den Weltraum zu »erobern«, den Mond oder gar andere Planeten zu »kolonisieren« als dummes Geschwätz. Der Mensch hängt an der Erde und wenn es sehr aufregend wird, wird er gar wieder zum Kind, das Halt findet an seinem Teddy.

Man kann einfach nicht alles unter Kontrolle haben, nicht einmal im normalen Alltag. Ursache aller beschriebenen Probleme ist Stress. Der gestresste Körper schüttet Hormone aus, die das Zusammenspiel zwischen Nerven und Muskeln stören können.

Stress als Ergebnis einer Bewertung

Stress ist das Ergebnis einer Bewertung. Der Mensch nimmt eine Situation mit Hilfe seiner Sinnesorgane wahr und beurteilt sie im Lichte seiner bisherigen Erfahrungen. Wenn er die Situation als gefährlich oder gar bedrohlich einschätzt, verbunden mit den entsprechenden Vorstellungen und Bildern, dann gerät sein Körper aus dem Gleichgewicht. Es läuft ein Programm ab, das bereits die tierischen Vorfahren des Menschen im Laufe der Evolution als Hilfe zum Überleben in gefährlichen Situationen entwickelt haben. Es dient dazu, den Körper in kürzester Zeit dazu in die Lage zu versetzen, vor der Gefahr entweder wegzulaufen oder einen Kampf zu bestehen.

In einer Stresssituation reagiert zunächst das autonome Nervensystem und versetzt den Körper mittels der Hormone Adrenalin und Noradrenalin in Alarmbereitschaft: Herzfrequenz, Blutdruck und Aufmerksamkeit steigen. Parallel dazu arbeitet ein weiteres System. Der Hypothalamus, ein Teil des so genannten Zwischenhirns, schüttet innerhalb einer einzigen Sekunde bestimmte Hormone (das Corticotropin-Releasing-Hormon und das Vasopressin) über eine Gefäßdirektleitung (das Pfortadersystem) zum Vorderlappen der Hirnanhangdrüse (Hypophyse). Diese setzt daraufhin innerhalb weniger Sekunden das ACTH (adrenocorticotropes Hormon, kurz: Corticotropin) in den Blutkreislauf frei. ACTH stimuliert die Nebennierenrinde. Sie gibt Minuten später Glucocorticoide wie Cortisol ins Blut ab.

Das Stresshormon Cortisol hat nun eine ganze Reihe von Wirkungen. Es erhöht zum Beispiel den Blutzuckerspiegel. Traubenzucker (Glucose) liefert den Muskeln sofort nutzbare Energie. Es sorgt dafür, dass die Hormone Adrenalin und Noradrenalin an den Blutgefäßen wirken: Adrenalin wirkt gefäßverengend und so den Blutdruck erhöhend, Noradrenalin pulsverlangsamend und die Koronardurchströmung steigernd. Der Körper wird also fit für außergewöhnliche Leistungen gemacht. Und da das ganze Hormonsystem auf Dauer im Gleichgewicht bleiben soll, hemmt Cortisol, wenn es über die Blutgefäße zur Hypophyse und zum Hypothalamus kommt, seine eigene Ausschüttung.

Die körperlichen Höchstleistungen, zu denen die Stresshormone verhelfen, können aber nicht von Dauer sein. Denn Cortisol und die anderen Glucocorticoide haben Nebenwirkungen. Sie hemmen die Produktion von Antikörpern und schwächen damit die Infektabwehr, hemmen die Gedächtnisleistung und haben eine Reihe weiterer den Organismus schädigender Nebenwirkungen.

Im sportlichen Wettkampf wird der Stress so abgebaut, wie das die Evolution vorgesehen hat, auf körperliche Weise. Aber der Mensch kann eben nicht immer seinen Stress körperlich abarbeiten. Und selbst wenn er das tut, beispielsweise im Leistungssport, reagiert er auf seine Emotionen höchst unterschiedlich. Ärger etwa kann leistungshemmend oder leistungsverstärkend wirken. Während der Olympischen Winterspiele 2002 in Salt Lake City wurde die russische Skilangläuferin Larissa Lazutina wegen eines zu hohen Hämoglobinwertes und damit des Verdachts auf Doping vom Staffelrennen ausgeschlossen. Das erboste sie sichtlich maßlos. Drei Tage später erkämpfte sie sich mit der offenbar anhaltenden »Wut im Bauch« die Goldmedaille über die 30-Kilometer-Distanz.

Stress hat also, wie ich gezeigt habe, mit Bildern zu tun, die wir im Kopf haben. Das kann zu Dauerstress führen. Wenn Menschen eine bestimmte Situation nicht hinreichend verarbeitet haben und wie in einer sich permanent wiederholenden Bilderschleife zwanghaft immer wieder darauf zurückkommen müssen, dann werden sie lebensunfähig. Das kann als Folge einer heftigen Kränkung passieren, die dann immer wieder »durchgespielt« wird, ohne dass sich dabei etwas ändert. Es passiert freilich auch dem verschmähten oder verlassenen Liebhaber.

Stress ist ein englisches Wort und heißt übersetzt: Anstrengung, Druck. Warum andauernder Stress – insbesondere wenn er nicht wie beim Sport organisch abgebaut wird – schädlich sein kann, ist offensichtlich. Nicht minder erträglich allerdings ist ein permanent stressfreies Leben. US-amerikanische Epidemiologen berichteten im Jahre 2002 über ein spezielles Ergebnis einer lang andauernden Untersuchung *(Nurses Health Study)* an 94 100 Krankenschwestern. 73 von ihnen hatten Selbstmord begangen. Sie hatten vorher von sehr großem Stress am Arbeitsplatz oder zu Hause berichtet – oder aber von nur minimalem Stress, also von Unterforderung (30).

Der zerstreute Professor

Wie gesagt, Stress ist etwas, das aus äußeren oder inneren Gründen im Kopf entsteht. Wer durch irgendetwas gestört ist, das ihn sehr bewegt, kann sich auf das Leben nicht mehr konzentrieren. Ich will zur Illustration etwas über einen der größten Wissenschaftler der Antike erzählen, den griechischen Naturforscher Archimedes (circa 287 bis etwa 212 vor Christus), der in Syrakus auf Sizilien lebte: Nach der Niederlage der Römer bei Cannae durch Hannibal anno 216 schlug sich der in Syrakus regierende König Hieronymus auf die Seite des Siegers. Doch die Römer überstanden die Niederlage und schickten ihre Flotte gegen Syrakus. Ohne Archimedes wären die Sizilianer schnell verloren gewesen. Der aber baute alle möglichen genialen Geräte, um die römische Flotte abzuwehren; angeblich sogar große Linsen, welche das Sonnenlicht bündelten und die Segel der Schiffe in Brand setzten. Jedenfalls wagten sich die Römer lange Zeit nicht in die Nähe der Stadtbefestigungen. Ja sie sollen bereits die Flucht ergriffen haben, wenn nur ein Tau herunterhing, weil sie glaubten, der geniale Archimedes habe schon wieder eine schreckliche Waffe ersonnen. Vier Jahre brauchten die Belagerer, bis sie im Jahre 212 Syrakus endlich doch eroberten. Wie üblich wurde anschließend die Stadt geplündert. Der Anführer des römischen Heeres hatte den Befehl gegeben, den berühmten Archimedes lebend gefangen zu nehmen und würdig zu behandeln. Dieser hockte im Freien, war in ein mathematisches Problem vertieft und hatte allerlei geometrische Figuren vor sich in den Sand gezeichnet. Archimedes hatte, es sei nur nebenbei erwähnt, den zu seiner Zeit genauesten Wert von Pi, dem Verhältnis von Umfang zu Durchmesser eines Kreises, errechnet. Nun also war er hoch konzentriert auf ein anderes mathematisches Problem und womöglich durch den Lärm um ihn herum gestresst. Wie das so ist, wenn man sehr konzentriert ist, dann verengt sich der Blickwinkel, dann verliert man den Blick für das Leben. Es trat in Gestalt eines römischen Soldaten auf Archimedes zu und befahl diesem mitzukommen. Der Gelehrte winkte in Verkennung seiner Lage nur ab und sagte: »Störe meine Kreise nicht« – voller Sorge wohl, der Soldat könne über den Sand gehen wollen. Dieser fühlte sich veralbert und tötete den großen Forscher kurzerhand. Das muss dem Soldaten wohl einigen Ärger eingebracht haben, weshalb nicht ganz unwahrscheinlich ist, dass die letzten Worte von Archimedes authentisch sein könnten. Jedenfalls hielt der Oberbefehlshaber des römischen Heeres eine Trauerfeier für den Gelehrten ab und begrub ihn ehrenvoll.

Die Geschichte zeigt, dass der »zerstreute Professor« – und als solchen könnte man Archimedes im Sand auch bezeichnen – nicht zerstreut, sondern hoch konzentriert, zugleich jedoch gestresst ist und so ein verengtes Blickfeld hat. Ähnliches, wenn auch völlig harmlos, erlebte ich einmal in einer Theaterpause. Ich wartete auf meine Begleiterin, während ein älterer Herr von hinten auf mich zukam, sich bei mir einhakte und ohne mich anzuschauen eifrig auf mich einredete. Erst Sekunden später erkannte er entsetzt, dass ich nicht seine Partnerin war. – Man weiß auch, dass Fahranfänger im Auto zunächst noch so sehr auf das Fahren konzentriert sind, dass sie unter Umständen lebenswichtige Verkehrssituationen nicht rechtzeitig erkennen. Punktuelle Situationen im Stress, die manchmal für Außenstehende komisch sind, schlimmstenfalls aber sogar tödlich ausgehen können.

Panikreaktionen

Das Gegenteil von strategischem Handeln ist die völlige Unfähigkeit, in einer schwierigen Situation eine adäquate Strategie zu entwickeln. Wenn ein Schaf in einer Herde erschrickt, dann rennt es los und gleichzeitig geraten auch alle anderen Schafe in Panik. Das hat nichts mit bewusstem Begreifen der Situation oder gar mit einem Verständnis aller anderen Tiere für das zuerst erschrockene Schaf zu tun. Es ist dies vielmehr das Gegenteil von Einfühlungsvermögen. Es ist eine Art emotionale Ansteckung, welche im Tierreich weit verbreitet ist, die zu einer Panikreaktion führt. Panikreaktionen des Menschen sind offensichtlich ähnlich archaische Verhaltensweisen: Das menschliche Gehirn reagiert sofort, ohne rationale Überlegung, unfähig, eine geeignete Strategie zu entwickeln. Immer wieder passiert es, dass bei Ausbruch eines Feuers die in Panik geratenen Menschen sich gegenseitig umrennen, gar zu Tode trampeln. Das Gehirn, genauer: dessen Fähigkeit, eine Situation richtig wahrzunehmen, ist offensichtlich ausgeschaltet. Aber nicht bei jedermann: Es gibt nämlich Menschen, die auch in Extremsituationen einen kühlen Kopf bewahren und damit sich und andere retten können.

Donnerstag, 24. August 2000, kurz nach 19 Uhr: Eine Diesellok macht sich im Bahnhof von Bad Harzburg selbständig und rollt mit zunehmender Geschwindigkeit einer mit etwa 20 Fahrgästen besetzten Regionalbahn entgegen, die nach einem Zwischenhalt in Vienenburg in Richtung Bad Harzburg fährt. Nach rund zwei Kilometern stoppt der Fahrer die Regionalbahn, nachdem ihn der Fahrdienstleiter der Kurstadt von der drohenden Gefahr informiert hat. Der Zugbegleiter läuft durch die beiden Wagen der Regionalbahn und fordert die Fahrgäste auf, sich in den hintersten Zugteil zurückzuziehen. Dank der Ruhe, die dieser Mann ausstrahlt, kommt dabei keine Panik auf. Der Zugführer bleibt auf seinem Platz und fährt mit höchstmöglicher Geschwindigkeit rückwärts, Richtung Vienenburg, während ihm die Diesellok auf der Gefällestrecke folgt. Im Bahnhof Vienenburg beträgt der Vorsprung des Regionalzugs nur noch etwa zehn Sekunden. Einer Stellwerkmitarbeiterin gelingt es, sofort nach der Durchfahrt des Personenzugs eine Weiche umzustellen und so die Diesellok auf ein anderes Gleis mit ansteigender Strecke Richtung Schladen zu lenken. Nach ungefähr 20 Kilometern kommt die »Geisterlok« zum Stehen.

In dieser heiklen Situation haben mehrere Menschen einen kühlen Kopf bewahrt und jeweils völlig richtig gehandelt. Damit wurde eine Katastrophe vermieden.

Die Augen des Torwarts beim Elfmeter

Man kann trainieren, seine Entscheidungsfähigkeit auch in kritischen Augenblicken zu behalten. Mark Williams von der John-Moore-Universität in Liverpool in Großbritannien hat herauszubekommen versucht, was in einem Torwart beim Elfmeterschießen vorgeht und worin sich der gute vom schlechten Mann im Tor unterscheidet. Torhüter – und zwar einerseits Berufsspieler, andererseits Amateure – mussten sich Videoaufzeichnungen von Elfmeterschießen aus Sicht der Hintertorkamera anschauen. Die Probanden sollten die Richtung des Balls vorhersehen und sich mit Hilfe eines Joysticks in die richtige Ecke begeben, bevor der Ball die Torlinie passierte (31).

Der Torhüter hat im Prinzip drei Handlungsmöglichkeiten: Er rät, in welche Ecke er springen muss, und kann mit Glück den Ball aus der richtigen Richtung auffangen. Oder er wartet, bis der Ball abgeschossen wurde, hat dann aber womöglich nicht mehr genügend Zeit, richtig zu reagieren. Oder er beobachtet den Elfmeterschützen ganz genau und hat dann ein kleines bisschen mehr Zeit für die richtige Entscheidung. Worauf achtet der exzellente Torwartprofi?

Mark Williams hat die Augenbewegungen der Torhüter studiert: Die Blicke der Amateure irren umher zwischen Rumpf, Armen und Beinen des Torschützen oder gar durch das ganze Stadion. Denn natürlich will der Elfmeterschütze möglichst lange verbergen, in welche Richtung er den Ball treten will. Doch bereits der Sekundenbruchteil vor dem Schuss ist der Zeitpunkt der Wahrheit. Denn der Schütze muss seinen Fuß, mit dem er den Ball treten wird, und andererseits auch das Standbein entsprechend ausrichten. Genau dies erkennt der Profitorwart, wenn er entsprechend gut trainiert ist. Die Kunst ist es also, lange genug zu warten – ohne in Panik zu geraten –, dabei genauestens die Situation zu beobachten, sie korrekt zu deuten und die sehr kurze verbleibende Reaktionszeit dann richtig zu nutzen.

Ergebnis von Begabung und Training. »Den Kopf zu verlieren«, ist dagegen ein zur Redensart gewordenes Bild, das eine altbekannte Entgleisung beschreibt. Die so genannte Panikattacke ist ein extremer Angstzustand, der bereits in einer objektiv nicht bedrohlichen Situation auftritt und mit allerlei körperlichen Symptomen wie Zittern, Herzklopfen, Schwitzen, Kurzatmigkeit und sogar Ohnmacht einhergeht. Sie ist die Folge davon, dass der Kopf in dieser Situation »ausgeschaltet« ist und der Mensch in Panik nicht mehr rational reagiert. Das ist eine, wie die

Der körperlich Schwache muss sich auf seinen Kopf verlassen. Das beschreiben bereits die alten Volksmärchen. So kann das tapfere Schneiderlein mit List die Riesen besiegen.

Mediziner wissen, weit verbreitete Reaktion, unter Frauen zwei- bis dreimal häufiger als unter Männern. Man kann freilich trainieren, den Kopf nicht zu verlieren, wobei sich die Methoden der Verhaltenstherapeuten als erfolgreich erwiesen haben.

Cool bleiben

Auch in aufregenden Situationen einen kühlen Kopf zu bewahren, *cool* zu bleiben, wie es »neudeutsch« heißt, gerade wenn es besonders schwer fällt, ist ein Ideal, das sich auch in den Märchen spiegelt: Wenn man nur ein kleines, aber tapferes Schneiderlein ist, muss man mit viel List die Riesen und die wilden Tiere besiegen. Dazu gehört die Fähigkeit, einen kühlen Kopf zu bewahren, *cool* zu bleiben. Unser tapferes Schneiderlein musste sich nach den Recherchen der Gebrüder Grimm zum Beispiel vor einen Baum stellen und abwarten, bis das heranstürmende Einhorn ihm ganz nahe war, um erst im letzten Moment zur Seite zu springen. So bohrte sich dessen spitzes Horn tief in den Baum – ohne das tapfere Schneiderlein aufzuspießen. Man muss auch die Verhaltensweisen der schlichten Mitbürger genau einschätzen können, wenn diese nun einmal die Macht haben, also in der Sprache der Märchen »tumbe Riesen« sind. Das tapfere Schneiderlein jedenfalls blieb auch hier *cool* und bewarf zwei Riesen im Schlaf abwechselnd mit Steinen. Sie verdächtigten einander gegenseitig und gerieten dabei allmählich so in Rage, dass sie sich gegenseitig erschlugen.

Angst als Ratgeber

Mut als Mangel an Vorstellungsvermögen

Angst kann ein guter Ratgeber sein, wenn damit gefährliche Situationen vermieden werden. Denn Mut ist oft nur Mangel an Vorstellungsvermögen. So empfiehlt es sich, einem Hund auszuweichen, mit dem man bereits schlechte Erfahrungen gemacht hat. Nur dummerweise lernt man Angst nicht nur aus schlechter Erfahrung, sondern bereits vom Hörensagen. Den Unterschied merkt man selbst nicht. Er lässt sich aber mit Hilfe eines Kernspintomographen im Gehirn nachweisen, wie US-Forscher feststellten (32). Die Wissenschaftler wiesen ihre Versuchspersonen an, Bilder verschiedener Objekte anzuschauen. Sobald ein bestimmtes Quadrat erscheinen werde, so wurde den Probanden mitgeteilt, würden sie über eine Elektrode, an die sie angeschlossen waren, einen leichten elektrischen Schlag versetzt bekommen. Tatsächlich waren sie allerdings gar nicht an ein Stromnetz angeschlossen, erhielten also auch keinen elektrischen Schlag. Trotzdem erhöhte sich, sobald das, wie die Psychologen sagen, »angstbesetzte« Quadrat im Bild erschien, die Aktivität in der linken Hälfte der Amygdala, einer symmetrischen Struktur im Gehirn, die an Gedächtnisprozessen beteiligt ist. Bilder von angstbesetzten Situationen hingegen, die durch eigene Erfahrungen der Probanden begründet waren, zeigten sich hauptsächlich in einer Aktivität der rechten Hälfte der Amygdala.

Es gibt allerdings Menschen, die keine Angst kennen. Etwa zehn Prozent aller Kriminellen hierzulande begehen mehr als 70 Prozent aller schweren Verbrechen. Man nennt sie Soziopathen. Sie sind (meistens, aber nicht immer) wenig intelligent sowie sozial erfolglos und kommen meistens aus chaotischen Familienverhältnissen. Der Tübinger Gehirnforscher Niels Birbaumer und Mitarbeiter haben zehn Strafgefangene in Berlin, allesamt Soziopathen, untersucht mit dem Ergebnis: Die Kriminellen hatten schlichtweg keine Angst. Birbaumer: »Die Aussicht auf Strafe löst bei ihnen keine physiologische Erregung aus. Wir konnten erstmals zeigen, dass die Hirnzentren, die Angst auslösen, nicht durchblutet werden.« (49) Diese Schwerstkriminellen sind normalerweise stressfrei, genauer: physiologisch untererregt. Ohne äußere Reize wird ihnen schnell langweilig. Und diese Reize schaffen sie sich selbst, indem sie gewalttätig werden. Hoffnungslose Fälle? Birbaumer: »Es gibt wunderbare Therapien gegen Angst, aber keine dafür.« Der Tübinger Forscher hat zumindest eine Idee, nämlich ein Programm zu entwickeln, das die für Angstreaktionen zuständigen Hirnareale aktiviert; eine »Neuroprothese für Humanität, ein lernpsychologisches Programm für Analphabeten der Angst«.

Auf der Suche nach einer Therapie gegen Angstlosigkeit

Das Problem, dass einer keine Angst hat, kennen auch die Märchen. Die Gebrüder Grimm berichten zum Beispiel »Von einem, der auszog,

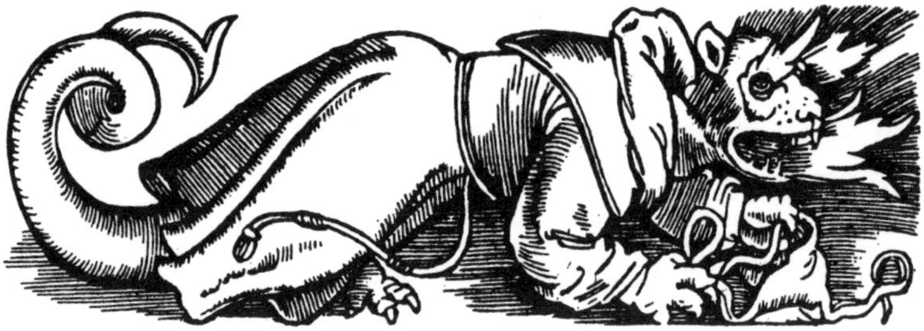

Die Angst des Menschen drückte sich im Mittelalter in Bildern wie diesem Drachen aus. Die Volksmärchen erzählen auch vom Gegenteil – dem Mangel an Angst. Holzschnitt von Matthaeus Guidius, 1521

das Fürchten zu lernen«, eine isländischen Variante erzählt »Von dem Burschen, der sich vor nichts fürchtete«. Es sind immer Männer, wie auch Birbaumer feststellte: Bei Frauen nämlich kann sich die Störung durch verbale Aggressivität oder durch exzessives Lügen äußern. Die Märchen zeigen, dass die jungen Männer nach allerlei gruseligen Abenteuern, die sie nicht im mindesten erregten – also am Ende eines Entwicklungsprozesses, denn eben diesen beschreibt ein Märchen – doch endlich Angst verspüren. Und sei es auf die uns eher lächerlich anmutende Weise, dass ihnen nachts ein Eimer kalten Wassers voller kleiner Fische ins Bett gekippt wird. Erst wenn sie die Angst kennen, werden die Helden am Ende auch beziehungsfähig.

V. Altersweisheit

Die Welt wird nicht dauernd neu erfunden

Wer sich im Leben zurechtfinden will, sollte beachten, dass die Welt nicht andauernd neu erfunden wird. Die Natur zeigt vielmehr großes Beharrungsvermögen, sozusagen Altersweisheit. Was sich bewährt hat, bleibt, wird allenfalls abgewandelt. Der Mensch besteht großenteils aus Wasserstoff, der im Urknall entstanden ist, zu Beginn der Existenz des Universums. Das Material hat sich als brauchbar erwiesen, um in Verbindung mit dem Sauerstoff das Wasser entstehen zu lassen, aus dem alles Leben kommt und aus dem wir zu mehr als der Hälfte bestehen.

Die Natur nutzt ihre Erfindungen optimal

Vor etwa 130 Millionen Jahren tauchten die ersten fossilen Spuren von Blütenpflanzen auf der Erde auf – fast 400 Millionen Jahre später als Ginkgos, Nadelbäume, Farne und Moose. Michael Moldowan von der Stanford-Universität in Kalifornien berichtete auf der Jahrestagung 2001 der *American Chemical Society*, dass sich typische Inhaltsstoffe von Blütenpflanzen bereits in viel älteren fossilen Gesteinen finden. So fanden sich so genannte Oleane in Ölablagerungen, die bis zu 250 Millionen Jahre alt waren. Oleane werden von sehr vielen Blütenpflanzen, nicht aber von anderen Samenpflanzen, zur Abwehr gegen Insekten, Pilze oder Bakterien gebildet. Die Natur nutzt optimal, was sie bereits einmal erfunden hat. Der schon erwähnte Neurowissenschaftler Eric Kandel hat festgestellt, dass für Gedächtnis zuständige Eiweiße (Proteine) bereits bei Würmern oder in Hefebakterien zu finden sind, obwohl sie dort andere Funktionen übernehmen. »Da zeigt sich, dass die Evolution keine genetische Information wegwirft ... Evolution verwendet Moleküle, die sich einmal als nützlich erwiesen haben, wieder und wieder.« (27)

Die Entzifferung des menschlichen Genoms

Die Bauanleitungen für alle Bestandteile einer Zelle sind Gene. Und diese Gene, deren physikalische Struktur 1953 von dem Amerikaner James D. Watson und dem Briten Francis Crick aufgeklärt wurde, bestehen aus den gleichen vier Bausteinen bei einem Bakterium wie beim Menschen; Abschnitten eines Fadenmoleküls, der Desoxyribonukleinsäure (DNS). Diese vier Bausteine, der Chemiker spricht von Basen, werden abgekürzt A (für Adenin), T (für Thymin), G (für Guanin) und C (für Cytosin) genannt. Der DNS-Faden setzt sich aus zwei umeinandergewundenen Strängen zusammen, die zueinander komplementär sind, der so genannten Doppelhelix. Mit »komplementär« ist gemeint, dass die Reihenfolge der Basen eines Stranges die des zweiten Stranges bestimmt: Einem A steht im komplementären Strang immer ein T gegenüber, einem G ein C. Und wenn sich die Zellen eines Organismus teilen, verdoppeln sich die Gene auf einfache Weise: Die Stränge der Doppelhelix trennen sich und an jedem Einzelstrang wird eine komplementäre Kopie angelegt. Vor einem halben Jahrhundert, am 28. Februar 1953, haben James Watson und Francis Crick den Einfall gehabt, das Molekül der Desoxyribonukleinsäure als Modell eben in Form dieser Doppelhelix aufzubauen, und damit einen Volltreffer gelandet. Diese, wie sie fanden, so schöne Form der »Wendeltreppe« entspricht genau dem natürlichen Vorbild. Und die Form bestimmt zugleich ihre Möglichkeiten: »Es ist uns nicht entgangen, dass die von uns vorausgesetzte spezifische Paarbildung sofort einen möglichen Kopiermechanismus für das genetische Material nahe legt.« So lautet der Schlusssatz der am 25. April 1953 in der Zeitschrift *Nature* erschienenen Publikation der beiden Modellbauer, die dafür 1962 den Nobelpreis bekamen. Watson schrieb über die Entdeckungsgeschichte ein Buch, *Die Doppelhelix*, das ein Bestseller wurde. »›Die Doppelhelix‹ zu schreiben war in gewissem Sinne sogar einzigartiger und auch schwieriger als die Entdeckung der Doppelhelix selbst. Viele Leute hätten diese Struktur finden können. Aber niemand anders hätte darüber so schreiben können.« Das sagte Watson anno 2003 in der Rückschau (33). Ein Satz, der einen Wissenschaftspublizisten natürlich freut. Auf die Nachfrage, ob dies der entscheidende Unterschied zwischen Kunst und Wissenschaft sei, antwortete Watson: »Ja. Nur der Künstler schafft etwas, was noch nicht existiert.«

Die Reihenfolge der Basen im Genom – also im gesamten DNS-Fadenmolekül – bedingt die Zusammensetzung von Proteinen, der Eiweiße also, aus denen die Organismen bestehen. Jeweils drei Basen bestimmen eine Aminosäure im Protein. Drei Buchstaben gewissermaßen, die verschlüsselt den Code liefern. Insgesamt sind die Proteine aus 20 verschiedenen Aminosäuren aufgebaut.

Im Frühjahr 2001 ist nach zehnjähriger internationaler Arbeit die Entzifferung des menschlichen Genoms für abgeschlossen erklärt und das Ergebnis publiziert worden. Dem Molekularbiologen Jens Reich vom Max-Delbrück-Zentrum in Berlin fiel im Rückblick auf, »dass der begriffliche Durchbruch zur neuen Informationsbiologie vor 50 Jahren als kleine Notiz erschien, während die Ankündigung der technischen Inbesitznahme unter mächtigem Mediengetöse stattfand.« (34) Dieses

Getöse war obendrein voreilig, denn das Projekt war noch keineswegs am Ende. Im Frühjahr 2003 teilten die Regierungschefs der beteiligten sechs Nationen USA, Großbritannien, Japan, Frankreich, China und Deutschland im Namen ihrer Wissenschaftler offiziell mit, es seien nunmehr 99 Prozent vom zugänglichen Teil des menschlichen Bauplans – und zwar aus einem repräsentativen Gemisch des Erbgutes mehrerer Menschen verschiedener Herkunft – entziffert worden; mit einer Genauigkeit von weniger als einem Fehler auf zehntausend »Buchstaben«. »Es gibt nur noch rund 250 Lücken, die mit heutiger Technik aber nicht lesbar sind«, so Jörg Wadzack, der Sprecher der deutschen Forschergruppen.

Das Humangenom besteht aus drei Milliarden »Buchstaben«. Allerdings: Der Mensch hat nur ungefähr 30 000 Gene, erheblich weniger, als man angenommen hatte. Denn bereits die Bäckerhefe hat 6000 Gene, die Fruchtfliege *Drosophila melanogaster*, das Experimentalobjekt der Genetiker, 13 000, die Pflanze *Arabidopsis* 26 000.

Nur etwa 1,3 Prozent der »Buchstaben« des Genoms bestimmen Proteinstrukturen. Dazu kommen noch Zeichen (Stopcodons), die jeweils angeben, wann das Ende eines Proteins erreicht ist. Der Rest, etwa die Hälfte der DNS, besteht aus etwas, das man Füllsel nennen könnte; die ahnungslosen Genetiker sprechen kühn von »Müll« (*junk*). Die Analyse des »Mülls« könnte einmal Aufschlüsse über die Entstehungsgeschichte des Humangenoms geben. Übrigens findet sich in bestimmten Teilstrukturen der Zellen, den für die Energieversorgung zuständigen Mitochondrien, ebenfalls Erbsubstanz. Diese DNS existiert also außerhalb des Zellkerns, der das Genom enthält, welches man jetzt entziffert hat. Allein deshalb ist ein Klon, die »genetisch identische Kopie«, die lediglich den Zellkern kopiert, *keine* identische Kopie.

Bakteriengene im Menschen

Jens Reich beschreibt die Befunde der Genomforscher so (35): »Einige hundert Gene haben wir Menschen auch von den Bakterien übernommen. Eine Riesenüberraschung. Es sind sehr wichtige darunter, die zum Beispiel der Entgiftung dienen. Bakterien sind Meister der Entgiftung ... Es ist überhaupt erstaunlich, wie durchlässig die Artgrenze im Laufe unserer Evolution gewesen sein muss. Unser Erbgut beherbergt Hunderttausende von springenden Genen, ›selbstsüchtige‹ Gene mit der Fähigkeit, sich raffiniert im Genom zu vermehren. Auch Viren haben sich in Hundertausenden Kopien festgesetzt. Doch anders als etwa das Aids-Virus, das sich in das Erbgut von Blutzellen einschleichen kann, sind die Viren in unserem Genom schon seit Jahrmillionen unsere Untermieter – und vermutlich inaktiviert.«

Allerdings sind die Gene des Menschen erheblich größer und sehr viel komplexer aufgebaut als die der niederen Organismen. Das heißt, die Evolution besteht nicht einfach in einer Zunahme der Menge von Genen. Vielzellige Organismen haben viel weniger Gene als Eigenschaften. Praktisch jedes Gen hat also mehrere Funktionen und umgekehrt werden einzelne Eigenschaften von jeweils mehreren Genen bestimmt. Das heißt, die populären Aussagen von Genetikern, man habe *das* Gen für Langlebigkeit oder Dummheit oder Alkoholismus gefunden, erweisen sich als unsinnig. »Bisher haben wir ein Buch aufgeschlagen, aber wir können es noch nicht lesen. Bis wir es vollständig verstehen, kann es noch 500 Jahre dauern«, prognostizierte James Watson (34).

Aus alledem lassen sich bereits Schlussfolgerungen ziehen, die im Zusammenhang dieses Buchs interessant sind. Die Welt wird nicht andauernd neu erfunden. Vielmehr gibt es eine enge Verwandtschaft der Gene verschiedener Lebewesen. Die Tübinger Entwicklungsbiologin Christiane Nüsslein-Volhard, Nobelpreisträgerin des Jahres 1995, interpretiert dies so (36): »Es gibt einen hohen Grad der Verwandtschaft zwischen Genen verschiedener Tiere. So sieht man in etwa der Hälfte der Gene des Menschen deutliche Ähnlichkeiten mit solchen von Hefe, Fliege oder Wurm ... Diese Verwandtschaften bedeuten zum einen, daß die Proteine, die jede Zelle aufbauen, gemeinsame Ursprünge haben. Nicht wirklich verwunderlich, da wir ja alle von Einzellern abstammen, die die wesentlichen Bausteine einer Zelle bereits besaßen.« Doch seit etwa einem Jahrzehnt weiß man, »auch übergeordnete Mechanismen, die den Bauplan der Tiere bestimmen, die festsetzen, wo oben und unten, vorn und hinten ist, wo und wie Augen, Beine angelegt werden«, sind sehr ähnlich. »Bei diesen Mechanismen spielen häufig komplexe Wechselwirkungen von Proteinen eine Rolle, die man – und das ist das Überraschende – in weit voneinander entfernten Arten in gleicher oder sehr ähnlicher Beziehung findet. Wohlgemerkt, entsprechende Gene bei Mensch, Maus und Fliege sind in den seltensten Fällen völlig gleich, aber man erkennt immer noch deutlich, daß sie auf einen gemeinsamen Ursprung zurückgehen.«

Das heißt, die Natur hat das, was sie einmal erfunden hat, abgewandelt, verdoppelt, verloren oder neu kombiniert. Bereits Wilhelm Busch hat das gewusst und so beschrieben:

Stets muß die Bildnerin Natur / Den alten Ton benützen
In Haus und Garten, Wald und Flur / Zu ihren neuen Skizzen.

Nur selten hat sie etwas wirklich Neues geschaffen. Nüsslein-Volhard: »Es war Darwin, der in dieser natürlichen Ordnung mehr gesehen hat als die Einfallslosigkeit eines Schöpfers, dem es etwa leichter fiel, Ähnliches statt Neuem zu schaffen. Darwin erkannte, daß Ähnlichkeit der Gestalten häufig auf gemeinsame Abstammung zurückgeht, und schlug als Mechanismus, der die Entstehung von neuen aus bereits bestehenden Arten erklären kann, erbliche Variation, gefolgt von natürlich erfolgender Selektion, vor.« Seine Überlegungen hat der Brite Charles Darwin bereits 1859 veröffentlicht. Damals stieß er auf heftigen Widerspruch, vor allem bei den christlichen Kirchen. Noch heute gibt es vor allem in den USA einflussreiche fundamentalistische Gruppierungen, die die Schlussfolgerungen Darwins nicht akzeptieren wollen und stattdessen lieber die Schöpfungsmythen des Alten Testaments als Buchstabe für Buchstabe von Gott inspiriert (»verbalinspiriert«) ansehen. Jens Reich kommentiert: »Nach der fundamentalen Kränkung des Menschen durch Darwin, der uns zu Verwandten von Affen machte, mag das nun der endgültige Schlag für alle sein, die den Menschen zur Krone der Schöpfung machen wollen. Allenfalls können wir in Anspruch nehmen, dass vor allem unser Gehirn sehr viel komplexere Strukturen aus den 30 000 Genen erzeugen kann als die ... ›hart verdrahteten‹ tierischen Reflexmaschinen.«

Kommandos aus dem Darm

Unmittelbar nach seiner Geburt muss ein Säugling trinken. Er muss und kann die Welt noch lange nicht erkennen oder gar verstehen. Sein Gehirn wird sich langsam dahin entwickeln. Aber der Säugling kann nicht so lange warten. Er muss sofort verdauen, was er trinkt. Und dazu muss ein hochkomplexes System in seinem Bauch funktionieren. Eine Art kleines Gehirn steuert dies, das enterische Nervensystem (ENS) mit etwa hundert Millionen Nervenzellen, einen Tausendstel dessen, was der Mensch so im Kopf hat, aber mehr, als im Rückenmark steckt. Das ENS durchdringt den circa fünf Meter langen Verdauungsschlauch von der Speiseröhre bis zum Enddarm. Erst in den letzten Jahren ist das kleine Gehirn im Bauch genauer erforscht worden. Das ist deshalb ein schwieriges Unterfangen, weil die dazugehörigen Nerven hauchdünn zwischen feinen Muskeln verpackt liegen. Das Interesse am enterischen Nervensystem ist bei den Wissenschaftlern erwacht, als ihnen klar wurde, dass es gewissermaßen dieselbe Sprache spricht wie das Gehirn im Kopf. Wie schon gesagt, die Welt wird nicht immer neu erfunden, die Natur verwendet vielmehr immer weiter, was sich einmal bewährt hat. Ich erzähle das, weil ich zeigen will, dass man sich besser orientieren kann, wenn man von diesen Zusammenhängen weiß.

Was im Bauch passiert, davon erfährt auch das Gehirn und umgekehrt. Denn beide kommunizieren miteinander. Großes und kleines Gehirn sind über eine Standleitung, den *Nervus vagus*, miteinander verbunden. Das ist ein Hauptnerv des autonomen, des vegetativen Nervensystems. Offenbar hat der Bauch dem Kopf viel mehr zu erzählen als umgekehrt: Denn auf jede Faser, die Signale vom Gehirn an den Darm meldet, kommen vier in der Gegenrichtung. Praktisch jede der zahlreichen chemischen Substanzen, die das Gehirn im Kopf steuern, findet sich auch im Verdauungstrakt: Neurotransmitter (also chemische Nervenbotenstoffe) wie Noradrenalin, Serotonin oder Dopamin, aber auch natürliche Opiate, körpereigene Schmerzmittel sowie psychoaktive Chemikalien. Serotonin spielt zum Beispiel eine Rolle bei der Migräne. Die enge Kommunikation der beiden Gehirne erklärt, warum Medikamente, die im Kopf auf die Gehirnfunktionen zielen, meistens auch Nebenwirkungen auf die Verdauung haben, so dass es zu Verstopfung oder zu Durchfall kommen kann. Schließlich findet, wenn des Nachts das kleine Gehirn nicht gut schläft, weil es gerade mit schwerer Verdauung zu tun hat, auch der müde Kopf keine Ruhe.

Leben im Gleichgewicht

Ein Grundprinzip des menschlichen Lebens ist, dass es auf ein inneres Gleichgewicht zielt – selbst wenn wir außer Rand und Band sind; die Redensart ist übrigens dem Böttcherhandwerk entnommen: Wenn Rand und Bänder eines Fasses locker sind, dann geht leicht ein Fass auf. Und wenn wir außer Rand und Band sind, machen wir wohl auch mal ein Fass auf. Doch was auch immer passiert, unser Korpus versucht gegenzusteuern. Dafür sorgt ein fein abgestimmtes System von Rückkoppelungen.

Wie die Nervensysteme integriert sind

Weil der menschliche Körper ein Organismus mit vielen spezialisierten Zellen ist, müssen diese Zellen beziehungsweise Zellgruppen und Organe sinnvoll integriert und koordiniert werden. Dazu dienen bei allen Säugetieren das Nervensystem und das endokrine System. Die Nerven sind spezialisiert auf die rasche Weiterleitung von elektrischen Signalen, das endokrine System sorgt für eine langsame, chronische Signalübertragung über das Blutkreislaufsystem. Die Botenstoffe des endokrinen Systems sind die Hormone. Das endokrine System regelt Ernährung, Stoffwechsel und Wachstum, die körperliche und psychische Entwicklung und Reifung, die Fortpflanzungssysteme und die Anpassung der Leistung sowie das innere Milieu des Körpers. Genau genommen hat der Mensch neben dem endokrinen System zwei Nervensysteme, ein somatisches, das die Signale der Sinnesorgane ins Gehirn leitet sowie die Skelettmuskulatur steuert, und ein vegetatives, autonomes Nervensystem. Dieses steuert hauptsächlich die inneren Organe, den Kreislauf und die Sexualfunktionen. Die meisten dieser überwiegend vegetativen Funktionen werden zentral kontrolliert vom Hypothalamus, einem Teil des Zwischenhirns, der wiederum von höheren Zentren des Gehirns beeinflusst wird. Im Hypothalamus kommen also die Systeme zusammen, und die Nervenreize werden in hormonelle Signale übersetzt. Spezielle Nervenzellen des Hypothalamus bilden Hormone, die auf Kommando ins Blut abgegeben werden.

Die Steuerzentrale erhält nun ein Feedback auf das, was sie veranlasst hat – nämlich die Ausschüttung von Hormonsubstanz. Das Signal, das die Hormonausschüttung verursacht hat, wird durch das Antwortsignal des Hormonempfängers geschwächt, so dass die Hormone nicht endlos weiter ausgeschüttet werden, sondern die Reaktion wieder beendet wird. Man nennt das negative Rückkoppelung. Sie dient dazu, das System im Gleichgewicht zu halten.

Weil sich also der Organismus bei den meisten Regelvorgängen durch eine negative Rückkoppelung vor jedem Übermaß schützt, scheitert die Schulmedizin so oft. Immer dann nämlich, wenn Medikamente den Patienten gezielt längere Zeit in eine bestimmte Richtung trimmen sollen, steuert der Körper von allein in die entgegengesetzte Richtung. Das heißt, der Organismus hat sich an den chemischen Reiz gewöhnt.

Viele Menschen erleben das, wenn sie abmagern wollen. Kaum sind ein paar Pfunde heruntergehungert, hat der Körper bereits umgesteuert und kommt nun mit weniger Nahrung aus, so dass wir nicht weiter abmagern. Andernfalls wären die Menschen in den mageren Zeiten, die auch hierzulande nicht so lange zurückliegen, glatt verhungert. Dasselbe gilt aber auch für mechanische Reize. An ein Muskeltraining gewöhnt man sich ebenfalls, weshalb nach einem Anfangseffekt die Muskelkräfte nicht weiter wachsen, wenn der Trainingsaufwand nicht gesteigert wird. Man kann sich schließlich in erhebliche Schieflagen bringen, ohne dass der Organismus zusammenbricht. So halten Menschen den chronischen Konsum von Giften aller Art oft jahrzehntelang aus.

Tiere paaren sich, wenn ihre Hormonpegel sie dazu drängen. So ganz anders ist das beim Menschen auch nicht, wie wir im Grunde alle wissen – auch wenn die Wissenschaftler gerade erst einmal wieder entdecken, »dass unser Paarungsverhalten immer auch ein biologischer Prozess ist«, wie der Braunschweiger Psychologe Kurt Hahlweg gegenüber der *Süddeutschen Zeitung* sagte (37). Forscher der Pennsylvania State University haben nämlich den Zustand der Ehe von 92 Paaren mit allerlei psychologischen Tests untersucht und dabei auf die Konzentration des männlichen Sexualhormons Testosteron geachtet (38). Ein hoher Testosteronspiegel sorgt für große Aggressivität des Mannes. Freilich, Testosteron spielt auch im weiblichen Hormonhaushalt eine wichtige Rolle. Die Forscher in den USA haben nun untersucht, wie die Verteilung sich auf die Beziehung auswirkt. Wenn beide Partner sehr hohe Testosteronkonzentrationen im Blut haben, ergibt das für die Beziehung eine hochexplosive Mischung. Haben Frauen einen überdurchschnittlich hohen Pegel, die Männer aber eher niedrige Werte, so erfahren die Männer mehr soziale Unterstützung von ihrer Frau. Frauen mit viel Testosteron konnten die Probleme klarer analysieren und entsprechend optimal angehen. Bizarrerweise zeigten die Ehemänner dieser Frauen in Konfliktfällen häufiger Fluchtreflexe – sie verließen das Zimmer oder schalteten den Fernseher an. Wenn beide Partner niedrige Konzentrationen des Sexualhormons hatten, unterstützten sie sich gegenseitig auf »klassisch-männliche« Weise, wie die Forscher beobachteten. Anders als seine tierischen Verwandten ist der Mensch allerdings nicht hilflos seinen Hormonen ausgeliefert, wie der Psychologe Oliver Schultheiss an der Universität von Michigan betont. Die Art seines Verhaltens beeinflusse nämlich auch seinen Testosteronspiegel.

Ein Fundament der Liebe

Nicht nur die Sexualhormone spielen in einer Partnerschaft eine Rolle. Stresshormone können zumindest ein Indiz für den Verlauf einer Beziehung sein. Psychologen der Universität von Ohio haben 45 frisch und glücklich verheiratete Paare daraufhin untersucht. Von den Paaren, die erhöhte Stresshormon-Pegel aufwiesen, gehörten überproportional viele zu den 17 Paaren, die zehn Jahre später geschieden waren (39). Und je weniger Stresshormone die frisch Verheirateten im Blut hatten, desto zufriedener waren sie später in ihrer Ehe. Kommentar von Kurt Hahlweg: »Man sollte sich daher schon in den glücklichen Tagen der frischen Verliebtheit überlegen, wie man eine gute Kommunikation in der Beziehung aufbauen kann, um die Stresshormone niedrig zu halten.«

Der Mensch ist, wie schon gesagt, im Grunde daraufhin programmiert, im Gleichgewicht zu leben. Doch er hat keinen Gleichgewichtssinn. Um ein Gleichgewicht zu erreichen, müssen vielmehr im Kopf die Informationen von verschiedenen Sinnesorganen zusammenkommen und verarbeitet werden. Dazu gehören die mit Lymphflüssigkeit gefüllten drei Bogengänge in jedem Ohr, der *Vestibularapparat*. Die meisten Menschen wissen wohl, dass der Gleichgewichtssinn etwas mit den Ohren zu tun hat und entsprechend bei Störungen dieses Organs auch gestört sein kann. Aber etwas anderes als gehen zu können ohne zu schwanken ist die Fähigkeit, auch bei geschlossenen Augen die Stellung der eigenen Gliedmaßen zueinander genau wahrnehmen zu können – was übrigens auch in der Schwerelosigkeit eines Weltraumfluges möglich ist. Die dazu erforderlichen *Propriorezeptoren* sitzen in den Gelenken.

Gleichgewichtssensoren in den Gelenken

Wenn man in einem Zug sitzt, der im Bahnhof steht, und der Nachbarzug fährt langsam los, ist man nicht immer gleich sicher, welcher der beiden Züge fährt. Der Mensch hat in seiner Entwicklungsgeschichte erst sehr spät solche Erfahrungen gemacht. Dennoch verfügt er über Fähigkeiten, die ihn letztlich doch zu einem einheitlichen Eindruck kommen lassen. Die Sinnessysteme entscheiden bereits im Vorfeld, welche Information im Zweifelsfall höher zu bewerten ist, so dass widersprüchliche Signale gar nicht erst höheren Orts im Gehirn ankommen. Zunächst gelten die visuellen Informationen, die besagen, dass der Zug rollt, in dem man sitzt – auch wenn die Gleichgewichtssensoren, die Berührungs- und Spannungsmelder in Haut und Muskeln, davon nichts wahrnehmen. Doch wenn wir dann stutzen und die niederen Organe zu Wort kommen lassen, bemerken wir schlagartig,

Um im Gleichgewicht zu sein, müssen im Kopf die Informationen verschiedener Sinnesorgane richtig verarbeitet werden. Das ist auch eine Kunst: Im 19. Jahrhundert begeisterte der Artist Blondin mit seinen Balanceakten; 1859 überquerte er sogar den Niagarafall auf dem Seil.

dass nicht unser, sondern der Nachbarzug fährt. Untersuchungen am Münchner Universitätsklinikum Großhadern in den letzten Jahren haben ergeben, dass eine Stimulation des Gleichgewichtsapparates mit einer Hemmung jener Zentren im Gehirn einhergeht, welche die Seheindrücke verarbeiten.

Aus dem Gleichgewicht geraten wir zum Beispiel in einer Situation, die der Mensch im Laufe seiner Evolution nun wahrlich nicht üben konnte: Wenn die Gleichgewichtssensoren uns melden, dass wir im Auto auf einer kurvenreichen Straße fahren, das Auge davon aber nichts erfährt, weil es ruhig von Zeile zu Zeile eines Buches gleitet – dann kann einem nur noch übel werden. Dagegen macht es uns nichts aus, wenn uns das Auge zeigt, dass die Welt auf dem Kopf steht, das Gehirn es aber besser weiß: Der Psychologe Georg Stratton hat schon 1897 in einem Selbstversuch untersucht, was passiert, wenn eine Brille den visuellen Raum auf den Kopf stellt und von rechts nach links dreht. Zunächst war er natürlich völlig desorientiert. Doch schon nach einer Woche war er sich kaum mehr bewusst, dass er die Welt, wie er sie sah, mit dem Kopf auf den Kopf stellen musste, um sie richtig wahrzunehmen. Er konnte sich also an die falsche Brille adaptieren; entsprechend war er in der Lage, sich auch wieder umzuorientieren, nachdem er die Brille eine Zeit lang abgenommen hatte.

Schlafen darf kein Luxus sein

Während unser Körper so organisiert ist, dass er sich ständig bemüht, uns in ein Gleichgewicht zu bringen, tun wir alles dazu, dieses Gleichgewicht permanent zu stören. Ein Tier schläft, wenn es müde ist. Bereits die Küchenschabe beugt den Kopf, stützt sich auf ihre Antennen und schläft, wobei sich das Reizmuster ihres Gehirns erkennbar verändert. Der Mensch kann sich entscheiden, ob er schlafen will oder nicht, auch wenn er müde ist. Und so ist die durchschnittliche Schlafdauer des Deutschen im 20. Jahrhundert von neun auf siebeneinhalb Stunden zurückgegangen; allein um 30 Minuten in den letzten zwei Jahrzehnten.

Im 19. Jahrhundert, als das Leben noch gemächlicher verlief, wurde der Schlaf generell positiv bewertet. Heute wird er von vielen Menschen als Luxus angesehen, den sie sich nicht leisten können. Zeichnung von Wilhelm Busch

Wie aus einer Umfrage des Allensbacher demoskopischen Instituts vom Februar 2003 hervorgeht, schlafen die 20- bis 40-Jährigen durchschnittlich weniger als sechs Stunden pro Nacht. Zwölf Prozent der Befragten, vor allem Freiberufler und Selbständige, betrachten Schlafen als Luxus. Das ist nachweislich Unsinn. Untersuchungen eines Forscherteams um Hans van Dongen von der Universität von Pennsylvania (40) an 50 Probanden über zwei Wochen im Schlaflabor zeigten, dass die geistige Leistungsfähigkeit deutlich herabgesetzt war, wenn die Menschen nachts regelmäßig nur sechs statt acht Stunden schliefen: Reaktions-, Gedächtnis- und Rechenleistungen waren nach 14 Tagen ebenso stark reduziert wie bei Versuchspersonen, die einmal eine ganze Nacht lang nicht geschlafen hatten.

»Den meisten Menschen mangelt es an Erholungsfähigkeit«, sagt der Sportpsychologe Henning Allmer von der Deutschen Sporthochschule in Köln (41). In der Antike war die Muße das gesellschaftliche Ideal. Der *Brockhaus* definiert sie als »spezifische Form schöpferischer Verwendung von Freizeit; Möglichkeit und zugleich Grundbedingung der Selbstfindung, der (kreativen) Selbstverwirklichung wie auch der Partizipation und Verwirklichung von Kultur und Kunst«. Das Christentum, vor allem die calvinistische Variante des Protestantismus, hat daraus den Müßiggang gemacht – und verdammt als »aller Laster Anfang«. Muße und müssen haben im Deutschen, philologisch gesehen, dieselbe Wurzel: Muße heißt althochdeutsch *muoza*, müssen althochdeutsch *muozan*. Das kann kein Zufall sein.

Auch im Zustand der Muße – ob er nun erreicht oder nicht erreicht wird – spielen im Organismus wieder zwei Regelsysteme die entscheidende Rolle, das sympathische und das parasympathische Nervensystem. Während Stress das sympathische Nervensystem erregt und das Herz schneller schlagen lässt, beruhigt das parasympathische Nervensystem das Herz. Einst mussten die Ahnen des Menschen rasch höchstleistungsfähig sein, damit sie vor den tierischen Feinden fliehen oder diese bekämpfen konnten. Ich habe das oben bereits in anderem Zusammenhang beschrieben. Bis heute leben wir mit diesem archaischen Erbe: Wir regen uns schnell auf, aber beruhigen uns nur langsam wieder. Der schlechte Schlaf, über den in Umfragen bis zur Hälfte der erwachsenen Deutschen klagt, ist eine Folge davon. Von Gleichgewicht kann kaum die Rede sein. Der Organismus passt sich auch an den Zustand permanenter Überlastung an, wobei chronische Schäden im Allgemeinen erst nach längerer Zeit auftreten. Tatsächlich fühlten sich die Versuchspersonen mit chronischem Schlafmangel beim eben geschilderten Experiment an der Universität von Pennsylvania längst nicht so müde wie diejenigen, die einmal eine ganze Nacht nicht geschlafen hatten. Dies, obwohl der objektive Befund in etwa gleich war. Der Organismus passt sich offenbar an die chronischen Defizite so weitgehend an, dass der Betroffene die Folgen nicht recht merkt. Schlafforscher Jürgen Zulley vom Bezirksklinikum an der Universität Regensburg kommentierte den Befund so (42): »Das ist natürlich bedenklich, denn wo der Betroffene sich täuscht, wird auch die Gesellschaft getäuscht.« So könnten Fernfahrer, Piloten oder Ärzte ihren Schlafbedarf unterschätzen und sich fit fühlen, obwohl sie doch Konzentrationsschwächen hätten – mit gefährlichen Folgen.

Die Folge von chronischem Stress: Wenn ein beruflich stark überlasteter Mensch im Urlaub plötzlich völlig entspannen will, macht der auf Höchstleistung eingestellte Organismus nicht mit und reagiert mit anhaltender Unruhe. Der Psychologe Adrian Vingerhoets an der niederländischen Universität Tilburg hat 1128 Männer und 765 Frauen im Alter zwischen 16 und 87 Jahren befragt. Ergebnis: Drei Prozent von ihnen werden nach eigenen Angaben regelmäßig ausgerechnet in ihrer Freizeit krank (43). Sie alle haben etwas miteinander gemein. Es fällt ihnen schwer, abzuschalten, loszulassen. Der Idealzustand der Muße kann deshalb nur dann erreicht werden, wenn man ihn immer wieder zu erreichen sucht. Dazu bedarf es der Übung und wie alles, das geübt werden muss, gelingt es nur, wenn man zunächst kleine Schritte in die richtige Richtung geht.

Seit es Leben gibt, hat sich nichts daran geändert, dass das Leben vielzelliger Organismen einem Alterungsprozess unterliegt und mit dem Tod endet. Entsprechend verändert sich, rein physiologisch gesehen, auch der jeweilige Gleichgewichtszustand des Organismus. Dieser ist also nichts Statisches, sondern etwas Dynamisches. Der von den Physiologen so genannte Grundumsatz zum Beispiel, der Energieumsatz des völlig entspannten, nüchternen Menschen, nimmt mit zunehmendem Alter immer mehr ab. Darin unterscheidet sich übrigens der Mensch von seinem Auto: Dessen Spritverbrauch im Leerlauf wird mit zunehmendem Alter keineswegs geringer. Der alte Mensch muss nicht mehr so viel essen wie ein Kind und darf es – leider – auch nicht, wenn er sein Körpergewicht halten will.

VI. Ort, Zeit, Raum, Gewicht

Zur richtigen Zeit, am richtigen Ort

Die Dinge fügen sich wie von selbst, wenn etwas zum richtigen Zeitpunkt und am richtigen Ort geschieht. Eben dies einzuschätzen – ist die Kunst des Lebens. Das Gegenteil ist sofort einzusehen, Beispiel Medizin: Am ungünstigsten ist es, einen Menschen behandeln zu müssen, wenn er krank ist. Denn dann geht es ihm naturgemäß sowieso schon nicht gut. Das klingt banal, ist es aber nicht. Bereits die alten Chinesen wussten, dass man, *bevor* der Mensch krank ist, bei Fehlbelastungen oder Fehlfunktionen des Organismus beizeiten und gezielt gegensteuern muss, damit gar nicht erst eine Krankheit entsteht.

Die alten Griechen sprachen vom Kairos, dem richtigen Augenblick, von dem alles abhängt. Vom richtigen Augenblick hängen die Dinge freilich in höchst unterschiedlicher Weise ab. Eine Frau ist zum Beispiel jeweils nur in einem kurzen Zeitraum des Monats »empfängnisbereit« – nur dann kann sie schwanger werden. Und Sportler versuchen, sich so zu trainieren, dass sie genau zum Zeitpunkt eines Wettkampfes in Höchstform sind.

Wie die inneren Uhren ticken

Dabei spielen innere Uhren eine wichtige Rolle: Perioden des Tages, des Monats und des Jahres, denen jedes Lebewesen unterliegt. Jahresrhythmen sind in den Tropen praktisch nicht vorhanden. Sie treten nahezu ausschließlich in Regionen mit unterscheidbaren Jahreszeiten auf (44). In den mittleren Breiten tickt die innere Uhr im Winter, wenn die Körpertemperatur niedriger ist, langsamer als im Sommer. Wer ein gutes Gefühl für seinen Körper entwickelt hat, kann das bemerken: Im Winter essen wir im Durchschnitt mehr als im Sommer und wiegen folglich auch etwas mehr. Das war für unsere Ahnen sehr nützlich. Konnte doch die Fettschicht des Körpers der winterlichen Kälte besser standhalten. Außerdem war es zweckmäßig, in den Zeiten der Ernte und des Überflusses reichlich zu essen, um davon in den kargen Zeiten vor allem des ausgehenden Winters noch zu zehren. Die mit üppigen Gelagen verbundenen Feste des Winters, die allerdings durch das Christentum eine neue Deutung bekommen haben, erinnern daran.

Während man heute im Geschäftsleben dazu übergegangen ist, das Jahr in »Kalenderwochen« einzuteilen, deren eine so gut ist wie die andere, hat man bereits in Urzeiten – ausgehend von den sinnlichen Erfahrungen – dem Jahr eine Struktur gegeben, die immer noch gültig ist. Freilich wissen wir kaum noch etwas über die Hintergründe und die Bilder, die sich die Menschen dabei von der Welt und von der jeweils richtigen Zeit gemacht haben.

Alte Feste in neuer Deutung

»Man muss die Feste feiern, wie sie fallen«, heißt es in der Berliner Lokalposse *Graupenmüller* von 1870; eine Maxime, die seither immer wieder zitiert wird. »Wie sie fallen«, ist freilich kein Zufall und davon soll im Folgenden die Rede sein. Der römische Imperator Gajus Julius Cäsar hat sich vor über 2000 Jahren verrechnet und deshalb feiern wir am 25. statt am 21. Dezember Weihnachten. Cäsar hatte bei Kleopatra in Ägypten eine andere Art der Zeiteinteilung kennen gelernt, als im Römischen Reich üblich war. Während die Römer die Jahre nach dem Lauf des Mondes zählten, orientierten sich die Ägypter seit alters her an der Sonne. Ihr Jahr hatte 365 Tage. Das entsprach nicht ganz genau dem Lauf des Gestirns und war verbesserungsfähig. Julius Cäsar führte anno 44 vor Christus im gesamten Römischen Reich den später so genannten »Julianischen« Kalender ein mit 365 Tagen und als Verbesserung zusätzlich einem Schalttag alle vier Jahre. Ein Fehler, den er dabei gemacht hatte, bestand darin, den Tag der Wintersonnenwende, *dies brumalis*, auf den 25. Dezember zu legen, was bis 1691 zugleich der Neujahrstag in Europa war, statt astronomisch richtig auf den 21.

Am *dies brumalis* feierte man in Rom den Geburtstag des »unbesiegbaren Sonnengottes«, *Sol invictus*, der aus dem Orient schließlich ins Römische Reich gekommen war. Bei seiner Verehrung spielte der Kult des Baal ebenso eine Rolle wie der des Mithras – ein mit der Sonne verbundener Erlösergott; der Sonntag trägt seinen Namen: An diesem Tag wurde nämlich Mithras in geheimen Riten (Mysterien) in unterirdischen Heiligtümern verehrt. Das Christentum entwickelte sich hinein in eine Welt voller Götter. Dem Geschehen maß man in dieser Welt außer der tatsächlichen noch eine symbolische Bedeutung bei. Der Tag der Wintersonnenwende spielte in einer Gesellschaft, die Jahrtausende vor Erfindung der Glühbirne die Dunkelheit mit Kerzen und Fackeln kaum vertreiben konnte, eine besondere Rolle.

Die christliche Kirche trachtete danach, gewissermaßen die »Bilderhoheit« zu bekommen, das heißt, den Bildern und Riten ihrer Zeit eine neue, nämlich eine »christliche«, Deutung zu geben. Nachdem das Christentum Staatsreligion geworden war, wurde diese neue Deutung allgemein verbindlich: Anno 354 setzte der römische Bischof Liberius den Geburtstag von Jesus offiziell auf den 25. Dezember fest. Zur Begründung erklärte man, nicht die Sonne sei »unbesiegbar«, sondern der *invictus* sei Jesus Christus, der die Sonne erschaffen habe. Die alten Bilder wurden also uminterpretiert. So feierte man zum Beispiel im alten Rom in der Zeit vor der julianischen Wintersonnenwende – vom 17. bis zum 24. Dezember – die »Saturnalien« zu Ehren des legendären Königs Saturnus, der den Ackerbau eingeführt haben soll; ein Fruchtbarkeitsfest also. Es gab auf Staatskosten zu essen und zu trinken. Man beschenkte sich auch mit dünnen Wachskerzen, mit Ton- oder Wachspüppchen, die es auf einem speziellen »Saturnalienmarkt« zu kaufen gab. Unser »Christkindlmarkt« hat uralte Vorbilder.

Weihnachten ist neben Ostern das am stärksten mit Bildern besetzte christliche Fest, obwohl es bis zum Jahre 813 dauerte, ehe eine Synode in Mainz die erste Weihnachtsfeier in deutschen Landen anordnete. Zum Fest der Saturnalien gehörte im alten Rom beispielsweise auch, dass dies eine Zeit der verkehrten Welt war. Die Herren bedienten ihre Sklaven, man zechte und würfelte unter Aufsicht eines durch das Los gewählten »Saturnalienkönigs«. Kurzum, man feierte so etwas wie Karneval. Freilich, der am 11.11. – dem Sankt Martinstag – beginnende Karneval wird während der Weihnachtszeit unterbrochen.

Die alten Römer feierten übrigens am 11. November das »Fest des neuen Weines«. Daraus machte die Kirche einen Erinnerungstag an Sankt Martin. Für die alten Germanen war es ohnedies die Zeit der Schlachtfeste, bei denen auch so manche »Martinsgans« daran glauben musste und das Bier in Strömen floss. Das Brustbein der Gans wiederum diente als Orakelknochen für die kommende »Wendezeit«.

Den Dreikönigstag am 6. Januar feierten die Christen bis ins 4. Jahrhundert als Geburtsfest Jesu. Dann wurde er partiell umgewidmet – aber weiter gefeiert. Man erinnerte an die in der Bibel erwähnte Ankunft der Heiligen Drei Könige aus dem Morgenland, aber auch an Jesu Taufe im Jordan, angeblich genau 30 Jahre später, sowie an das »Wunder der Hochzeit zu Kanaan«, noch ein Jahr später bei dem Wasser zu Wein ward. Hamburger Völkerkundler (Rüdiger Vossen und Gertrud Schier) verweisen darauf, dass just am 6. Januar die alten Ägypter den Tag des Osiris feierten, Gott des (Nil-)Wassers und zugleich, wie der griechische Dionysos, Gott des Weines. Auch der 6. Januar ist also von der Kirche sehr bewusst ausgewählt worden, um die alten Bilder umzudeuten. Ganz gelingt dies wie gesagt nicht. Denn unmittelbar nach dem Drei-

Der Namenspatron des Januar ist Janus, der römische Gott mit den zwei Gesichtern, zurückblickend und in die Zukunft schauend. Auf diesem 1550 entstandenen Bild wird Janus zusätzlich zu einem Weisen stilisiert.

königstag bricht der Karneval richtig aus und befreit von allzu frommem Druck.

Mit der »gregorianischen« Kalenderreform 1582 durch Papst Gregor XIII. begann allmählich in Europa das neue Jahr mit dem 1. Januar. (In Russland wurde erst 1918 mit dem Entstehen der Sowjetunion der gregorianische Kalender eingeführt.) Namenspatron für den Januar ist Janus, der römische Gott mit den zwei Gesichtern, mit denen er gleichzeitig zurück in die Vergangenheit und vorwärts in die Zukunft schaut. Das noch Ungeschehene sehen zu können, darum bemüht man sich mit allerlei Hokuspokus in der Neujahrsnacht.

Winterdepression und Sommermanie

Das Winterhalbjahr ist freilich nicht nur die Zeit der Feste, sondern für manche Menschen auch eine besondere Leidenszeit. Die Dunkelheit der Wintermonate schlägt vielen Leuten aufs Gemüt: Allgemein sind wir in diesen Monaten weniger fit als in der hellen Jahrszeit. Im Winter erkranken mehr Menschen als im Sommer an Herz- und Kreislauf. Die Menschen können sich auch schlechter konzentrieren und reagieren langsamer. Bereits im 17. Jahrhundert haben aufmerksame

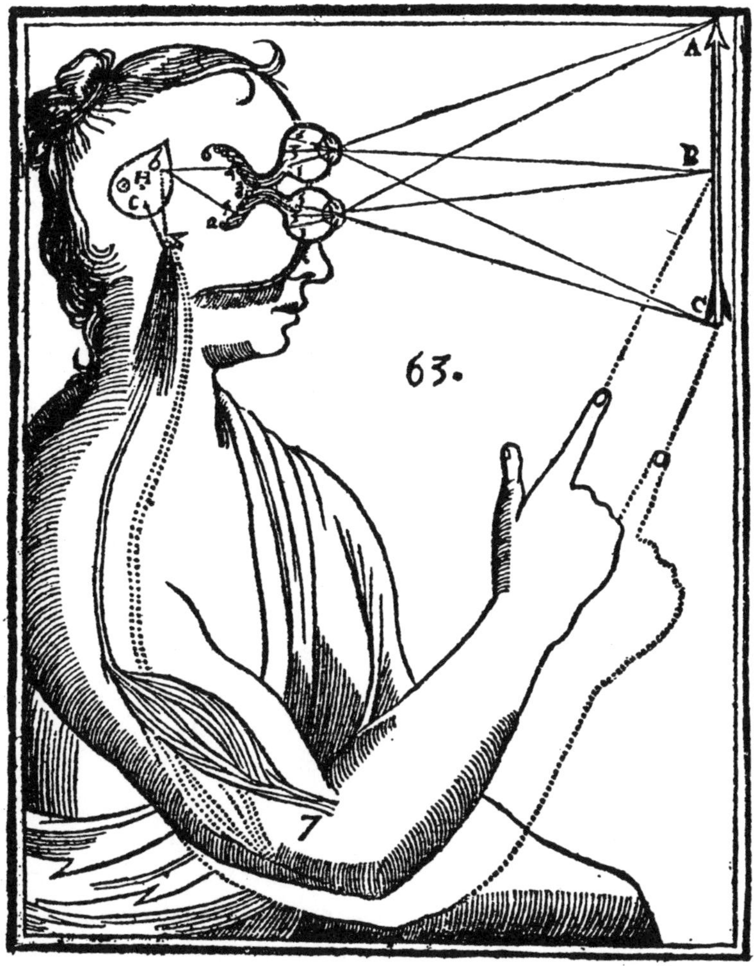

Für den französischen Philosophen René Descartes war im 17. Jahrhundert die Zirbeldrüse der Ort im Körper, von wo aus die Seele, die an sich, so meinte er, mit allen Teilen des Körpers verbunden sei, besonders wirksam werde. Von hier aus könne sie die Bewegungsrichtung der Lebensgeister beeinflussen. So ganz unsinnig war die These nicht: Das 1956 entdeckte Hormon Melatonin, von der Zirbeldrüse produziert, hat für den Biorhythmus entscheidende Aufgaben im Körper.

Ärzte den ersten Fall einer »Winterdepression« dokumentiert. Die britische Adlige Anne Grenville (1642–1691) war im Winter depressiv und im Sommer munter bis zur Manie. Erst im 20. Jahrhundert entwickelte sich die »Chronobiologie« zu einem wissenschaftlichen Forschungsgebiet. Und mittlerweile lässt sich erklären, dass die Winterdepression – wie auch Probleme der Anpassung nach Interkontinentalflügen *(Timelag)* – mit der rhythmischen Produktion von Melatonin zu tun hat, einem Hormon der Zirbeldrüse, das 1956 entdeckt worden ist. Die Zirbeldrüse produziert das Melatonin vor allem nachts, genauer: während es dunkel ist.

Die alte bäuerliche Regel, mit den Hühnern aufzustehen und auch schlafen zu gehen, hat ihr biologisches Korrelat: Anders nämlich als in den Regionen am Äquator, schlafen die Bewohner des Nordens in den Wintermonaten erheblich länger und auch tiefer als im Sommer. Die Münchner Psychologen und Schlafforscher Barbara Knab und Jürgen Zulley weisen darauf hin, dass vor allem die »Morgentypen«, auch »Lerchen« genannt (im Gegensatz zu den Abendmenschen, den »Nachtigallen«), wenn sie ihrem natürlichen Bedürfnis nachgeben, im Winter früher schlafen gehen als in der hellen Jahrszeit.

In unserem Zusammenhang heißt das: Für einen schwerwiegenden medizinischen Eingriff, der nicht sofort vorgenommen werden muss, ist das Frühjahr günstiger als der Spätherbst, weil es dann, wenn die Tage wieder länger werden, auch ganz allgemein mit dem Menschen und seinen Stimmungen »wieder aufwärts« geht. Übrigens ist auch eine Diätkur im Frühjahr wirksamer als ein paar Monate zuvor, weil der Körper wie gesagt dann schon von sich aus dazu neigt weniger Fett anzusetzen.

Leben im natürlichen Rhythmus

Noch ausgeprägter als der Jahres- und der Monatsrhythmus ist die Tagesperiodik: Alle biologische Funktionen unterliegen diesem ungefähr (circa, darum: circadian) dem Tagesrhythmus folgenden Aktivitätsmuster. Obwohl dies alles sehr gut erforscht ist, spielen die Erkenntnisse im Leben unserer Zeit fast keine Rolle. Gerade dort, wo es dem Menschen besonders gut täte, wenn er seinen natürlichen Lebensrhythmus beachten könnte, ist das Gegenteil der Fall. Wohl jeder, der einmal im Krankenhaus behandelt werden muss, ärgert sich darüber, dass er – ohnedies schon krank – nicht einmal morgens ausschlafen darf und abends bereits zum Schlafen gezwungen wird, wenn er noch (relativ) putzmunter ist. Generationen von Schulkindern leiden darunter, morgens müde in die Schule gejagt zu werden. Und wer Fachtagungen besucht, weiß, dass auch hier im Allgemeinen gegen die innere Uhr gearbeitet wird: Gleich nach dem Mittagessen, wenn der Mensch noch in der »Verdauungsnarkose« döst, ist ein anstrengender Vortrag angesetzt. Und weil am Ende des einstündigen Vortrags auch ein lichtschwaches Dia gezeigt werden soll, wird der Raum von Anfang an abgedunkelt, so dass auch dem gutwilligsten Zuhörer die Augen zufallen.

Nur wenn sich zwei Menschen zur richtigen Zeit begegnen, bisweilen auch nur dann, wenn zumindest einer von beiden rechtzeitig das richtige Wort findet, entwickelt sich eine Beziehung. Oder eben auch nicht. »Sagen Sie jetzt nichts!«, heißt es bei Loriot in einem berühmten Fernsehsketch, der auf der Annahme des Mannes beruht, seine Partnerin werde auf sein Werben eingehen. Dabei will sie ihn nur auf eine beim Essen im Gesicht hängen gebliebene Nudel aufmerksam machen. Durchaus ernst gemeint ist dagegen das *Carpe diem*, das »Nutze den Tag«, wie es bei den alten Römern hieß. Friedrich von Schiller formulierte in seinem Gedicht *Resignation* das Gegenteil: »Was man von der Minute ausgeschlagen / Gibt keine Ewigkeit zurück.«

Nun gibt es Menschen, die sich selbst als geborene Glückspilze, und solche, die sich als Pechvögel ansehen. Alles nur Einbildung? Richard Wiseman von der britischen Universität Hertfordshire hat anno 2002 vierhundert Erwachsene getestet, die sich selbst für besondere Glückspilze oder aber für Pechvögel hallten. Für beide gilt, dass sie glauben, »dass ihr Leben vom Schicksal bestimmt wird«, so Wiseman. So berichten Glückpilze, sie seien gerade zur richtigen Zeit am richtigen Ort gewesen, um einen tollen Job zu bekommen, oder sie hätten auf einer Party, die sie eigentlich gar nicht besuchen wollten, einen Fremden getroffen, in den sie sich dann verliebten. Dagegen klagen Pechvögel zum Beispiel, sie hätten einen Zug verpasst und seien mit dem nächsten dann in einen Unfall verwickelt worden (45).

Der Glückspilz kennt die Menschen

Wiseman hat festgestellt, dass »Glückspilze« eine wesentlich bessere Menschenkenntnis besitzen als »Pechvögel«. Der Psychologe spielte seinen Kandidaten Videofilme vor, in denen die Wahrheit oder die Unwahrheit gesagt wurde. »Glückspilze« erkannten viel leichter als »Pechvögel«, wer die Wahrheit sagte und wer log. Auffallend ist, dass die Glückspilze selbstbewusst sind und einen ausgeprägten Optimismus haben – Grundlage für den Erfolg. Denn wer davon überzeugt ist Glück zu haben hat auch ein anderes Auftreten als derjenige, der glaubt, dass ihm die Dinge eh nicht gelingen, weil er nun mal ein Pechvogel ist. Für den Pechvogel ist klar: Das böse Schicksal bestimmt sein Leben. Das heißt für ihn auch: Er muss nicht erst Ursachenforschung treiben oder gar an sich arbeiten. Der »Glückspilz« ist übrigens wie die Etymologen wissen einer, der ein schnelles, unvermutetes Glück macht, der im Glücke gleichsam aufschießt – oder, von *mushroom*, Pilz, aus dem Englischen kommend, ein Emporkömmling. Der »Pechvogel« dagegen ist den Vogelstellern auf den Leim gegangen, nämlich an der Pechrute kleben geblieben. Auch wer zu sehr auf etwas erpicht ist, so weiß der Volksmund, bleibt in seiner Gier an etwas hängen, das ihm kein Glück bringt.

Gewusst, wo

Der schon in anderem Zusammenhang genannte Archimedes von Syrakus lehrt uns bis heute das »gewusst, wo«, also den richtigen Ort zu finden: Unter anderem hat Archimedes die »Hebelgesetze« formuliert – auch wenn diese wenigstens ungefähr bereits hundert Jahre vorher dem griechischen Naturforscher Straton bekannt waren. Archimedes zeigte, dass ein kleines Gewicht, weit weg vom Drehpunkt einer Achse aufgehängt, einem schwereren, nahe am Drehpunkt das Gleichgewicht halten kann. »Gebt mir einen festen Standpunkt und ich werde die Erde aus den Angeln heben«, soll er gesagt haben. Tatsächlich konnte Archimedes zum Erstaunen seiner Landsleute in Sizilien mit Hilfe von Flaschenzügen (die nach den Hebelgesetzen funktionieren) ein voll beladenes Schiff mit Leichtigkeit aus dem Hafenbecken heben und aufs Land setzen. »Wenn man's kann ungefähr, ist's nicht schwer, ist's nicht schwer«, heißt es im *Zigeunerbaron* von Johann Strauß. Falsch an der Aussage ist nur das »ungefähr«. Die Dinge müssen passen – wie die deshalb auch so genannten Passteile in Handwerk und Technik –, sie müssen sich genau ineinander fügen, dann gelingt etwas leicht.

I have seen something – »Ich habe etwas gesehen.« Das sagte der Boxer Max Schmeling ein halbes Jahr vor seinem Kampf mit Joe Louis, dem »Braunen Bomber«. Schmeling hatte gewissermaßen den archimedischen Punkt entdeckt, der es ihm ermöglichen sollte, im Sommer 1936 den damals berühmtesten Boxer der Welt k. o. zu schlagen. »Eine einzige, fast unbemerkbare Blöße, die Louis sich in jedem Kampf immer wieder gab«, wie Schmeling in seinen *Erinnerungen* schreibt (46): »Jedesmal wenn Joe mit der Linken seine kurzen, gefährlichen, oft zwei- bis dreimal wiederholten Haken schlug, ließ er im Anschluß daran den linken Arm fallen. Es war eine kaum merkliche, unbewusste Reaktion und sie mochte nur dem auffällig sein, der den Boxer zugleich versessen und ganz nüchtern, gewissermaßen mit dem Auge eines Naturwissenschaftlers, beobachtete. Die linke Gesichtshälfte von Louis stand dadurch für eine rechte Gerade einen Augenblick lang offen.« Eben diese Beobachtung nutzte Max Schmeling, um in seinem berühmtesten Kampf das Schwergewicht zu besiegen.

Blitzschnelle, präzise Bewegungen müssen trainiert sein. Denn wenn zum Beispiel ein Basketballspieler den Ball abwirft, muss er im selben Augenblick die Kontraktion von mehr als 600 Muskeln koordinieren. Das Koordinationszentrum für komplexe Bewegungen ist das Kleinhirn. Es sitzt im Hinterkopf unterhalb des Großhirns. Bereits 1917 hat der englische Neurologe Gordon Holmes Soldaten mit Kleinhirnverletzungen untersucht. Sie litten weder unter Lähmungen noch unter psychischen Veränderungen. Doch bereits zu einfachsten koordinierten Bewegungen waren sie nicht imstande. Heute weiß man: »Unser Kleinhirn ist ein Künstler darin verschiedenste komplexe Bewegungsabläufe glatt abspulen zu lassen. Dazu gehören selbst viele nur scheinbar einfache Handbewegungen. Schon um einen Kugelschreiber zu ergreifen müssen viele Muskeln in Hand und Arm genauestens nach einem flexiblen, an die Situation anpassungsfähigen Zeitplan zusammenarbeiten. Damit das möglich ist, integriert das Kleinhirn Signale von verschiedenen Sinnen, in dem Fall Informationen von den Augen, über die Körperhaltung und Stellung der Gliedmaßen, Haltung von Hand und Fingern und über die Muskeltätigkeit, und führt sie zusammen. Das Ergebnis teilt es dann kontinuierlich der Großhirnrinde mit, die nun den Bewegungsablauf entsprechend anpasst.« So schildern Detlef Heck (Universität Freiburg) und Fahad Sultan (Universität Tübingen) die Funktionsweise des *Cerebellum*, an dessen Erforschung sie selbst beteiligt sind (47). Der Entertainer Otto Waalkes spielte einst einen Sketch, der das menschliche Erregungsmuster nach Art der Kommandorufe des Kapitäns auf einem Schiff ironisierte: »Galle an Faust: Ballen!«

Blitzschnelle Bewegungen sind auch für die Kunst der waffenlosen Selbstverteidigung Karate charakteristisch. Schon die Geschichte dieses Kampfsports ist interessant: Die heute zu Japan gehörende Insel Okinawa erlebte im 14. und 15. Jahrhundert Zeiten großer innerer Unruhen. König Sho Shin, der in den Jahren 1477 bis 1526 regierte, einigte das Land und verbot 1479 Adligen und Bauern das Tragen von Waffen. (Wie schön wäre es doch, wenn den USA einmal ein solcher König Sho Shin geschenkt würde – und sein Vorbild gar weltweit Schule machen würde.) Damals also wurden die Schwerter konfisziert. Darauf entwickelten die Adligen die waffenlose Kunst des Kampfes. Sie spielte besonders im 17. Jahrhundert eine Rolle, nachdem Japan Okinawa erobert hatte und die Eroberer Herstellung und Einfuhr aller Waffen untersagt hatten. Diese Kunst wird *Te* genannt. Es bedeutet in der Sprache Chinas und Okinawas »Technik«, im Japanischen »Hand«. Die Silbe ist im Wort *Karate* enthalten.

Ein Karatekämpfer kann mit der bloßen Hand dicke Platten aus Holz oder Beton zerschlagen (obwohl es nicht zum Wesen des Karate gehört Gegenstände zu zerstören). Auch hier gilt das Operettenlied: »Wenn man's kann, ist's nicht schwer.« Wie das möglich ist, haben vor über 20 Jahren Wissenschaftler am Massachusetts Institute of Technology (MIT) in Cambridge/USA untersucht und in der Zeitschrift *Spektrum der Wissenschaft* unter dem Titel *Die Physik des Karateschlages* veröffentlicht. (44)

Die Forscher hatten die Handbewegungen von Karatekämpfern mit Hilfe von Blitzlichtkaskaden – 120 Blitze in der Sekunde – in kleinste Teilbewegungen aufgelöst. Sie konnten so beobachten, was jeweils von hundertzwanzigstel zu hundertzwanzigstel Sekunde passierte, wenn die Hand in eine Betonplatte fuhr, mit der sonst Gehwege gepflastert werden: 40 Zentimeter lang, 19 Zentimeter breit und 4 Zentimeter dick, 6,5 Kilogramm schwer. Auch mit Brettern aus trockenem Fichtenholz, je 28 Zentimeter lang, 15 Zentimeter breit und 1,9 Zentimeter dick, experimentierten die Forscher. Sie stellten fest, dass die Hand des Karatekämpfers eine Spitzengeschwindigkeit von 10 bis 14 Metern pro Sekunde erreicht und eine Kraft auszuüben vermag, die einem Gewicht von 306 Kilogramm entspricht.

Im Augenblick des Aufschlags ist die Hand des Kämpfers Kräften ausgesetzt, die dem Vierhundertfachen ihres Gewichts entsprechen. Wundersamerweise wird die Hand selbst dabei nicht zerschmettert. Freilich nur dann nicht, wenn der Kämpfer den Schlag richtig führt und die Platte in der Mitte trifft. Die Knochen sind beweglich, können sich beim Aufprall gegeneinander verschieben und einen Teil der Kräfte an die Muskeln und das Bindegewebe weitergeben. Außerdem hat der menschliche Knochen eine fantastische Stabilität. Die MIT-Forscher legten um dies zu demonstrieren einen zylindrischen Knochen von zwei Zentimeter Durchmesser und sechs Zentimeter Länge an den Enden auf zwei Stützen. Anschließend konnten sie den Knochen in der Mitte mit einem Gewicht von 2500 Kilogramm belasten, ohne dass er brach. Knochen hat anders ausgedrückt eine vierzigmal so große Bruchspannung wie Beton. Ein geübter Karatekämpfer kann nicht nur eine Platte, sondern sogar einen ganzen Plattenstapel durchschlagen, wenn die Platten durch dünne Holzstäbe voneinander getrennt sind. Wenn der Schlag die oberste Platte genau in der Mitte trifft, dann überträgt diese Platte die auftreffende Energie, indem sie sich durchbiegt, auf die nächste und die weiteren Platten. Verfehlt der Karatekämpfer jedoch die Mitte, geht

Energie verloren und der Plattenstapel wird nicht durchschlagen. Physikalisch gesprochen erzeugt die herabsausende Hand des Karatekämpfers mit ihrer plötzlich abgebremsten Bewegungsenergie eine Spannung in der Platte, die parallel zur Längsrichtung wirkt und die untere Begrenzungsfläche der Platte dehnt. Überschreitet die Spannung einen kritischen Wert, so reißt die Platte von unten her ein. Jedenfalls wenn man weiß, wie es geht.

VII. Kopfarbeit

Occams Rasiermesser

Die einfachste Erklärung suchen

Manchmal lässt sich ein Problem treffend mit einem Witz beschreiben, unabhängig davon, wie stark dieser die Lachmuskeln reizt. Ein Patient kommt zum Orthopäden: »Herr Doktor, wenn ich den Körper schräg vorbeuge und dann drehe und zugleich den einen Arm von oben und den anderen von unten her gegen den Rücken winde, dann tut mir alles so weh, dass ich fast wahnsinnig werde.«

Der Doktor: »Und warum treiben Sie eine derart ausgefallene Gymnastik?«

Der Patient: »Wie soll ich denn Ihrer Meinung nach sonst einen Mantel anziehen?«

Sich kompliziert auszudrücken erschwert offensichtlich die Kommunikation. Der Gedanke lässt sich ins Allgemeine wenden und dann geht es darum, wie wir uns die Welt erklären: Wenn es eine komplizierte und eine einfache Erklärung gibt, sollte man zuerst die einfache Erklärung verwenden und diese so lange beibehalten, wie sie den Tatsachen standhält. Diese Sentenz hat zwar als Erster der französische Dominikaner Durand de Saint-Pourçain (um 1270 bis 1334) formuliert: *Non sunt multiplicanda entia praeter necessitatem.* Aber als Maxime wandte sie der englische Franziskaner Wilhelm von Ockham (Occam, um 1220 bis 1349) so oft und so scharf an, dass sie als *Occams Rasiermesser* (*Ockham's Razor* im englischen Sprachgebrauch) populär wurde. Die Occamstraße in München-Schwabing erinnert noch heute an den famosen Mann. Dieser wurde im Dorf Ockham südwestlich von London geboren und ist früh in den Franziskanerorden eingetreten. An der Universität Oxford bekam Occam aus unbekannten Gründen Ärger mit dem als »mittelmäßiger Kopf und unverträglicher Zeitgenosse« beschriebenen Kanzler Johannes Lutterell. Dieser wurde zwar kurz danach vom Erzbischof von Canterbury seines Amtes enthoben, fand aber doch Wege, Wilhelm von Occam zu schaden – und ihn damit erst zu einem einflussreichen Mann werden zu lassen.

Das geistliche Zentrum der katholischen Welt war damals Avignon, von 1309 bis 1377 Sitz der Päpste. Diese waren in eine von ihnen als schmählich empfundenen Abhängigkeit von Frankreich geraten. Auslöser war der Streit darum, ob der Staat von Klerus und Klöstern Steuern einziehen dürfe. Auch eine Bulle (*Unam sanctam*) des Papstes Bonifaz VIII. anno 1302, worin dieser den Gehorsam gegen den Bischof von Rom für heilsnotwendig erklärte, verhinderte dies nicht. Nach Avignon also zog es den Exkanzler Lutterell. Dort zeigte er seinen alten Feind Occam wegen Häresie an. Dieser wurde daraufhin nach Avignon zitiert und musste dort vier Jahre lang bleiben, bis ein Prozess gegen ihn 1324 ohne Urteil im Sande verlief. Zeit genug für Occam, um nun seinerseits in der Kirche »mehr als genug Häretisches, Irrtümliches, Dummes, Lächerliches« zu finden, was unter anderem auch gegen »die natürliche Vernunft, die sichere Erfahrung« verstieß (zitiert nach Ricarda Winterswyl, 50). Jedenfalls floh Wilhelm von Occam am 26. Mai 1328 von Avignon nach München zu Ludwig IV. dem Bayern und blieb dort bis zu seinem Tod dessen kirchenpolitischer Verteidiger gegen die Päpste in Avignon. Dieser Ludwig hatte es nämlich geschafft, gegen den Willen des Papstes (Johannes XXII.) nicht nur König von Bayern, sondern sogar deutscher Kaiser zu werden und zu bleiben; trotz Exkommunikation und Kirchenbann. Die deutschen Kurfürsten bestätigten ihm anno 1338 sogar ausdrücklich, dass er die königlichen und kaiserlichen Rechte auch ohne päpstliche Bestätigung ausüben dürfe. Um so etwas zu erreichen, bedurfte es nicht nur großen Geschicks, sondern auch guter theologischer Argumente. Und da war Wilhelm von Occam gefragt. Denn nur 250 Jahre zuvor, anno 1077, musste der deutsche Kaiser Heinrich IV. vor dem Papst als Büßer in Canossa erscheinen und Abbitte tun, andernfalls hätten die deutschen Fürsten dem vom Papst Gebannten die Kaiserkrone entzogen.

Occam blieb bis zu seinem Tode in München. Er starb 1349 mit 65 Jahren an der Pest; denn der Franziskanermönch, der er geblieben war, hatte die Pestkranken gepflegt, die Toten begraben und sich dabei angesteckt. In München überlebte nur jeder zehnte Einwohner die Seuche.

Occams Rasiermesser verletzte die Theologen seiner Zeit heftig. Uns erscheint es heute ganz plausibel, die einfachere Lösung eines Problems als die bessere anzusehen; nicht mehr anzunehmen, als zur Erklärung eines Sachverhalts genügt, und alles andere wie mit dem Rasiermesser glatt zu schneiden. Zu Occams Zeit aber war es üblich, alles Wissenswerte nicht etwa durch Beobachtungen der Natur zu erfahren, sondern aus den Werken anerkannter Autoritäten herzuleiten. Somit war der Konflikt mit der Kirche programmiert. Für die Naturwissenschaften hat sich der Gedanke dagegen als sehr nützlich erwiesen – die Naturwissenschaftler allerdings in Konflikte mit den Theologen gebracht; und das nicht nur im Mittelalter.

Autoritätsgläubigkeit gegen die Erkenntnisse der Wissenschaft

Der stärkste Konflikt entwickelte sich zu Beginn der Neuzeit zwischen der katholischen Kirche und der Astronomie. Die Astronomen stellten nämlich fest, dass das uralte Deutungsmuster für das, was am Himmel aufscheint, unnötig kompliziert war, man also die Sachverhalte viel einfacher und damit zugleich viel besser beschreiben konnte.

Für die Theologen war damals selbstverständlich, dass sich die Sonne um die Erde dreht. Ist doch im Buch Josua (10, 12–13) des Alten Testaments ein Wunder verzeichnet, wie es allerdings in unseren Tagen in internationalen Verhandlungen des öfteren passieren kann: Man hält die Uhr an, bis ein Kompromiss, zum Beispiel in Agrarfragen der Europäischen Union, gefunden wird; eine symbolische Handlung freilich. In der legendären Schlacht um die Stadt Gibeon kämpften Josua und die Israeliten gegen die Amoriter. Das ging natürlich nur bei Tageslicht und da waren die Israeliten gerade schön erfolgreich. Aber wer konnte wissen, was bei Einbruch der Dunkelheit passieren würde? So redete also Josua mit seinem Gott. Und der fand eine Lösung und befahl: »Sonne, steh still zu Gibeon, und Mond im Tal Ajalon. Da stand die Sonne still, und der Mond blieb stehen, bis sich das Volk an seinen Feinden gerächt hatte.« Gott hatte nicht gesagt: »Erde, steh still«, denn, so schlossen die Theologen: Die Sonne dreht sich nun mal um die Erde und wer das auch nur kurzzeitig unterbrechen will, muss, wie seinerzeit der Gott der Israeliten, die Sonne anhalten.

Und da kam nun Galileo Galilei. Er baute sich ein Fernrohr und stellte fest, dass der große Aristoteles fast tausend Jahre zuvor geirrt hatte, als er ungeprüft die Meinung seiner Zeit übernommen hatte, dass der Himmel vollkommen sei und Unordnung nur auf Erden herrsche. Galilei konnte nämlich sehen, dass die Sonne nicht makellos ist, wie man glaubte, sondern Flecken hat, die sogar auf der Sonnenoberfläche entlangwandern; dass der Mond gebirgig ist und schließlich, dass der Planet Jupiter von Monden (Kepler nannte sie »galileische Satelliten«) umkreist wird. Er konnte beobachten, was bereits Nikolaus Kopernikus vorgeschlagen hatte und Johannes Kepler dann genauer beschrieb: Man kann die Welt viel einfacher erklären, wenn man davon ausgeht, dass sich die Erde und die Planeten um die Sonne drehen und nicht die Sonne um die Erde, und sich die Planeten nur scheinbar in komplizierten Schleifen am Himmelsgewölbe hin- und herwinden. In einem Brief

Die einfachere Erklärung ist die richtige: Auf dem Titelbild der lateinischen Ausgabe von Galileo Galileis Dialog über die zwei hauptsächlichen Weltsysteme aus dem Jahre 1700 steht Ptolemäus (Mitte) im Schatten. In der Hand hält er ein Modell des alten astronomischen Weltbildes. Nikolaus Kopernikus (Galileis Gewährsmann) präsentiert mit leuchtendem Gesicht sein Modell des neuen Weltbildes (rechts) mit der Sonne als Zentrum. Aristoteles (sitzend) agiert zwischen Licht und Schatten.

an Kepler amüsierte sich Galilei über die Geisteswissenschaftler seiner Zeit. Ich zitiere aus diesem Brief aus Padua vom 19. August 1610 in der Übersetzung von Helmut Minkowski. Übrigens, wenn hier Galilei »Gymnasium« schreibt, ist jeweils die Universität gemeint:

»Wir wollen über die ungewöhnliche Dummheit der Menge lachen, lieber Kepler. Was sagen Sie zu den führenden Philosophen unseres Gymnasiums, die – mit der Borniertheit einer Natter – niemals die Planeten, den Mond oder das Fernrohr zu sehen wünschten, obwohl ich es

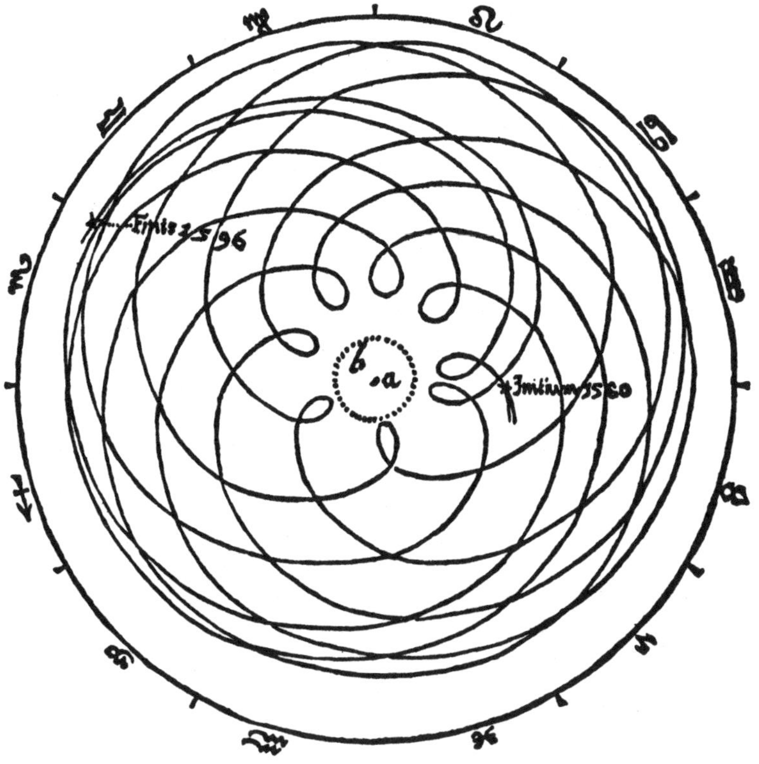

Komplizierte Kurven zeigen die scheinbaren Bewegungen des Mars, von der Erde aus beobachtet, in den Jahren 1580 bis 1596. Johannes Kepler hat sie in seinem Hauptwerk aus dem Jahre 1609 veröffentlicht. Es bedurfte der Genialität Keplers, zu erkennen, dass diese Schleifen am Himmel sich aus der tatsächlichen Bewegung des Mars um die Sonne in einer elliptischen Bahn ergeben.

ihnen tausendmal angeboten habe sie ihnen zu zeigen. Wahrhaftig, einige schließen vor dem Licht der Wahrheit die Augen, andere die Ohren. Das ist betrüblich, aber es wundert mich nicht. Diese Art von Zeitgenossen hält nämlich die Philosophie für ein Buch wie die Äneis oder die Odyssee und glaubt, man müsse die Wahrheit in der Welt oder in der Natur nicht suchen, sondern es genüge (um ihre eigenen Worte zu gebrauchen) ein Vergleich der Texte.

Schade – ich möchte gerne mit Ihnen noch ein bisschen länger lachen! Sie würden sich überkugeln, mein lieber Kepler, wenn Sie hören würden, was der Hauptphilosoph des Gymnasiums in Pisa dem Großherzog über mich erzählte, als er mit logischen Gründen – wie wenn es Zauberformeln wären – die neuen Planeten vom Himmel herunterholen und wegdisputieren wollte!«

Das Lachen verging Galileo Galilei alsbald. Von der Inquisition als Ketzer angeklagt, wurde der 68 Jahre alte Physiker und Astronom am 22. Juni 1632 dazu verurteilt, seine Ansichten zu widerrufen, die von der herrschenden Lehre der katholischen Kirche abwichen. Occams Gesetz galt da gar nichts. Im Gegenteil, es dauerte bis 1992, ehe der 1642 verstorbene große Gelehrte – der damals nicht auf »geweihtem Boden« bestattet werden durfte – von der katholischen Kirche offiziell rehabilitiert wurde.

Eine dem evangelischen Theologen Friedrich Schleiermacher (1768–1834) zugeschriebene Anekdote zeigt, wie dieser vor 200 Jahren bewies, dass die einfachere Darstellung die bessere ist. Schleiermacher also erfand das folgende Rätsel: Was ist das, das relative Nichtsein am unmittelbaren Ansich-, Umsich-, und Fürsichsein der passiven Kausalität des Absoluten? Die schlichte Antwort: Ein Loch im Hemd der Muttergottes. Friedrich Schleiermacher, der in Berlin wirkende Kritiker der Orthodoxie, wurde berühmt mit dem Werk *Über die Religion. Reden an die Gebildeten unter ihren Verächtern.*

Von Natur aus unwissend

Es ist im Laufe des letzten Jahrhunderts viel schwerer geworden, sich zu orientieren, wenn man damit nicht nur die Straßenschilder meint oder die modernen Autos, denen man den Stadtplan einprogrammieren kann. In der ersten Hälfte des 20. Jahrhundert haben uns nämlich die Physiker, in der zweiten Hälfte die Gehirnforscher gelehrt, dass die Welt viel komplizierter ist, als man durch Nachdenken allein herausbekommen kann. »Keine Wirkung ohne Ursache«, lautet eine einfache Formulierung, welche die Ordnung der Welt beschreiben will. Als sich jedoch die Physiker seinerzeit das »Atom« genauer anschauten – von dem man glaubte, es sei unteilbar, wie der griechische Name besagt, weil die Philosophen sich das so vorstellten, in Wahrheit aber ist es teilbar, wie die Atombombe belegt –, stellten sie als erstes fest, dass die sich in ihm abspielenden Vorgänge statistischen Gesetzen entsprechen. Etwas später wurde deutlich, dass die unvollständige Kenntnis atomarer Systeme nicht Folge unserer Unwissenheit, sondern prinzipieller Art, also naturgesetzlich ist. Schließlich entdeckte man, dass in den kleinsten Räumen und Zeitabschnitten der Begriff »kausal« in der zeitlichen Reihenfolge: erst die Ursache, dann die Wirkung unsinnig ist. Die Zustände sind dort, wie wir dank Werner Heisenberg wissen, prinzipiell unbestimmbar. Und wenn zuvor klar war, dass zwischen der Vergangenheit und der Zukunft nur der unendlich kleine Moment des »Jetzt« liegt, so wurden wir durch die Entdeckung Albert Einsteins anno 1905 belehrt, dass – um es in den Worten Werner Heisenbergs zu sagen – »zwischen dem, was ich eben zukünftig, und dem, was ich vergangen genannt habe, ein endlicher Zeitabstand liegt, dessen zeitliche Ausdehnung abhängt von dem räumlichen Abstand zwischen dem Ereignis und dem Beobachter. Der Bereich der Gegenwart ist also nicht auf einen unendlich kurzen Zeitmoment beschränkt.«

Im Jahre 1904, als es noch keine moderne Atomtheorie gab, und weit mehr als drei Jahrzehnte bevor 1938 Fritz Straßmann und Otto Hahn die Spaltung von Atomen gelang, was sie zunächst gar nicht verstanden, hatte sich Wilhelm Busch so seine Gedanken gemacht:

Sag Atome, sage Stäubchen.
Sind sie auch unendlich klein,
Haben sie doch ihre Leibchen
Und die Neigung da zu sein.

Haben sie auch keine Köpfchen,
Sind sie doch voll Eigensinn.
Trotzig spricht das Zwerggeschöpfchen:
Ich will sein, so wie ich bin.

Suche nur, sie zu bezwingen,
Stark und findig wie du bist.
Solch ein Ding hat seine Schwingen,
Seine Kraft und seine List.

Kannst du auch aus ihnen schmieden
Deine Rüstung als Despot,
Schließlich wirst du doch ermüden,
Und dann heißt es: Er ist tot.

Die Zeilen über die atomare Rüstungsschmiede klingen in unseren Ohren geradezu prophetisch. Geschrieben wurden sie mitten im Frieden, als auch die Welt der Physiker noch in Ordnung war, denn selbst die Spezielle Relativitätstheorie sollte Albert Einstein erst ein Jahr später publizieren. Wilhelm Busch veröffentlichte seine Gedichte *Zu guter Letzt* vier Jahre vor seinem eigenen Tode, zehn Jahre vor dem Ersten Weltkrieg und 41 Jahre vor dem Abwurf der Atombomben auf Hiroshima und Nagasaki.

Die Welt in komplementären Begriffen beschreiben

Die Welt ist nur in »komplementären« Begriffen, die sich gegenseitig ausschließen, zu beschreiben, wie dies der dänische Atomphysiker Niels Bohr als ein grundlegendes Prinzip der Natur erkannt hat. Je nachdem, welche Art der Beobachtung wir vorziehen, erscheint zum Beispiel ein Elektron einmal als ein Masseteilchen, das wie ein Ball an einer Mauer abprallen und von dieser zurückgeworfen werden kann, ein andermal als eine Welle, die wie eine Wasserwelle gleichzeitig durch zwei Schlitze in einer Wand dringt und dahinter neue Wellenberge und -täler bildet, die einander verstärken oder auslöschen. »Die Bahn entsteht erst dadurch, daß wir sie beobachten«, stellte Werner Heisenberg im Februar 1927 in einem Brief an den ihm kongenialen Physiker und Studienfreund Wolfgang Pauli fest. Damals war Heisenberg 25 Jahre alt und dieser Gedanke, der sich auf die Bewegung eines Elektrons in einem Atom bezog, war etwas fundamental Neues. Man hat sich heute scheinbar daran gewöhnt, spricht unbefangen zum Beispiel vom Welle-Teilchen-Dualismus des Lichtes und kann sich kaum die Aufregung vorstellen, die jedenfalls unter den Physikern herrschte, als sie diese Zusammenhänge entdeckten. Albert Einstein, der sich wahrhaftig nicht scheute, liebgewordene Weltbilder der Physiker als falsch zu entlarven, »war nicht bereit, den grundsätzlich statistischen Charakter der neuen Quantentheorie zu akzeptieren«, so beschreibt Werner Heisenberg die fundamentalen Auseinandersetzungen im Jahre 1927 (45). »Der liebe Gott würfelt nicht« sei eine Wendung gewesen, »die man in diesen Diskussionen oft von ihm hören konnte«. Niels Bohr habe darauf nur antworten können: »Aber es kann doch nicht unsere Aufgabe sein, Gott vorzuschreiben, wie Er die Welt regieren soll.« Doch eben das ist seit der Erfindung des Theatergottes *Deus ex Machina* ein mehr oder minder frommer Wunsch.

Ein Gott für das Theater

Ich habe eben den lateinischen Begriff *Deus ex Machina* verwendet, eigentlich die lateinische Übersetzung einer griechischen Bezeichnung. Der griechische Philosoph Plato (428–347 vor Christus) hatte dabei das zu seiner Zeit bekannte Gerät einer »Theatermaschine« im Sinn, eine kranähnliche Vorrichtung, mit der im griechischen Theater ein Gott von oben auf die Bühne herabschweben – und die Sache richten konnte. Der »Gott aus der Maschine« war ein Hilfsmittel, um ein Problem zu lösen, wenn sich die Lösung nicht als Konsequenz der Handlung ergab. Plato hat in einem seiner Dialoge, *Kratylos*, einen im richtigen Moment auftauchenden Helfer als überraschenden Problemlöser in einer schwierigen Situation als »Deus ex Machina« bezeichnet. *Machina* heißt griechisch »mechane«, Maschine; daher auch das Wort Mechanik. Seit Plato wird eine gewaltsame Lösung eines Konflikts oder eine sich nicht aus der Logik erschließende Antwort auf eine Frage mit dem *Deus ex Machina* in Verbindung gebracht. Diesem Theatergott kann der Regisseur nämlich vorschreiben, was er zu tun und zu sagen hat. Mit einem »Gott will es« setzte Papst Urban II. anno 1095 seinen eigenen Willen durch, den ersten Kreuzzug anzuzetteln. Mit der Berufung auf einen Gott, auch wenn man ihn zum Beispiel Allah nennt, bekommen die Kriege in der Welt bis heute und auch schon vor Urban II. eine scheinbar unanfechtbare Begründung. Offensichtlich lieben die Menschen den *Deus ex Machina* weit mehr als Occams Rasiermesser.

Die Bilder im Kopf

In dem Bemühen sich zu orientieren, die Welt zu verstehen, macht sich der Mensch Bilder. Er kann gar nicht anders, denn so funktioniert sein Gehirn. Ich habe das an anderer Stelle ausführlich beschrieben (14). Im Zusammenhang dieses Buches ist es wichtig zu wissen, dass es großer eigener Anstrengungen bedarf, zwischen Bild und Wirklichkeit zu unterscheiden. Es ist eine fantastische Leistung der Menschheit, wie weit sie das »Erkenne dich selbst« im Verlaufe ihrer Evolution und dann ihrer Kulturgeschichte hat treiben können. Das geht so weit, dass wir heute wissen, welche Grenzen der Erkenntnis wir prinzipiell nicht überschreiten können. Der wohl bedeutendste Logiker des 20. Jahrhunderts, Kurt Gödel (1906–1978), hat zum Beispiel solche prinzipiellen Grenzen der Mathematik identifiziert. Umgangssprachlich formuliert (von Hao Wang, einem Vertrauten Gödels in späteren Jahren) lässt sich etwa sagen: »Kein formales System der Mathematik (das wenigstens die Theorie der natürlichen Zahlen umfasst) kann sowohl widerspruchsfrei als auch vollständig sein.« Allgemein: »Die Mathematik ist unerschöpflich: Sie kann nicht vervollständigt werden.« Und in einer noch anderen Variante: »Die Mathematik ist mechanisch (oder gleichwertig: mittels effektiver Verfahren oder Algorithmen) unerschöpflich.« Die letzte Aussage interpretierte Wang so: »Die Tatsache der algorithmischen Unerschöpflichkeit zeigt Gödel zufolge, dass entweder der menschliche Geist allen Computern überlegen ist oder dass die Mathematik nicht vom menschlichen Geist geschaffen ist; oder aber sie zeigt beides zugleich.« (51)

Die logischen Beweise Gödels haben Hans Magnus Enzensberger zu einem Gedicht inspiriert (*Hommage à Gödel*, *Gedichte*, 1955–1970). Darin heißt es (zitiert nach 51):

... Du kannst deine eigene Sprache
in deiner eigenen Sprache beschreiben:
aber nicht ganz.
Du kannst dein eigenes Gehirn
mit deinem eigenen Gehirn erforschen:
aber nicht ganz ...

Es war ein weiter Weg zurückzulegen in der Evolution des Menschen, bis er zu diesen Einsichten kommen konnte. Immer wieder muss er sich von lieb gewordenen Bildern verabschieden, die er sich von der Welt macht. Ich betone den Gedanken an eine Evolution, die schon im Tierreich beginnt. In gewisser Weise hat nämlich bereits der Hering ein Bild von sich selbst. Denn in einem Heringsschwarm sammeln sich nur Fische der gleichen Größe. Für den Hering ist der Hering das Maß aller Dinge. »Auffällig große oder kleine Tiere werden nämlich leichter von einem Raubfisch erbeutet«, so Kurt Kotrschal, Leiter der Konrad-Lorenz-Forschungsstelle im österreichischen Grünau (52). Obwohl die Tiere von verschiedenen Eltern stammen, sortieren sich nur gleich große Heringe zu einem homogenen Schwarm: »Der Hering muss also irgendeinen Eindruck davon haben, wie er aussieht«, meint Kotrschal, möglicherweise sei dies eine Vorstufe des Ich-Bewusstseins.

Zurück zum Menschen: Auch die Wörter, die wir machen, sind Bilder. Jeder Dolmetscher weiß, dass man Sprachen nicht eins zu eins übersetzen kann. Einzelne Wörter bekommen in unserer individuellen Biographie jeweils eine besondere Bedeutung. Ich erinnere mich, dass ich als Vorschulkind einst Adolf Hitler im »Volksempfänger«-Radio habe brüllen hören: »Tausend Tonnen haben wir versenkt!« Von einer Bruttoregistertonne hatte ich natürlich keine Ahnung. Aber die Tonne an sich war mir aus dem Garten wohl vertraut, denn darin wurde Regenwasser gesammelt. Und so stellte ich mir vor, es seien lauter Regenwassertonnen versenkt worden.

Neuerdings wissen wir, dass unser Gehirn sogar Wörter lesen und ihre Bedeutung verstehen kann, ohne dass wir es merken. Ich lasse die Biologin Bettina Rolke zu Wort kommen, die eben dies experimentell nachgewiesen hat (53):

Was das Gehirn unbemerkt versteht

Dabei »präsentierten wir unseren Probanden immer auf derselben Stelle des Computerbildschirms eine sehr schnelle Abfolge von Wörtern. Unsere Teilnehmer baten wir, sich drei weiße Wörter (Zielwörter) innerhalb einer Reihe von schwarzen Wörtern zu merken und diese drei später anzugeben.«

Zuvor war bereits von britischen Forschern ein ähnliches Experiment nur mit Buchstaben gemacht worden: Sie präsentierten ihren Probanden auf dem Bildschirm in schneller Folge schwarze Buchstaben und zwischendurch *zweimal* ein weißes Schriftzeichen. Folgte der *zweite* weiße Buchstabe dem *ersten* nach 200 bis 500 Millisekunden, so konnten sich die Versuchsteilnehmer *nicht* an ihn erinnern. Wenn allerdings die Probanden aufgefordert wurden, den *ersten* weißen Buchstaben *nicht* zu beachten und sich nur den *zweiten* zu merken, dann konnten sie sich ohne Probleme an den zweiten weißen Buchstaben erinnern. Offenbar, so Bettina Rolke, »benötigt unser Gehirn eine Art Bedenkzeit, um bewusste Reize ins Gedächtnis zu überführen. Während dieser Zeitspanne ... konnten die Versuchspersonen dem zweiten weißen Buchstaben keine Aufmerksamkeit schenken, auch wenn sie sich noch so sehr darum bemühten.«

Nun wieder zu dem Experiment Bettina Rolkes mit den Wörtern: Wenn unter all den schwarzen Wörtern jeweils das *zweite* weiße Wort 250 Millisekunden nach dem *ersten* Zielwort erschien, konnten sich die Versuchspersonen nur an ungefähr die Hälfte der präsentierten zweiten Wörter erinnern. Zweck des Experiments war es jedoch, festzustellen, ob das Gehirn die *nicht* beachteten Wörter vielleicht unbewusst verarbeitet. Deshalb verwendete die Wissenschaftlerin als *zweites* (extrem kurz nach dem ersten aufscheinendes) weißes Wort eines, dessen *Bedeutung* der des (nach etwas mehr als einer halben Sekunde) folgenden *dritten* weißen Wortes ähnelte. Also wenn zum Beispiel das zweite Wort »Kuchen« hieß nach einem Wort, etwa »Zwerg«, das davon bedeutungsunabhängig war, hieß das dritte »Torte«; oder auf das zweite Wort »Brot« folgte als drittes »Kuchen«. Die Probanden erkannten nun das *dritte* Zielwort besser, wenn diesem ein *bedeutungsähnliches* Zielwort voranging. Das lässt sich erklären, wenn man sich das »Bedeutungsgedächtnis« im Gehirn wie ein Netzwerk von vielfältig miteinander verbundenen Knoten vorstellt. Rolke: »Jeder Knoten repräsentiert dabei ein Wortkonzept, das heißt die von einem konkreten Wort abstrahierte Bedeutung. Ähnliche Konzepte liegen dabei näher beieinander oder sind stärker miteinander verbunden als bedeutungsunähnliche.«

Während ihres Experiments mit dem Wörtermerkspiel nahm die Wissenschaftlerin aber auch das Elektroenzephalogramm (EEG) ihrer Probanden auf. Die EEG-Kurve variiert etwa 400 Millisekunden nach der Präsentation eines Wortes in charakteristischer Weise. Je weniger ein Wort in den sinnvollen Kontext eines Satzes passt, desto negativere Werte nimmt die EEG-Kurve an. Das passierte im Experiment von Bettina Rolke umso mehr, je unähnlicher sich das zweite und dritte Zielwort waren. Erstaunlicherweise passierte es auch dann, wenn sich die Versuchspersonen gar nicht an den Wortlaut des zweiten Zielwortes erinnern konnten. Das heißt, so Rolke: »Wir können also die Bedeutung von Worten erfassen, auch wenn wir ihnen keine Aufmerksamkeit schenken, sie daher nicht bewusst erleben und uns nicht an sie erinnern können. Wortkonzepte werden in unserem Gehirn aktiviert, ohne dass wir uns dessen bewusst sind; Zustände in unserem Bedeutungsgedächtnis verändern sich, obwohl wir ein Wort noch nicht einmal bemerkt haben!«

Warum ist das wohl so? Es handelt sich ja um Prozesse von sehr kurzer Dauer, die auch für das menschliche Handeln vermutlich nicht relevant sind. Es spricht nämlich nichts dafür, dass zum Beispiel kurzzeitig in einen Film eingeblendete Werbebotschaften zum Kauf eines Produktes anregen würden – weshalb man das auch nicht tut. »Die kurzfristige Bedeutungsaktivierung«, so Bettina Rolke, »würde jedoch erklären, warum uns unsere Umwelt in der Gegenwart konsistent erscheint. Obwohl wir uns dabei gleichzeitig unzähliger Details gar nicht bewusst sind, können wir uns schnell in unserer komplexen Umwelt orientieren.« Das freilich ist eine sehr wichtige Erkenntnis. Eben wegen dieser Schlussfolgerung habe ich das Experiment so ausführlich geschildert.

Unfähig sich zu verstehen

Wenn wir mit einem anderen Menschen sprechen, dann empfängt dieser andere mit seinen Ohren nichts als Schalldruckwellen. Deren kleinste Schwankungen kann, wie ich geschildert habe, unser Ohr zwar identifizieren. Aber den *Sinn* dessen, was die Ohren hören, muss der Kopf erst interpretieren. Denn die Bedeutung eines Wortes, eines Satzes übertragen die Schallwellen nicht. Wohl jedermann leidet gelegentlich darunter, dass er sich unverstanden fühlt, dass er sich nicht verständlich machen kann gerade dort, wo es ihm besonders wichtig ist: zum Beispiel dem Partner oder der Partnerin. Neuerdings wissen wir etwas mehr darüber, was die neuronalen Grundlagen kognitiver Leistungen sind. Aber dieses Wissen lässt uns nun, wissenschaftlich gut begründbar, erst recht verzweifeln. Denn was ich meinem Gegenüber mitteile, versteht dieser grundsätzlich anders, als es gemeint ist. Der Gehirnforscher Gerhard Roth von der Universität Bremen, Sprecher des Sonderforschungsbereichs »Neurokognition«, sagt: »Letztlich kann niemand seine private Weltsicht verlassen.« (54) Nicht nur wenn zwei dasselbe tun, ist es nicht dasselbe, auch wenn zwei dasselbe erleben, ist es nicht dasselbe. Ja sogar wenn wir selbst meinen, aufgrund kluger Überlegungen zu agieren, leben wir in einer großen Illusion.

Der Ort unserer Absichten und Planungen ist unser Stirnhirn. Aber wenn wir denken, das mit Hilfe der Hirnrinde Gedachte und Geplante könnten wir auch einfach umsetzen, irren wir. Es wird vielmehr, so Roth, »zuerst aus der Hirnrinde heraus ins Unbewusste zu den Basalganglien geschickt. Diese sind der wichtigste Ort unbewusster Handlungsentscheidungen, denn sie haben Zugriff zu allen Handlungserfahrungen, die seit dem Mutterleib gesammelt wurden.« Mit den Basalganglien verbunden sind andere Teile des so genannten limbischen Systems, die für das Tatsachengedächtnis sowie das emotionale Gedächtnis zuständig sind. Roth: »In den Basalganglien wird nun geprüft, ob das bewusst beabsichtigte im Lichte der gesamten bisherigen positiven und negativen Erfahrungen auch wirklich so getan werden soll. Das Gefühl, etwas zu wollen, kommt erst, nachdem das limbische System schon längst entschieden hat, was getan werden soll. Es stimmt überhaupt nicht mit unserem subjektiven Erleben überein.« Wir glauben nämlich, frei in unseren Entscheidungen zu sein. Doch die Gehirnforscher wissen mittlerweile, so Gerhard Roth: »Der Mensch ist in seinem scheinbar freien Denken und Wollen weithin unter Kontrolle des unbewussten limbischen Systems.« Dieses limbische System ist allerdings nicht etwa der Ort niederer Antriebe und Begierden, sondern der Ort der individuellen Gesamterfahrungen unseres Lebens. Roth: »Was uns als Gedanken und Wünsche, als Absicht, als Plan in den Sinn kommt, wird weitgehend vom limbischen

System eingegeben ... Die Kontrolle durch das limbische System sorgt dafür, dass unser Denken und Wollen im Rahmen dieser Gesamterfahrung stattfindet.« Unser Bewusstsein nimmt allerdings nicht wahr, wie es durch das limbische System bestimmt wird. Denn das bewusste Ich kann die Herkunft der subkortikalen Prozesse nicht zurückverfolgen. »Wenn du denkst, du denkst, dann denkst du nur, du denkst...«, hieß es in einem alten Schlager; offenbar zutreffend.

Jeder Mensch lebt in seiner eigenen durch seine individuelle Biographie bestimmten Welt. Und diese Welt unterscheidet sich von den Welten der Mitmenschen. Gerhard Roth betont, dass wir diese Unterschiede unterschätzen, indem wir glauben, nur mit Worten könnten wir bestimmte Bedeutungen und Ziele vermitteln. Das Ergebnis ist eben, nicht verstanden zu werden.

Nicht einmal uns selbst können wir begreifen

Nicht einmal uns selbst können wir verstehen. Die Begründungen, die wir für unser Tun im Nachhinein liefern, sind nicht zuverlässiger, als unsere Interpretationen der Handlungsweisen anderer Menschen. Die wahren Gründe entspringen unserem Unbewussten. Das wusste schon Sigmund Freud. Unsere Begründungen, so Freud, sind »Rationalisierungen«. Man kann dies in Experimenten mit Menschen beweisen, denen die natürliche Verbindung zwischen beiden Gehirnhälften, der »Balken«, (um sie von schwersten epileptischen Anfällen zu befreien) durchtrennt wurde. Mit trickreichen Versuchsanordnungen kann man diesen so genannten Split-Brain-Patienten Bilder zeigen, die jeweils nur eine Gehirnhälfte wahrnimmt. In der linken Gehirnhälfte ist (bei Rechtshändern) das Sprachzentrum angesiedelt, die rechte Hemisphäre versteht zwar, kann aber Sprache nicht artikulieren und auch nicht interpretieren.

Wenn man nun einem solchen Split-Brain-Patienten in die rechte Gehirnhälfte das Kommando schickt: »Gehen Sie!«, so steht der Patient auf und geht. Wenn man ihn dann fragt, wohin er plötzlich gehen will, dann ist die zur Artikulation fähige linke Gehirnhälfte eigentlich ratlos. Denn sie hat ja von der rechten Gehirnhälfte nicht erfahren, was los ist. Die Antwort auf die Frage lautet aber nicht: »Ich weiß nicht, warum ich gehe.« Sondern es kommt eine Ausrede wie: »Ich möchte mir etwas zu trinken holen« (55). Detlef B. Linke, Neurophysiologe an der Universität Bonn, sieht als wichtige Eigenschaft des Gehirns, dass es auch als »Sinnerzeuger« funktioniert: »Unser Denkapparat ist gar nicht in der Lage, Unsinniges festzuhalten, und versucht daher, alles Wahrgenommene mit einer Bedeutung zu belegen.«

Dabei ist der Mensch wahrhaftig ein großartiger Denker, der mit seinem Gehirn sein eigenes Gehirn beim Denken beobachten kann. Doch das Fazit unseres heutigen Wissens über unser Denken, wie es Gerhard Roth zieht, gemahnt zu Bescheidenheit: »Die Tatsache, dass wir über uns reden und nachdenken können, täuscht darüber hinweg, dass unser bewusstes Ich nicht der große Boss ist, sondern ein Instrument unseres Gehirns zum Problemlösen und zur Handlungssteuerung. Die letzten Entscheidungen fällen andere Instanzen in unserem Gehirn.« Nicht anders sieht es der in Indien aufgewachsene, heute in den USA lehrende Gehirnforscher Vilayanur Ramachandran von der University of California in San Diego: »Wir entwickeln laufend Konzepte über unsere Umwelt und nutzen alle zur Verfügung stehenden Informationen, um ein möglichst kohärentes Bild der Welt herzustellen. Das Verblüffende ist, dass das Gehirn dieselben Mechanismen, die es zur Interpretation der äußeren Welt benutzt, auch auf sich selbst anwendet. Mein Ich ist ebenso eine Konstruktion meines Gehirns wie meine Wahrnehmung der Dinge dort draußen. In der indischen Tradition ist dieser Gedanke tief verwurzelt: ›Das Ich ist eine Illusion‹.« Wie Roth interpretiert auch Ramachandran seine wissenschaftlichen Erfahrungen, indem er meint, unser subjektiver Eindruck, das bewusste Ich sei Herr im Haus und leite unser Verhalten, sei fast illusionär: »Die Hirnforschung liefert jetzt gesicherte Hinweise darauf, dass wir auch die Rolle des Ichs bisher systematisch überschätzt haben.« (56)

Die Freiheit des Polizeihundes

Ob einer nun denken kann oder nur seinen Bauch denken lässt, ob er Gedanken äußert, die die Welt verändern, oder nur daherschwätzt, er hat das Recht dazu, seine, wie wir nun wissen, nicht allein in der Großhirnrinde entstehende Meinung frei zu äußern. So steht es im deutschen Grundgesetz. Und nicht nur dort. Im kalifornischen Palo Alto wurde im März 2003 ein 25 Jahre alter Kellner nachts von einem Polizeihund angebellt. Der Kellner bellte zurück. Die kalifornische Polizei zeigte den Mann wegen Belästigung von Polizeihunden an. Der Kellner dagegen berief sich auf die auch in den USA garantierte Freiheit der Meinungsäußerung. Die Meinung des Hundes wurde nicht eingeholt, die Entscheidung des Gerichts hat die Nachrichtenagentur *dpa* nicht mitgeteilt.

Der Hang zum Übersinnlichen

Das Bedürfnis die Welt zu deuten

Der von den Neurologen beobachtete Gestaltungsdruck der Seele lässt wohl die meisten Menschen zumindest gelegentlich hinter zufälligen Ereignissen mehr als den blinden Zufall walten sehen. Umfragen zeigen, dass der Glaube an außersinnliche Phänomene wie Telepathie mit einer erhöhten Bereitschaft einhergeht, selbst banalsten Zufällen des Alltags einen tieferen Sinn abzugewinnen. Neuropsychologische Experimente haben in jüngster Zeit gezeigt, dass das Gehirn von Menschen mit »erhöhter Deutungsbereitschaft« anders funktioniert als das von Skeptikern. In Zusammenarbeit mit der Neurologischen Klinik des Universitätsspitals Zürich haben Wissenschaftler an der Universität Victoria in Kanada ein Computerspiel entwickelt: Versuchspersonen bewegen durch Tastendruck ein Mäuschen über den Bildschirm in eine bestimmte Ecke. Wenn die Maus der Versuchsperson das Ziel in weniger als fünf Sekunden erreicht, schnappt eine Falle zu, andernfalls bekommt die Maus für den Sprung in die Ecke eine Belohnung in Form eines virtuellen Käsestückchens. (Wer die Geschichte der Verhaltenspsychologie kennt, wird sich daran erinnern, dass der Psychologe Burrhus F. Skinner in den vierziger und fünfziger Jahren des 20. Jahrhunderts entsprechende Experimente mit Tauben und Ratten machte.) Den Versuchspersonen wurde freilich nur gesagt, sie müssten möglichst oft an den Käse kommen und außerdem herausfinden, wie sie das beeinflussen könnten. Der Züricher Neuropsychologe Peter Brugger schildert das Ergebnis (56): Von 40 Studenten lernten alle, mit dem kritischen Sprung mindestens fünf Sekunden zuzuwarten. Allerdings fanden nur zwei Studenten heraus, dass sie lediglich diese Zeit abzuwarten brauchten, die restlichen 38 Probanden entwickelten zum Teil hoch komplexe Theorien über die effektivste Art zum Käse zu gelangen. Einige gaben an, nur eine ganz bestimmte, ausgeklügelte Abfolge der Antworttasten führe zum Erfolg. Andere waren überzeugt, dass sie nach einem Aufenthalt in der dem Zielfeld gegenüberliegenden Bildschirmecke erst nochmals zur Startposition zurückkehren mussten, bevor sie dann aufs Zielfeld sprangen. Wilhelm von Occam hätte an diesen Beispielen absurder Theoriebildung gewiss seine Freude gehabt.

Aber die Forscher wollten mit ihrem Experiment mehr herausbekommen als die Ähnlichkeit im Verhalten von Ratten und Menschen zu bestätigen. Der Hauptbefund des Experiments, so Brugger, bestand darin, dass die Versuchspersonen, die zuvor in einem Fragebogen angegeben hatten, an außersinnliche Wahrnehmung (ASW) und ähnliche Phänomene zu glauben, in stärkerem Maße von der Wirksamkeit solcher Rituale überzeugt waren als diejenigen, die sich als nicht gläubig einstuften.

Und mit diesem Wissen machten die Gehirnforscher nun weitere Experimente. Ergebnis war, so Brugger, die Vermutung, »dass der Glaube an paranormale Bezüge genährt wird von einer Unterschätzung dessen, was im Alltagsleben rein zufällig an Ähnlichkeiten aufeinander folgen kann, und einem ausgeprägten Sinn für assoziative Verwandtschaft«. Ein Team des Zürcher *KEY Institute for Brain-Mind Research* wollte dann mit einem weiteren Experiment herausbekommen, ob sich im Kopf etwas nachweisen lässt, das mit der unterschiedlichen Einstellung der Menschen zum Zufall beziehungsweise zum Übersinnlichen zu tun hat. Die Forscher haben die Reaktion der beiden menschlichen Gehirnhälften auf visuelle Reize hin jeweils getrennt untersucht. Die visuellen Reize, denen das Gehirn ausgesetzt war, bestanden aus Wortpaaren, die entweder direkte Bezüge zueinander haben, etwa Löwe – Mähne, oder solchen, die einen sehr indirekten Bedeutungsbezug haben, etwa Löwe – Streifen. »In letzterem Fall, so haben frühere Experimente gezeigt, werden verbindende Begriffe wie Tiger oder Zebra im Gehirn einer Versuchsperson automatisch mit aktiviert«, erklärt Brugger. Das Ausmaß dieser Mitaktivierung ist nun in beiden Gehirnhälften unterschiedlich. Während die linke Hemisphäre beim Rechtshänder sich auf die Analyse eng verwandter Begriffe beschränkt, wird die rechte Gehirnhälfte bereits durch nur lose miteinander verknüpfte Begriffe aktiviert. Im Experiment mit den ASW-Gläubigen beziehungsweise ASW-Ungläubigen ergab sich nun in der Zusammenfassung Bruggers dies: Die Zürcher Studie hat klar gezeigt, dass spezifisch in der rechten Hirnhälfte der Paranormal-Gläubigen Wortpaare mit bloß indirektem Bedeutungsbezug gleichermaßen verarbeitet wurden wie eng verwandte Paare. Im Gegensatz dazu behandelten die Skeptiker die indirekt verwandten Bezüge wie Kontrollreize, die überhaupt keinen Zusammenhang erkennen lassen, etwa Zitrone – Buche.

Was lehrt uns dies im Zusammenhang dieses Buches, also im Bezug auf die Orientierung des Menschen in der Welt? Offensichtlich haben die ASW-Gläubigen, wie sich in der leichteren Aktivierung ihrer rechten Gehirnhemisphäre zeigt, ein größeres Potenzial, versteckte Bezüge zu erkennen. Gleichzeitig sind sie mit ihrer lockeren Assoziationsweise aber auch anfälliger dafür, Zusammenhänge dort zu sehen, wo es gar keine gibt – also auch den blinden Zufall bedeutungsschwer wahrzunehmen. Für den Wissenschaftler Peter Brugger ergeben sich aus den Erkenntnissen des neuen Forschungsgebietes weitere Fragen: Wo verläuft die Grenze zwischen kreativer und wahnhafter Beziehungsstiftung? Sind ASW-Gläubige tatsächlich kreativer als Nichtgläubige? Oder versteckt sich in ihrer Gläubigkeit eine Art Vorform des Wahns? Und umgekehrt: Bezahlen vielleicht die Skeptiker des Esoterischen die Tatsache, dass ihr Gehirn sie vor übersteigertem Deutungszwang schützt, mit einer generell eingeengten Weltsicht?

Von der Achtsamkeit

Unser Gehirn wäre in kürzester Zeit hoffnungslos überfordert, wenn es sich alles merken würde, was die Sinnesorgane wahrnehmen. Bewusste Erinnerungen speichern die Bereiche im Gehirn, die »deklaratives Gedächtnis« genannt werden, im Gegensatz zum schon erwähnten prozeduralen Gedächtnis, das automatisches Verhalten ermöglicht, zum Beispiel Zähneputzen oder Fahrradfahren. Damit eine Erfahrung oder auch nur ein Wort in das deklarative Gedächtnis aufgenommen wird, muss die Information zunächst im so genannten Kurzzeitgedächtnis gespeichert werden. Von dort aus wird sie dauerhaft gespeichert – oder auch nicht. In den letzten Jahren gibt es zahlreiche Untersuchungen, die uns allmählich verstehen lassen, was da im Kopf passiert, wenn wir uns etwas merken. Reden wir also von der Achtsamkeit.

Offensichtlich erinnern wir uns besonders gut an das, was uns überrascht – der bekannte Aha-Effekt. Je stärker das Erlebnis mit Emotionen verbunden ist, desto weniger leicht vergisst man es. Unser Kopf steckt voller Erinnerungen, und was immer dazukommt, wird im Lichte dieser Erfahrungen gespeichert. Und zwar, wie man schon seit längerem weiß, nicht in einer einzelnen »Schublade«, sondern es wird sozusagen unter verschiedenen Stichworten in verschiedenen Hirnarealen archiviert. Wenn wir zum Beispiel das Wort *Pferd* lesen oder hören, kommen Erinnerungen hoch etwa an Reitunterricht oder »Vom Pferd gefallen«, oder an Stallgeruch oder den Sketch von Loriot auf der Rennbahn – »Ja, wo laufen sie denn?« mit »Gänseblümchen« als Sieger – und vieles andere mehr. Mit der Erinnerung an *Pferd* tauchen auch die damit verknüpften Gedächtnisinhalte aus verschiedenen Orten im Gehirn auf. Man kann das sehen, wenn man mit technischen Hilfsmitteln die Nervenzellen beobachtet. Diese synchronisieren dabei ihre Aktivität und »feuern« im Gleichtakt in so genannten Gamma-Oszillationen von 40 Hertz.

Die Unmöglichkeit alles gleichzeitig zu sagen

Vor diesem Hintergrund wird noch deutlicher, warum wir uns so schwer tun müssen, einander zu verstehen, selbst wenn wir uns um Achtsamkeit bemühen: Jeder Satz, den wir formulieren, ist bereits eine Vereinfachung und damit Verfälschung der Wirklichkeit. Hinzu kommt, dass die Strukturen unserer verbalen Kommunikation notgedrungen linearisiert werden. Denn wir sprechen in Sätzen, hören, schreiben und lesen Wort für Wort, Zeile für Zeile. Es geht gar nicht anders. Doch die Welt ist, wie ich zu zeigen versuche, nicht linear strukturiert: In unserem Kopf gibt es nur auf hoch komplexe Weise miteinander verschaltete Bilder. Auch die zum Beispiel vom Autor dieses Buchs geschaffene Logik der Überschriften, der Kapitel, der Absätze hat naturgemäß etwas Künstliches. Eigentlich müssten wir alles gleichzeitig sagen oder schreiben und lesen. Wir können uns nur mit Tricks helfen, etwa indem wir darauf hinweisen, dass wir auf einen bestimmten Gedanken in anderem Zusammenhang zurückkommen werden. Überdies ist von allem, was wir sagen und schreiben, immer auch ein bisschen das Gegenteil wahr, wie bereits die alten Chinesen wussten: Das Yin ist im Yang enthalten und umgekehrt. Ich komme, was jetzt nicht mehr überraschen dürfte, darauf in anderem Zusammenhang noch zurück.

Achtsamkeit hat auch berufsspezifische Seiten. Ein Dolmetscher muss sich anderes merken als ein Taxifahrer. Dieser muss vor allem ein gutes Ortsgedächtnis haben, das heißt ein gutes räumliches Vorstellungs- und Erinnerungsvermögen. Die Engländerin Eleanor Maguire vom University College in London hat untersucht, ob sich die spezifische Berufserfahrung von Taxifahrern im Gehirn erkennbar manifestiert. Das ist tatsächlich der Fall. Je mehr Berufserfahrung ein Taxler hat, desto stärker ist das Gehirnareal des Hippocampus gegenüber dem von gewöhnlichen Autofahrern vergrößert. Umgekehrt weiß man, dass bestimmte Gedächtnisdefizite bei Menschen mit Altersdemenz und speziell der Alzheimererkrankung einhergehen mit der Schrumpfung von Arealen im Hippocampus (57). Man hat übrigens auch festgestellt, dass bei Klavierspielern der Teil der motorischen Hirnrinde besonders groß ist, der die Bewegung der Hände steuert. Das heißt, es gibt etwas analog zum

Muskeltraining auch im Kopf; erkennbar nicht nur an der besseren Leistung, sondern auch daran, dass das Gehirn »muskulöser« wird.

Taxifahrer sind offensichtlich beliebte Untersuchungsobjekte für Gehirnforscher. Sie verhalfen neuerdings zu der Erkenntnis, dass Intelligenz nicht alles ist – wer hätte das gedacht! Hirnforscher der Universität Graz und die Kognitionspsychologin Elsbeth Stern vom Max-Planck-Institut für Bildungsforschung in Berlin haben sich zu dem Zweck 31 erfahrene Taxifahrer aus Graz vorgenommen. Diese waren naturgemäß unterschiedlich intelligent. Wenn es darum ging, bestimmte Wege in Graz per Computer-Simulationsexperiment zu finden, dann konnten dies die routinierten Taxifahrer allesamt ohne große geistige Anstrengung, was sich erkennen lässt, indem man mit bildgebenden Verfahren das Gehirn beim Denken beobachtet.

In einem zweiten Experiment mussten sich die Taxifahrer auf einem fiktiven Straßennetz 30 Sekunden lang eine bestimmte Fahrstrecke einprägen. Anschließend erschienen rote Punkte auf einer Blankokarte auf dem Bildschirm. Die Taxler mussten entscheiden, ob diese Punkte auf ihrer Route lagen oder nicht. Das Problem lösten die intelligenteren Versuchspersonen mit deutlich weniger geistigem Energieaufwand als ihre Kollegen, die beim Intelligenztest schlechter abgeschnitten hatten. Elsbeth Stern: »Vorwissen und Übung können eine niedrigere Intelligenz durchaus wettmachen. Umgekehrt aber kann eine hohe Intelligenz fehlendes Wissen nicht kompensieren.« Genau das, so Stern, beweisen auch Experimente mit Kindern im Vor- und Grundschulalter. Es liegt also in hohem Maße an einem selbst, was man aus seinen Anlagen macht. Das Argument »Dazu bin ich zu dumm« zählt nicht. Die Taxifahrer auf gewohnter Strecke arbeiten mit Leichtigkeit, und das bringt mich zu dem, was schon das Sprichwort beschreibt: »Übung macht den Meister.«

Von der Leichtigkeit

»Wenn man's kann, ist's nicht schwer ...« Jedenfalls sieht es dann so aus, als sei es nicht schwer. Tatsächlich bekommt erst die Leichtigkeit, wer sein Handwerk wirklich beherrscht. Der im September 2001 verstorbene berühmte Geiger Isaac Stern beschrieb es so: Man muss die Geige beherrschen, »um vom Instrument verlangen zu können, was man auch immer will. Das Instrument wird so zum Diener und nicht umgekehrt…«

Ein Gewichtheber sieht es ähnlich: »Du gehst an die Hantel. Die sieht so irrsinnig schwer aus und die fühlt sich auch so an. Du meinst, das packst du nicht. Dann ziehst du. Sie geht hoch wie von allein und ist leicht wie ein Feder. Du spürst überhaupt kein Gewicht. Das ist es dann. Der Augenblick, wenn du weißt: Du machst alles richtig, dir kann nichts passieren. Wenn alles plötzlich ganz einfach ist. In solchen Momenten könnte mein Kopf zerspringen vor Freude.« Freilich ist das nur der eine Teil der Wahrheit. Der andere: »Klar, Gewichtheben tut weh. Es muß weh tun. Wenn nicht, dann machst du was falsch. Dann reizt du den Körper nicht aus, also entwickelst du dich nicht.« Das sagte der Gewichtheber Manfred Nerlinger, Superschwergewicht, zweimaliger Weltmeister im Stoßen und Silbermedaillengewinner bei den Olympischen Spielen 1988 in Seoul, der in seinen besten Zeiten bis zu 450 Kilogramm Eisen über den Kopf wuchten konnte (58). Anders als der Kugelstoßer oder der Hammerwerfer wirft der Gewichtheber sein Gerät nicht weg, sondern stellt sich darunter. Das erfordert Mut und Selbstvertrauen. »Für mich gibt es keine Schwierigkeiten und wenn, dann gehe ich mitten hindurch. Und wenn es nicht klappt, dann suche ich einen neuen Weg mit neuen Schwierigkeiten«, beschreibt Nerlinger seine Erfahrung, denn: »ich weiß, was ich kann…« (59)

»Ich glaube an das Denken«

Der Gewichtheber, wenn er ein Superschwergewicht ist, ist nicht eben der Prototyp für Schnelligkeit. Aber, wie gezeigt, muss auch er im richtigen Augenblick sehr schnell sein. Wenn man sie so sieht, die Herren mit den schweren Körpern, erwartet man auch nicht, dass sich ausgerechnet hier Materie und Geist vereinen. »Gewichtheber sind insofern Kopfmenschen, als dass sie tagsüber nichts anderes als Gewichtheben im Kopf haben«, meint Michael Bahnerth (60). Doch könne »ein Gewichtheber nie wirklich blöde sein. Wer so oft an seine Grenzen und darüber gehen muss, wer in seinen saftigsten Mannesjahren beinahe täglich mit Sieg oder Niederlage über sich selbst zu tun hat, der weiß etwas über sich selbst, und dieses Wissen macht ihn nachdenklich. Und wer über sich nachdenkt, gehört nicht in die Klasse der Dumpfen. Natürlich darf er auch nicht zu viel denken, denn wer zu viel denkt, denkt sich kaputt…« Ein kleiner, feiner Unterschied zu einem Geiger. Noch einmal sei Isaac Stern zitiert (61): »Wer Musik macht, lernt, zu sehen, zuzuhören und zu denken. Ich glaube an das Denken – auch wenn diese Beschäftigung nicht zu den Dingen gehört, nach denen unsere Gesellschaft in jungen Menschen ein Verlangen wachruft.« Die Musik ist ein Beispiel dafür, dass schwere Arbeit dahinter steckt, ehe etwas »Leichtigkeit« bekommt.

Das Beispiel des Gewichthebers beweist außerdem, dass immer auch das Gegenteil ein Körnchen Wahrheit enthält. Um bei den Schwergewichten zu bleiben, nehmen wir den Elefanten. Natürlich kann er unter Umständen erdrückend wirken. Und der ungewohnte Anblick einer Elefantenherde kann schon sehr erschrecken. Noch heute erfahren die Gymnasiasten im Geschichtsunterricht etwas von dem über 2200 Jahre alten Nachhall eines Bebens, das eine Elefantenherde auslöste. Im zweiten Punischen Krieg, anno 218 vor Christus, erschreckte der Feldherr Hannibal aus Karthago die Römer fast zu Tode, als er mit zahlreichen Elefanten die Alpen überwand und mit diesen sowie einem großen Heer gegen Rom vorrückte. *Hannibal ante portas!*, schrieen die Römer noch sieben Jahre später, als der Feldherr sich wieder gegen ihre Stadt wandte, freilich jetzt ohne Elefanten und erfolglos.

Eine Redensart besagt, wer besonders tollpatschig sei, benehme sich »wie ein Elefant im Porzellanladen«. Dabei geht der Dickhäuter auf Zehenspitzen; er gehört nämlich zu den Zehengängern. Hinter den Zehenspitzen befindet sich ein weiches Polster aus klebrigem Fettgewebe,

Die Leichtigkeit des Schweren: Der römische Schriftsteller Plinius der Ältere – er starb beim Ausbruch des Vesuv im Jahre 79 – hat in seiner Naturgeschichte den Elefanten als Beispiel dafür genannt, dass zu einem scheinbar plumpen Körper ein beweglicher Geist mit feinem Unterscheidungsvermögen gehören könne. In Rom sei ein Elefant sogar auf dem Seil gelaufen.

auf dem die Zehen ruhen. Deshalb kann sich der Elefant extrem leise bewegen und ist alles andere als ein Tollpatsch. Wenn man sein Fußsohlenpolster genauer anschaut, bemerkt man, dass es, zwiebelartig strukturiert, aus konzentrischen Lagen besteht, mit einem schleimigen Gel zwischen den Lagen. Vibrationen des Bodens verändern die Lagen des Fußpolsters, womit elektrische Signale zum Gehirn gelangen: Der Elefant hört nicht nur mit den Ohren, sondern besonders tiefe Töne nimmt das »Trampeltier« mit den Füßen wahr. Während die Schreie der Elefanten für diese selbst etwa zehn Kilometer weit zu hören sind, können sie den Infraschall des Stampfens der Artgenossen über 50 Kilometer Entfernung mit ihren hochsensiblen Fußsohlen wahrnehmen und identifizieren. Die Analyse von Videoaufnahmen rennender Elefanten in Thailand durch Wissenschaftler der Stanford-Universität in Kalifornien hat jüngst ergeben, dass die Dickhäuter alles andere als langsam sind. Vielmehr erreichen sie Geschwindigkeiten von 25 Kilometern pro Stunde (62). Anders als der Mensch, der beim Rennen (und unter Umständen nicht allein dann) ganz vom Boden abhebt, behält der Elefant auch beim Spurten immer Bodenhaftung.

Die Sensibilität des Elefantenfußes

Aber nicht nur das Schwere hat Leichtigkeit, sondern auch das Leichte hat seine Schwere. Werner Fink, der große deutsche Kabarettist, dessen nur eben angedeutete Wahrheiten die Nazis so aufregten, dass sie ihm Berufsverbot erteilten, ihn zeitweise sogar in ein Konzentrationslager steckten, hat nach dem Zweiten Weltkrieg in München einem seiner Programme den Titel gegeben: »Sie werden lachen, mir ist es ernst.« Es gibt Situationen, in denen kann man Schwerwiegendes nur leichthin aussprechen.

Glück und Unglück

Ich denke, man kann das Glück mit der Leichtigkeit in Verbindung setzen, so wie das Unglück mit der Schwere. Ein Zustand wie der des Glücks – lässt sich auf die Dauer nicht aushalten. »Glück ist die Belohnung für Erfolg. Die wenigen Momente des Glücks muss man sich mit vielen Momenten der Angst erkämpfen«, sagte der Nobelpreisträger James Watson, der Mitentdecker der Doppelhelix, der Struktur der Erbsubstanz DNS (34). »Nach der Entdeckung der DNS-Struktur waren wir

Lachen und Weinen, Glück und Unglück gehören zusammen wie die beides ausdrückenden Masken des antiken Theaters.

glücklich – aber nicht lange ...« Johann Wolfgang von Goethe hat den Sachverhalt so beschrieben: »Alles auf der Welt lässt sich ertragen. Nur nicht eine Reihe von schönen Tagen.« Insofern ist es womöglich lebenswichtig, dass der Mensch in Polaritäten lebt; oder anders gesagt: dass immer auch das Gegenteil mehr oder minder wahr ist. Der römische Dichter und Philosoph Lucius Annaeus Seneca (4 vor bis 65 nach Christus) hat einst, gewissermaßen um den Goethe-Effekt zu vermeiden, formuliert: »Genieße deine gegenwärtigen Freuden so, dass es den nachfolgenden keinen Abbruch tut.«

Das fließende Glück

Das ist leichter gesagt als getan. Denn der menschliche Organismus ist unglaublich anpassungsfähig. Psychologen in den USA haben die Glücks- oder Unglücksgefühle von Lottogewinnern sowie von Menschen studiert, denen großes Unglück widerfahren war, von Querschnittgelähmten, Krebspatienten und Verbrennungsopfern. Nicht anders als dem Nobelpreisträger Watson ging es auch den Lottogewinnern: Nach einer kurzen Zeit voller euphorischer Gefühle kehrte wieder der emotionale Alltag zurück. Dasselbe passierte freilich auch den durch Krankheit oder Unfall schwer Geschädigten. Auch sie entwickelten im Laufe der Zeit wieder eine durchschnittlich ausgeprägte Lebenszufriedenheit. Gewöhnungseffekte bestimmen das menschliche Leben. Das gilt zum Beispiel für die Sexualität. Aber es gibt Ausnahmen: Die Freude an einem guten Wein oder auch an Kunst und Literatur nimmt durch Wiederholung zu. Und auch das ist Glück.

Der an der Universität von Chicago lehrende ungarische Psychologe Mihaly Csikszentmihalyi (die letzten Silben seines Familiennamens bedeuten »Sankt Michael«) hat in den achtziger Jahren des letzten Jahrhunderts den englischen Begriff *Flow* (Fließen) eingeführt. *Flow* ist der Zustand, der sich einstellt, wenn das, was man tut, reibungslos abläuft, man selbstvergessen in sein Tun versunken ist, darin ganz und gar aufgeht. Dabei darf man weder unterfordert noch überfordert sein. Dies verschafft ein Glücksgefühl, ein Gefühl, dass die Dinge leicht und wie von selbst fließen. Arbeitspsychologen haben erstaunt festgestellt, dass im modernen Alltag die Berufsarbeit die Hauptquelle von *Flow*-Erlebnissen ist, trotzdem aber die Freizeit der Arbeit vorgezogen wird.

Es passiert nicht selten, dass Psychologen etwas herausbekommen, was aufmerksamen Menschen oder in anderen Kulturen längst bekannt ist. Der deutsche Universitätsprofessor Eugen Herrigel bekam nach dem Zweiten Weltkrieg die Möglichkeit, an der Kaiserlichen Tohoku-Universität in Japan Geschichte der Philosophie zu lehren. Er nahm die Gelegenheit wahr, seinerseits bei dem berühmten Meister Kenzo Awa in die Lehre zu gehen und eine besondere Weise des Umgangs mit Pfeil und Bogen zu lernen. Was er dabei erfuhr, hat Herrigel 1951 veröffentlicht (63); ein Buch, das 1990 seine 30. Auflage erreichte.

Westliche Sportler wissen, dass Voraussetzung für Erfolg im Sport ein durchtrainierter Körper ist. Der japanische Bogen wird, sobald der fast einen Meter lange Pfeil eingelegt ist, mit nahezu gestreckten Armen hochgenommen, so dass sich die Hände des Schützen über seinem Kopf befinden. Den Bogen zu spannen und so zu halten, bedarf einigen Kraftaufwands. Meister Kenzo Awa lehrte seinen europäischen Schüler nun als Erstes, dass Bogenschießen nicht dazu dient, die Muskeln zu stärken. Vielmehr muße man nur die beiden Hände die Arbeit tun lassen, während die Arm- und Schultermuskeln locker bleiben. Tatsächlich blieben Kenzo Awas Armmuskeln beim Bogenschießen »so spannungsarm, als ob sie keine Arbeit zu leisten hätten.« Herrigel übte das ebenso verbissen wie vergebens. »Sie können es deshalb nicht, weil Sie nicht richtig atmen«, klärte der Meister seinen Schüler schließlich auf. Es dauerte einige Jahre, bis Herrigel lernte, alle bewussten Bemühungen abzulegen, mit dem Pfeil das 60 Meter entfernte Ziel zu treffen. »Ihre Pfeile werden nicht ausgetragen, weil sie geistig nicht weit genug reichen«, war eine der Erklärungen des Bogenmeisters für immer wiederkehrendes Scheitern der Bemühungen. Ganz allmählich lernte der Schüler, dass nicht er, sondern »es« den Pfeil ins Ziel lenkte, dass die Kunst des Bogenschießens im Zenbuddhismus Ergebnis geistiger Bemühungen ist; wobei alle bewusste Bemühung zum Scheitern führt.

Selbst ganz große wissenschaftliche Leistungen entstehen am Ende langer, intensiver Anstrengung quasi wie von selbst. Es gibt nicht viele Berichte darüber, in denen der Betroffene einen Blick in sein Innerstes erlaubt. Werner Heisenberg hat Jahrzehnte später die Nacht Ende Mai, Anfang Juni 1925 auf Helgoland beschrieben, in der es ihm gelang, die das Weltbild der Physik umstürzende Theorie der Quantenmechanik in eine Formel zu fassen (45). Als er es bereits geschafft hatte, seine Gedanken in eine in sich widerspruchsfreie Darstellung zu bringen, »geriet ich in eine gewisse Erregung, so daß ich bei den folgenden Rechnungen immer wieder Rechenfehler machte. Daher wurde es fast drei Uhr nachts, bis das endgültige Ergebnis der Rechnung vor mir lag«, so schildert es der damals erst 23 Jahre alte Werner Heisenberg. Schließlich konnte er an der mathematischen Widerspruchsfreiheit und Geschlossenheit der damit angedeuteten Quantenmechanik nicht mehr zweifeln: »Im ersten Augenblick war ich zutiefst erschrocken. Ich hatte das Gefühl, durch die Oberfläche der atomaren Erscheinungen hindurch auf einen tief darunter liegenden Grund von merkwürdiger innerer Schönheit zu schauen, und es wurde mir fast schwindlig bei dem Gedanken, daß ich nun dieser Fülle von mathematischen Strukturen nachgehen sollte, die die Natur dort unten vor mir ausgebreitet hatte. Ich war so erregt, daß ich an Schlaf nicht denken konnte. So verließ ich in der schon beginnenden Morgendämmerung das Haus und ging an die Südspitze des Oberlandes, wo ein alleinstehender, ins Meer vorspringender Felsturm in mir immer schon die Lust zu Kletterversuchen geweckt hatte. Es gelang mir ohne größere Schwierigkeit, den Turm zu ersteigen, und ich erwartete auf seiner Spitze den Sonnenaufgang.«

Dies drückt nun freilich eine nicht alltägliche Reaktion auf eine nicht alltägliche Situation aus. Der Wissenschaftshistoriker Ernst Peter Fischer interpretierte es in seiner Biographie des großen Physikers so (64):

»Was Heisenberg hier beschreibt, kann nur als mystisches Einheitserlebnis bezeichnet und verstanden werden, das durch mathematische

Symbole vermittelt wird ... Das visionäre Erleben lässt Heisenberg erglühen und erzeugt in ihm eine Hochstimmung, die ihn sein Leben riskieren ließ. Er wagt noch im Dunkel der Nacht die Kletterei, die er sich bislang selbst im Licht des Tages verweigert hat.«

In den letzten Jahren sind spezielle Techniken entwickelt worden, die Einblicke in das Gehirn ermöglichen, wenn Menschen etwa besondere Erlebnisse haben, wie sie nur nach jahrzehntelanger Meditationserfahrung möglich sind. Die *Single Photon Emission Computed Tomography* (SPECT-Technik), eine besondere Art der Computer-Tomographie also, ermöglicht es, festzustellen, in welchen Gehirnbereichen es in bestimmten Situationen zu besonderen Aktivitäten kommt. Zum Beispiel berichteten Probanden darüber, dass sie hellwach und hoch konzentriert waren und gleichzeitig das Gefühl hatten, dass sich ihr Körper ausdehne, und sie mit dem Universum eins würden. Während eines solchen subjektiv wahrgenommenen Geschehens hat der Forscher Andrew Newberg an der University of Pennsylvania festgestellt, dass der Stirnlappen des Gehirns besonders aktiv war; der Ort, der unter anderem die Konzentration bestimmt. Dagegen war im rechten Scheitellappen, der für die Bewegungswahrnehmung und die Orientierung in Raum und Zeit zuständig ist, die Tätigkeit der Nervenzellen drastisch gedrosselt. Damit, so Newberg, gehe der Zugang zur Körperwahrnehmung verloren und der Meditierende erlebe sich als reinen, körperlosen Geist (54).

Yin und Yang

Es widerspricht nicht Occams Gesetz, dass es auch den schrecklichen Vereinfacher gibt – den *terrible simplificateur*. Occam wies darauf hin, dass die einfachere Erklärung die richtige ist, wenn man einen Sachverhalt einfach und kompliziert erklären kann. Eine weitere – einfache – Regel lautet, wie eben schon beispielhaft beschrieben: Auch das Gegenteil ist wahr. Damit möchte ich mich nun ein bisschen genauer beschäftigen.

Im alten China hat man die Theorie von Yin und Yang als universalem Prinzip entwickelt. *Yang* bedeutet ursprünglich die Sonnenseite eines Hügels, *Yin* die Schattenseite. Die Welt wird auf diese Weise polarisiert. Denn alle Dinge haben einen Yin- und einen Yang-Aspekt: Tag und Nacht, Vorder- und Rückseite – oder Mann und Frau. Das traditionelle

Auch das Gegenteil ist wahr: Im alten China wurde das Symbol von Yin und Yang entwickelt.

Yin-Yang-Symbol ist ein Kreis, der das Ganze repräsentiert und in einer geschwungenen (Dynamik darstellenden) Linie in eine schwarze Hälfte (Yin) und eine weiße (Yang) geteilt ist. In der schwarzen Hälfte findet sich dann noch ein runder weißer Flecken, in der weißen ein schwarzer. Soll heißen: Im Yin ist auch Yang enthalten und umgekehrt. Oder: Auch das Gegenteil ist wahr. *Non solum, sed etiam*, wie die alten Römer sagten: Nicht nur, sondern auch.

Auch das Gegenteil ist wahr

Ein Ehepaar, schrecklich zerstritten, kommt zum Psychotherapeuten. Dieser lässt zunächst die Frau zu Wort kommen und bemerkt am Ende von deren Klagelied: »Sie haben Recht.« Anschließend trägt der Mann seine Klagen vor und hört zum Schluss vom Therapeuten ebenfalls: »Sie haben Recht.« Die Anekdote geht dann so weiter, dass das Ehepaar gemeinsam den Therapeuten angreift: »Sie können doch nicht jedem von uns Recht geben!«, worauf dieser antwortet: »Da haben Sie auch wieder Recht.« Der Schluss ist zugegebenermaßen etwas albern, aber dahinter steckt die Weisheit, dass beide Partner mit ihrer subjektiven Wahrheit Recht haben. Auseinandersetzungen sind oft deshalb so bitter, weil häufig auch das Gegenteil richtig ist. Es stimmt eben nicht, dass man die Welt in gut und böse einteilen kann, wie es Menschen, die sich selbst für fromm und gut halten, zu allen Zeiten gerne sähen.

Diese Dialektik oder Polarität der Welt beschäftigt seit je die Philosophen – aber auch die Dichter: »Leicht beieinander wohnen die Gedanken, doch hart im Raume stoßen sich die Sachen« (Friedrich von Schiller, *Wallensteins Tod*) – Oder: »Weil, so schließt er messerscharf, nicht sein kann, was nicht sein darf.« (*Die unmögliche Tatsache*, Christian Morgenstern)

Kennzeichen der abendländisch-christlichen Kultur ist die einfache Unterscheidung zwischen gut und böse, heilig und profan, Himmel und Hölle, Gott und Teufel (oder Götze), Freund und Feind. Damit wurde im Verlauf der Geschichte bis heute viel Unglück über die Menschen gebracht. Und immer noch werden »Achsen des Bösen« erfunden. Der Sinn solcher schlichten Einteilung ist, gewiss zu sein, auf der jeweils richtigen Seite zu stehen. Das fängt ganz platt an mit der Unterscheidung zwischen *in* und *out*. Bereits ein Disko-Türsteher kann solche Unterscheidung treffen; für die sich daran Orientierenden kaum gewichtiger als die ohnedies erst für das Ende aller Tage angekündigte Sortierung der Menschen nach dem Muster der Tierhaltung: die Schafe rechts, die Böcke links. Tatsächlich nehmen sich immer wieder Menschen heraus, genau so über andere zu entscheiden.

Die Welt ist, auch abgesehen von den Menschen, nicht so eindeutig, wie es den Anschein hat. Im Alltag gilt: Man ist in der Wohnung oder außerhalb der Wohnung. Beides zugleich geht nicht. Oder ein Ball fliegt nur dann über eine Mauer, wenn er höher geworfen ist, als die Mauer hoch ist; wenn also seine kinetische Energie so groß ist, dass er die Erdenschwere (die potentielle Energie) überwindet. Wenn der Ball allerdings auf die Größe eines Elementarteilchens schrumpft, also atomare Dimensionen annimmt, kann man nicht mehr sicher sein, dass er von einer Mauer (einem Potenzialwall) eingeschlossen ist, selbst wenn seine kinetische Energie nicht dazu ausreicht darüber zu springen. Der atomare Ball ist im Käfig, aber mit einer gewissen Wahrscheinlichkeit auch außerhalb. Hier gilt nicht mehr Sein *oder* Nichtsein, wie Shakespeares Hamlet meint, sondern Sein *und* Nichtsein. Der Ball überwindet die Mauer, auch wenn er nicht genügend hoch geworfen wird. Er durchtunnelt sie gewissermaßen. Man nennt das deshalb »Tunneleffekt«. Auf diesem Prinzip beruht zum Beispiel in der Elektronik die »Tunneldiode«. Niels Bohr, so zitiert ihn sein Schüler Werner Heisenberg, hat einmal formuliert: »Das Gegenteil einer richtigen Behauptung ist eine falsche Behauptung. Aber das Gegenteil einer tiefen Wahrheit kann wieder eine tiefe Wahrheit sein.«

Männlich – weiblich

Die Welt ist nicht eindeutig

Bis zum Ersten Weltkrieg war die Gesellschaft streng geordnet. Die Art der Kleidung zeigte bereits, welcher sozialen Schicht jemand angehörte, und selbstverständlich auch, ob er ein Mann oder eine Frau war. Gesellschaftliche Spielregeln durften allenfalls in der sozialen Oberschicht oder von Künstlern und schließlich im Fasching beziehungsweise Karneval gebrochen werden. Jahrhundertelang musste sich im Theater oder in der Oper eine Frau nur eine Hose anziehen, und sie wurde in dieser *Hosenrolle* auf der Bühne sofort eindeutig als Mann identifiziert. Der Krieg hat die gesellschaftlichen Strukturen aufgebrochen; Kaiser, Könige und Fürsten mussten abdanken. Und ganz allmählich bekommen die Frauen die gleichen Rechte, wie sie sich die Männer traditionell herausgenommen haben. Am leichtesten war es für die Frauen gleich nach dem Ersten Weltkrieg, nun auch Hosen anzuziehen und die Haare wie die jungen Männer als *Bubikopf*-Frisur zu tragen. Damit wurde zugleich auch demonstriert, was man 2000 Jahre lang verdrängt hatte: Zwischen dem, was man männlich nennt, und dem Weiblichen herrscht eine Art Fließgleichgewicht – es gibt alle denkbaren Zwischenstadien. Der Mann besitzt weibliche Anteile, eine *Anima*, wie das der Schüler von Sigmund Freud Carl Gustav Jung nannte, die Frau männliche Anteile, einen *Animus*.

Davon wusste man bereits im alten Griechenland. Diese Erfahrung spiegelt sich in den Göttersagen: Der Götterbote Hermes und Aphrodite, die Göttin der Liebe, waren Zwillingsgeschwister. Ihr Sohn Hermaphroditos, ein selbstverliebter Junge von 15 Jahren, zog in Kleinasien durch das Land und fühlte sich besonders zu den Gewässern hingezogen. Darin spiegelte sich sein Ebenbild. So kam er eines Tages an die Quelle der Nymphe Salmakis. Diese kämmte ihr langes Haar, und auch sie bewunderte sich im Wasserspiegel. Als sie den schönen Knaben er-

Die Verschmelzung des Männlichen mit dem Weiblichen: Merkur (der römische Name für Hermes) 1622 als Hermaphrodit in der Verschmelzung von Sonne und Mond gezeigt. Er steht auf dem als Kugel dargestellten »Chaos«, dem Urstoff, aus dem die Welt entstanden ist (links). Der Hermaphrodit, 1550 als Symbol der Verbindung der Gegensätze dargestellt, steht im Mittelpunkt der Welt; er kann auch als ein Symbol der Vollkommenheit gedeutet werden.

blickte, verliebte sie sich auf der Stelle in ihn. Er wies sie zurück. Aber, so wusste der Mythenforscher Karl Kerényi zu berichten (65), »dem Wasser konnte er nicht widerstehen: er stieg in die Quelle, Salmakis umarmte den Widerstrebenden, und die Götter erfüllten ihren Wunsch: sie wurde eins mit dem Sohn des Hermes und der Aphrodite, der Hermaphroditos hieß und seitdem auch Hermaphroditos war, ein weiblicher Knabe ...«

Die Moralvorstellungen der frommen Juden, die das Christentum übernahm, kannten bis in unsere Zeit nur Männer oder Frauen oder Perverse. Die gesellschaftliche Entwicklung ist darüber hinweggegangen. Im 20. Jahrhundert haben Menschen ihre sexuellen Orientierungen beschrieben und analysiert; mit Buchtiteln, die man zuweilen auch als unfreiwillige Karikaturen verstehen kann wie *Ich bin meine eigene Frau*. In Haarlem bei Amsterdam hat im Sommer 2003 die niederländische Produktdesign-Studentin Jennifer Hoes im Alter von 30 Jahren – sich selbst geheiratet. Sie »will öffentlich bezeugen, dass ich mir treu bleibe.«

Ich bin Du. Die französische Philosophin Elisabeth Badinter, die den letztgenannten Buchtitel (66) veröffentlichte, sieht, vielleicht etwas voreilig, »die androgyne Revolution« heraufziehen. Sie definiert »das Geschlecht als ein zeitweiliges Gleichgewicht, ... das jederzeit revidiert werden kann.« Ich bin immer etwas misstrauisch, wenn ein Philosoph allein durch Nachdenken (wenn auch vermutlich ergänzt durch persönliche Erfahrungen) zu weitreichenden Schlüssen kommt. Die Beobachtungen der Naturwissenschaftler – Mediziner und Psychologen eingeschlossen – haben die Weltbilder der Theologen und Philosophen besonders im 20. Jahrhundert schwer erschüttert. Die Erkenntnisse der alten Chinesen über Yin und Yang, die sich gegenseitig durchdringen, sind dagegen noch heute angemessene Orientierungshilfen. Sie besagen auch etwas über das Weibliche im Mann und das Männliche im Weib, viele Jahrhunderte bevor das im Abendland ausgesprochen werden durfte. Voraussetzung für jede erotische Beziehung ist sicherlich, dass sich die Partner, selbst wenn sie noch so komplexe Persönlichkeiten sind, ihrer Identität gewiss sein können.

VIII. Die Dynamik des Lebens

Das Zwiebelmodell

Als erwachsener Mensch hat man manchmal Träume, in denen man noch ein Kind ist, vielleicht noch einmal auf der Schulbank sitzt oder zusammen ist mit Eltern oder Großeltern, die womöglich in Wahrheit gar nicht mehr leben, Träume, in denen man als alter Mensch mit seinen Kindern spielt, die doch längst erwachsen sind. Es geht anscheinend nichts verloren von dem, was man einmal war und erlebt hat. Der alte Mensch ist in gewissen Situationen wieder Kind – das Kind, das er einmal war, das durchaus nicht verschwunden ist.

Man kann das in den verschiedensten Zusammenhängen beobachten. Zum Beispiel nach einem »Klassentreffen« der dem Schulalter längst Entwachsenen: Gemeinsam wird man an solchen Abenden erneut zum Pennäler, die alten Gefühle und Verhaltensweisen sind wieder da (Beispiel: Heinz Rühmann in dem Film *Die Feuerzangenbowle*). Warum lieben ältere Menschen die Schlager und Filme ihrer Jugend? Sie können, indem sie diese hören und sehen, noch einmal jung sein. Das öffentlich-rechtliche Fernsehen nutzt dies mit seinen Uralt-Schnulzen-Programmen gnadenlos aus.

Das Älterwerden des Menschen hat eine gewisse Ähnlichkeit mit dem Wachstum einer Zwiebel. Ihr wachsen immer neue Schalen, aber die ganz kleine oder die mittlere ist auch in der großen Zwiebel erhalten. Sigmund Freud hat als Erster genau beobachtet, dass und wann erwachsene Menschen in längst überwundene Lebensphasen regredieren, also wieder zum Kind werden. Er hat das für seine therapeutischen Zwecke sogar ausgenutzt: Auf der Couch des Psychoanalytikers liegend, darf man wieder Kind werden, kindliche Gefühle wieder aufsteigen lassen – um damit am Ende als nunmehr wirklich erwachsen Gewordener anders umgehen zu können.

Jedenfalls sollte es so sein. Doch man kann auch vermeiden, erwachsen zu werden, und sich sein Lebtag grämen, dass man einst, durch widrige Umstände bedingt, ein armes kleines Kind war, das schrecklich leiden musste. Der amerikanische Therapeut Wayne Muller schrieb 1992 (67): »Wenn wir morgens aufwachen und uns für den Tag fertig machen, ziehen wir unsere Geschichte an wie einen alten Bademantel und ausgetretene Sandalen. Wir sind so daran gewöhnt, uns als die Opfer unserer

Geschichte darzustellen, daß wir nicht wissen, ob wir wirklich etwas verändern können – oder überhaupt etwas verändern wollen.« Diese Menschen trauern also um das Kind, das sie einst waren und dessen Leiden dem Erwachsenen immer noch das Leben schwer machen. Das Kind in uns, dem wir uns als erwachsener Mensch ausgeliefert haben, wartet dann weiter darauf, dass seine kindlichen Bedürfnisse endlich erfüllt werden. Seit den sechziger Jahren des letzten Jahrhunderts ist der Gedanke beliebt, den ein deutscher Buchtitel so beschreibt: *In dir lebt das Kind, das du warst.* Psychoanalytiker, so Muller, bestärken ihre Patienten in dem Glauben, sie seien einzigartig in ihrem Leid. Aber nur im Loslassen der Vergangenheit kann der Mensch die Chance zu einem erfüllteren Leben ergreifen.

Das Kind im Mann / Die Kunst, loszulassen

Anscheinend fällt es manchen Psychotherapeuten schwer, zu akzeptieren, dass Menschen selbst durch schreckliche Erfahrungen nicht kleinzukriegen sind. Traumatische Ereignisse haben meist weniger schlimme Folgen als die Menschen befürchten. Der Psychologe und Wissenschaftsjournalist Rolf Degen (68) verweist, um diese These zu belegen, auf Untersuchungen des US-Psychologen Daniel T. Gilbert (Harvard-Universität). Dieser befragte mehr als tausend Versuchspersonen, wie viel Schmerz ihnen etwa der Verlust einer geliebten Person oder plötzliche Arbeitslosigkeit verursachen würde. Er verglich diese Prognosen mit den Erfahrungen von solchen Menschen, die diesen Schock gerade erlitten hatten. Ergebnis: Die Erwartungen, wie sich ein solches Unglück auswirken würde, waren viel düsterer als die Realität. Offensichtlich verfügt der Mensch über höchst wirkungsvolle Schutzmechanismen, die ihn auch ein Trauma überwinden helfen.

Was das Kind in uns angeht: Wir kommen nicht als unbeschriebenes Blatt auf die Welt, sondern sind bereits programmiert als Erben unserer Eltern und deren Vorfahren. »Wir beginnen mit unserer Reise da, wo unsere Eltern aufhörten«, wie der Genetiker Dean Hamer vom Nationalen Krebsinstitut in Bethesda (Maryland) einmal sagte. Diese biologische Grundlage unserer Existenz ist in den Genen festgelegt, unser angeborenes Temperament, wie die Psychologen sagen. Selbst die Spannweite dessen, was möglich ist, ist angeboren. Nicht jeder kann also im Leben alles werden. Es genügt nicht, am Tor des Bundeskanzler-Amtssitzes zu rütteln und zu rufen: »Ich will da rein!« – auch wenn es in einem Einzelfall tatsächlich geklappt hat. Doch besitzt jeder Mensch eine große Flexibilität darin, was er mit seinem Temperament macht. Diese flexible

Seite der Persönlichkeit nennen die Psychologen Charakter: Temperament und Charakter bestimmen die Persönlichkeit. Ein Mensch, der bereits als zweijähriges Kind zurückhaltend reagiert, tastet sich auch als Erwachsener eher vorsichtig an neue Situationen heran. Ein Team um Carl Schwartz von der Harvard-Universität in Boston hatte vor knapp 20 Jahren zweijährige Kinder daraufhin getestet, ob sie als »gehemmt« oder »nicht gehemmt« anzusehen seien. Die Kinder wurden dann mit 13 Jahren erneut untersucht und schließlich mit über 20 Jahren noch einmal. Es hatte sich nichts geändert. Der Unterschied im Temperament lässt sich mit Hilfe der funktionalen Kernspintomographie (fMRI) sichtbar machen. Die schüchternen Menschen reagieren auf ihnen fremde Gesichter mit einer deutlich heftigeren Aktivität der schon mehrfach erwähnten Amygdala, der Mandelkernstruktur im Gehirn, die Teil des die Gefühle verarbeitenden limbischen Systems ist (69).

Lernen, mit dem eigenen Temperament umzugehen

Das ängstliche, schüchterne Kind bleibt dies also auch als erwachsener Mensch. Es wird niemals zu einem nach außen orientierten, einem Extravertierten. Doch kann der ängstliche Mensch im Laufe seines Lebens lernen, mit seiner Ängstlichkeit angemessen umzugehen, so dass er trotz allem lebenstüchtig wird. Dasselbe gilt für das aggressive Kind. Es wird nie ein »lammfrommer« Mensch werden, kann aber lernen, mit seinem aggressiven Temperament *umzugehen*.

Bei sich sein

Wie ich immer wieder betonen muss, kann freilich auch das Gegenteil richtig sein. Es gibt Menschen, die unter besonderen Umständen zu ungewöhnlichen Höchstleistungen fähig sind. Normalerweise braucht ein Musiker seine Ohren besonders nötig. Ludwig van Beethoven aber hat seine größten Werke geschrieben, als er bereits völlig taub war. Etwa um 1800 entwickelte sich bei dem damals 30 Jahre alten Genie, wie man heute vermutet, eine chronische Innenohrentzündung. 1801 klagte er einem Freund: »Ich kann sagen, ich bringe mein Leben elend zu, seit zwei Jahren fast meide ich alle Gesellschaften, weil's mir nicht moeglich ist, den Leuten zu sagen: Ich bin taub.« Damals war Ludwig van Beethoven noch gar nicht völlig taub. Er wurde es aber in den folgenden Jahren.

Der Autor Peter Schneider hat vor einigen Jahren für den *Spiegel* recherchiert, »Wie ein jüdischer Musiker die Nazi-Jahre in Berlin überlebte (70)«. Der Musiker Konrad Latte fand in dieser Zeit nicht nur Menschen, die den Mut hatten, ihn zu verstecken, sondern sogar solche, die ihn zum Musiker ausbildeten. Der Dirigent Leo Borchard gab in seiner Wohnung in Berlin-Steglitz dem illegal lebenden Juden sogar Privatstunden im Dirigieren. Natürlich konnte er kein Orchester hinzuziehen. Was damals passierte, schildert Schneider so: »Die Lehrstunden in Borchards Wohnung im Hünensteig gehörten zu den schönsten, gleichzeitig zu den unwirklichsten Momenten in Konrads illegalem Leben. Borchard unterrichtete auswendig, ohne Partitur und ohne Klavierbegleitung. Auf dem Kanapee seines Arbeitszimmers liegend, ließ er den Schüler die großen Symphonien Beethovens aus der Partitur dirigieren, beobachtete die Einsatzbefehle der linken Hand zu den unsichtbaren Streichern, der rechten zu den vorgestellten Bläsern, unterbrach ihn plötzlich: ›Den Einsatz für die Hörner fünf Takte früher! Die Bläser brauchen schließlich Zeit, bis sie die Instrumente an die Lippen bringen!‹ Dann pfiff er ihm ein paar Takte vor, um die Stelle der Wiederholung zu markieren. Aber der gewaltige Klangkörper, den die Hände des Anfängers zum Klingen bringen wollten, spielte nur in der Vorstellung der beiden Männer, im Zimmer hörte man keinen Ton.« Die bewegende Geschichte sagt uns in vielerlei Hinsicht etwas über den Menschen; seinen Mut, seine Größe, seine Fähigkeit, gemeinsam mit anderen in eine selbst geschaffene (Hörbilder)-Welt einzutauchen.

In Extremsituationen kann einen Menschen diese Fähigkeit, ganz bei sich selbst zu sein, davor schützen, außer sich zu geraten. Auch dafür ein Beispiel: Am 15. Januar 1919 hatten Soldaten in Berlin die Sozialisten und erbitterten Gegner des Ersten Weltkriegs, den die Deutschen soeben verloren hatten, Karl Liebknecht und Rosa Luxemburg, in ihrem Versteck aufgespürt. Die beiden wissen, dass man sie umbringen will: Rosa Luxemburg packt ein Köfferchen, nimmt auch ein paar Bücher mit, darunter Goethes *Faust*, Teil II. Man bringt die beiden in das Hotel Eden, Ecke Kurfürstendamm/Budapester Straße, den Sitz eines Freikorps. Freikorpsführer Hauptmann Papst verhört die beiden, die anschließend misshandelt und schließlich ermordet werden. Zunächst nimmt sich Papst Karl Liebknecht vor. Währenddessen – und deshalb erzähle ich die Geschichte – sitzt Rosa Luxemburg streng bewacht auf dem Flur und wartet. Sie kann wohl keinen Zweifel über ihr Schicksal gehabt haben. Und was tut sie? Sie nimmt ein Buch heraus, vielleicht ist es der *Faust*, man weiß es heute nicht – und liest. Sie begibt sich in eine Welt, in die ihre Mörder ihr nicht folgen können. »Man muss stolz sein und nichts zeigen«, hatte Rosa Luxemburg einst ihrer Freundin Luise Kautsky geschrieben.

Wie wir mit unserer Reise beginnen

In den letzten Jahren hat sich unser Wissen darüber, wie wir » mit unserer Reise beginnen«, wie sich also ein Kind entwickelt, sehr verändert. So wissen wir dank der Forschungen von Daniel Stern, der an der Cornell-Universität in New York und der Universität Genf arbeitet, dass bereits das Neugeborene Kind selbst aktiv mit der Mutter kommuniziert. Die Phase einer völligen Symbiose von Mutter und Kind, wie sie Psychoanalytiker postuliert haben, gibt es jedenfalls nach der Geburt nicht.

Die Fähigkeit, Mimik richtig zu interpretieren, geht in der Evolution der Sprachentwicklung voraus. Das zeigen Experimente an Rhesusaffen. Diese können nämlich bereits den Gesichtsausdruck von Artgenossen mit bestimmten Lautäußerungen in Verbindung bringen. Am Max-Planck-Institut für biologische Kybernetik in Tübingen setzten die Wissenschaftler Asif Ghazanfar und Nikos Logothetis Rhesusaffen vor zwei Bildschirme. Auf jedem lief – ohne Ton – die Videoaufnahme eines Artgenossen, der einen bestimmten Laut ausstieß. Eines der Äffchen gab einen freundlich-gurrenden Ton von sich, bei dem der Mund leicht geöffnet und die Lippen vorgestülpt waren. Das andere dagegen schrie ängstlich mit weit geöffnetem Mund. Die Forscher spielten zu diesen Vorgängen jeweils nur eine der beiden Tonaufzeichnungen und beobachteten dabei die Tiere. Diese widmeten dem Bild erkennbar mehr Aufmerksamkeit, wenn die Mimik zum Ton passte. Sie betrachteten es also häufiger und länger, als wenn Mimik und Ton nicht zueinander passten (71). Die Rhesusaffen verhalten sich, so die Wissenschaftler, ähnlich wie Kleinkinder. Auch diese zeigen in ähnlichen Versuchen, dass sie die Mimik lesen und mit den damit verbundenen Lauten in Verbindung bringen können.

Was das Baby sich denken kann

Bereits lange vor dem Sprechen denkt sich das neugeborene Baby seinen Teil. Es lernt schon in den ersten Lebensmonaten, sich an Dinge zu erinnern und sie miteinander zu vergleichen, also Ordnungen in seiner Umwelt zu erkennen. Um das festzustellen, beobachteten Wissenschaftler, wie lange ein Neugeborenes auf ein Objekt schaut – je weniger gut es dieses kennt, je überraschter es ist, desto länger bleibt der Blick hängen. Die Entwicklungspsychologin Sabina Pauen von der Universität Heidelberg hat experimentell festgestellt, dass bereits sieben Monate alte Säuglinge die Erfahrung gespeichert haben: Ein Ball bewegt sich nur, wenn er von jemandem in Bewegung gesetzt wird, ein Tier dagegen von allein. Wenn ein Spielball in eine Ecke gerollt ist, wird er nicht in der Erwartung angeschaut, sich gleich wieder von allein zu bewegen. Von einem Tier erwartet dies dagegen bereits der Säugling (54).

Die Muttersprache lernt das Baby nicht nur durch Nachplappern. Wichtig ist vielmehr die aktive Kommunikation mit den Eltern. Ein US-Forscherteam um Michael Goldstein vom Franklin and Marshall College in Lancaster (Pennsylvania) beobachtete jüngst acht Monate alte Babys und ihre Mütter. Die eine Hälfte von ihnen wurde gebeten, immer direkt auf die Laute ihres Babys einzugehen, die andere ließ ihren Kindern zwar ebenso viel Aufmerksamkeit zukommen, allerdings unabhängig davon, wie die Kinder sich jeweils verhielten. Die Babys der zweiten Gruppe variierten ihre Laute weniger als die der ersten Gruppe und machten weniger Fortschritte beim Sprechenlernen. Das heißt, ein Mensch ist von Anbeginn an auf Kommunikation angelegt und, damit er seine Fähigkeiten optimal entwickeln kann, darauf angewiesen. Später ist es dann besser, wenn Eltern nicht etwa die »duzi-duzi«-Babysprache nachahmen, sondern vielmehr mit den Kleinen ganz normal sprechen. Diese machen nämlich bessere Fortschritte in ihrer sprachlichen Entwicklung, wenn man ihnen ganze Sätze und richtige Wörter zutraut, wie das Entwicklungspsychologen von der Universität Chicago festgestellt haben (72). Babytalk dagegen kann die sprachliche Entwicklung des Kindes verzögern.

Je ausgeklügelter die Experimente werden, desto deutlicher wird, dass auch die Wissenschaftler die Fähigkeiten kleiner Kinder lange Zeit unterschätzt haben. Der berühmte Schweizer Entwicklungspsychologe Jean Piaget (1896–1980) war sich zum Beispiel sicher, ein Säugling wisse nicht, wenn man einen Gegenstand durch ein Tuch verdecke, dass sich dieser Gegenstand dann weiterhin unter dem Tuch befinde: »Aus den Augen, aus dem Sinn!« Wenn man die Augenbewegungen des Säuglings aber genau verfolgt, lässt sich beweisen, dass das Kind sehr wohl Bescheid weiß. Oder: Auf den ersten Blick scheint es so zu sein, dass Vorschulkinder glauben, wenn man eine Reihe mit Bonbons auseinander zieht, den Abstand zwischen den Süßigkeiten also vergrößert, dass dann die Menge der Bonbons größer wird. Wenn man aber das Kind entscheiden lässt zwischen einer kurzen Reihe mit vielen Bonbons und einer langen mit letztlich weniger Süßigkeiten, dann entscheidet sich auch das Vorschulkind für viele Bonbons, die in eine Reihe eng zusammenliegen (10).

Seit einigen Jahrzehnten weiß man, dass Säuglinge schon nach wenigen Tagen die Stimme ihrer Mutter aus einer Vielzahl anderer Geräusche heraushören und dass sie auch den Geruch der Brust ihrer Mama von dem anderer Frauen unterscheiden können. Das sind frühe »Prägungen«, wie man sie auch aus dem Tierreich kennt: Entenküken laufen dem nach, was sich vor ihnen her bewegt, wenn sie aus dem Ei schlüpfen – üblicherweise der Mutter, aber wenn sie aus dem Brutschrank kommen, eventuell auch einem rollenden Fußball; dies dann auf Dauer.

Die Anpassungsfähigkeit des Gehirns

Neuerdings können Neurobiologen feststellen, dass sich bei diesen frühen Prägungen Nervenverbindungen im Gehirn (Synapsen) entwickeln, ja überhaupt Aktivitäten im Hirn verstärken oder abschwächen. Ein Leben in reizloser Umgebung führt bereits beim Tier zu massiven körperlichen Defekten. William Greenough von der Universität Illinois verglich Laborratten, die entweder in großen Käfigen mit vielen verschiedenen »Spielzeugen« oder isoliert in reizarmer Umgebung aufwuchsen. Die Tiere in einer komplexen Umgebung entwickelten bis zu 25 Prozent mehr Synapsen je Nervenzelle im Gehirn als die in nackten Einzelkäfigen lebenden, berichtete Greenough bei der Konferenz der Amerikanischen Gesellschaft zur Förderung der Wissenschaft (AAAS) in Denver im Februar 2003. Zu wenige Nervenverbindungen entstehen auch infolge traumatischer Erlebnisse wie einer Trennung von den Eltern. Im Tierversuch lassen sich Fehlschaltungen im Gehirn aufgrund solcher Erfahrungen nachweisen, wie Katharina Braun und Jörg Bock von der Universität Magdeburg zeigen konnten (54). An Kindern verbieten sich solche Experimente. Man weiß aber bereits durch die Forschungen von René Spitz, einem New Yorker Psychoanalytiker aus den 1940er Jahren, dass zum Beispiel Waisenkinder sich infolge traumatischer Erfahrungen psychisch stark verändern. Katharina Braun und Jörg Bock glauben, dass dies ebenfalls eine »dramatische Folge solcher Fehlverschaltungen im Gehirn« ist: »Ein falsch geknüpftes neuronales Netzwerk, das Verhaltens- oder Lernstörungen bis hin zu psychischen Erkrankungen bewirken kann.« Charles Nelson von der Universität von Minnesota stellte mit Hilfe des EEG an rumänischen Waisenkindern, die trostlos in Heimen lebten, eine deutlich reduzierte Gehirnaktivität fest, wie er auf der Tagung der AAAS 2003 erzählte. Auch mentale Entwicklungsdefizite und andere neuronale Störungen wurden bei den Kindern beobachtet. Bisher ist es, so Katharina Braun und Jürgen Bock, nur eine Hoffnung, es könnten irgendwann »Wissenschaftler die Anpassungsfähigkeit des Gehirns nutzen, um Fehlentwicklungen auch wieder zu korrigieren«. Immerhin gibt es Indizien für solche Möglichkeiten, und das ganz ohne Hightech: Die messbaren Daten für geistige Aktivität bei den rumänischen Waisenkindern verbesserten sich, nachdem diese Kinder aus dem Heim herauskamen und von Pflegefamilien angenommen wurden. Allerdings weiß man aus Tierexperimenten, dass die Fähigkeit zur Synapsenbildung zeitlich begrenzt ist. Bei Ratten, so Greenough, ist nach dem ersten Lebensjahr die Chance vertan, die bis dahin erlittenen Defizite lassen sich nicht mehr ausgleichen. Auch wenn man, wie gesagt, mit Kindern nicht experimentieren kann, weiß man, dass bestimmte in der frühen Kindheit angerichtete Schäden, zum Beispiel durch chronische Unterernährung, zeitlebens nicht mehr aufgeholt werden können.

Zwanghaftes Leben

Der erste harte Zwang, dem ein Kleinkind ausgesetzt wird, ist der, windelrein zu werden; zu lernen, Darm und Blase nur jeweils auf der Toilette zu öffnen. Ein Zwang, der desto größer ist, je »zwanghafter« die Eltern des Kindes sind. Zwanghaftigkeit ist etwas, das sich – so erkannte Sigmund Freud – während der Entwicklung zur Stubenreinheit, in der von ihm so genannten Analphase des Kleinkinds, bei diesem ausprägt. Damit hängt eng die frühe Orientierung des kleinen Kindes zusammen. Vater und Mutter sind die letzte Instanz. Ihre Autorität ist unanfechtbar. Und wenn das kleine Kind den Eltern nicht gehorcht, bekommt es ein ganz schlechtes Gewissen. Nicht selten passiert das auch noch, wenn das kleine Kind schon groß geworden, aber unreif geblieben ist. Freud nannte das die »Einverleibung der frühen Elterninstanz als Über-Ich«. Genau genommen sind die Zwänge, mit denen Eltern ihre Kinder dressieren, Ausdruck der elterlichen Zwanghaftigkeit. Hierin drücken sich also bereits die zum Über-Ich der Eltern gewordenen Großeltern aus. Auch das wusste Sigmund Freud bereits, der feststellte, das Über-Ich werde damit »zum Träger der Tradition, all der zeitbeständigen Wertungen, die sich auf diesem Wege über Generationen fortgepflanzt haben«. Der Liedermacher Franz Josef Degenhardt fand als Beispiel für solchen gutbürgerlichen Zwang die Zeile »Spiel nicht mit den Schmuddelkindern ...«

Angst als Ursache von Zwanghaftigkeit

Ein zwanghafter Mensch mit einem ausgeprägten Über-Ich hat nicht die volle Freiheit sich zu orientieren. Denn Wesentliches ist für ihn nicht zu hinterfragen: Das macht man einfach so, das gehört sich so, das muss sein oder das darf nicht sein! So ist er eben erzogen worden.

Allerdings gibt es sogar stark zwanghafte Menschen, die dennoch nicht unter dem leiden, was man »zwangskrank« zu sein nennt, und umgekehrt gibt es Menschen, die eine Zwangsstörung entwickeln, obwohl sie kaum zwanghaft sind. Die Ursache von Zwangserkrankungen ist Angst, gegen die der Erkrankte eine »selbst erfundene Beschäftigungstherapie« betreibt und sich damit ablenkt: Zwangserkrankte können unter Wasch- oder Kontrollzwängen leiden: also dem Drang, sich immer wieder die Hände zu waschen aus Angst vor Bazillen oder permanent kontrollieren zu müssen, ob der Herd abgestellt ist, das Fenster oder die Tür abgeschlossen. Daneben gibt es, wie der deutsche Zwangsforscher Jürgen Markgraf (Universität Basel) beschreibt, die Ordnungszwänge: Der Schreibtisch zum Beispiel muss penibel aufgeräumt sein. Ferner gibt es Wiederholungszwänge, den Zwang, zu sammeln und zu horten, sowie, wie erst jüngst diagnostiziert, eine zwanghafte Langsamkeit. Zwangserkrankungen werden üblicherweise von einem Arzt nicht als solche erkannt, denn dieser versteht davon nichts. In Deutschland wurden in den 1990er Jahren nach Angaben von Markgraf nur vier von zehntausend Angstkranken auf die für ihre Störung wirksamste Art – nämlich verhaltenstherapeutisch, eventuell in Verbindung mit bestimmten Medikamenten – behandelt. Nach Schätzung Markgrafs leiden zwei bis drei Millionen Deutsche (über zwei Prozent der Gesellschaft) an einer Zwangsstörung.

Familiengeschichten

Agieren mit geborgter Autorität

Offensichtlich ist es nicht gleichgültig, ob wir als Erstgeborene auf die Welt kommen oder bereits Geschwister vorfinden. Frank Sulloway am Massachusetts Institute of Technology (MIT) in den USA hat in den

1990er Jahren eine historische Studie darüber angefertigt, was in den vergangenen Jahrhunderten, als die Familien üblicherweise größer als die heutigen waren, aus Erstgeborenen wurde und was aus deren Geschwistern. Sicher ist, dass sich die Eltern um den Erstgeborenen mehr kümmerten als um die dann folgenden Sprösslinge, weil sie dem ersten noch ungeteilte Aufmerksamkeit widmen konnten. Freilich hat der Erstgeborene auch die Unerfahrenheit der Eltern spüren müssen. Schließlich hatte der oder die Älteste oft die Verpflichtung, sich um die jüngeren Geschwister zu kümmern. Das sorgte naturgemäß für Spannungen unter den Geschwistern. Die jeweils jüngsten Kinder, die Nachzügler oder Nesthäkchen, konnten dann wieder die ungeteilte Aufmerksamkeit der Eltern bekommen. Sulloway sieht denn auch bei den Erstgeborenen die Neigung zu autoritärem Umgang mit den jüngeren Geschwistern; fast selbstverständlich, verfügen sie doch im Allgemeinen nicht über selbst erworbene Autorität, sondern agieren mit geborgter Stärke, eben im Auftrag der Eltern. Die autoritäre Neigung bleibt, meint Sulloway, und nennt zum Beleg erstgeborene Geistesgrößen wie Galileo Galilei, Isaac Newton oder Sigmund Freud. Friedlicher und freundlicher als ihre großen Geschwister seien dagegen die nachgeborenen, zum Beispiel der sanfte Charles Darwin, gewiss kein unbedeutenderer Revolutionär der Wissenschaft als die genannten Erstgeborenen. Auch Josef Stalin war ein ältester Sohn, ebenso Winston Churchill oder Benito Mussolini – nicht aber Adolf Hitler. Und in der Familie Mann war der ältere Bruder Heinrich, Verfasser des *Untertan*, weniger autoritätsgläubig als sein jüngerer Bruder Thomas.

Wenn es darum geht, festzustellen, welchen Einfluss Erziehung und Umwelt auf einen Menschen haben und was ihm angeboren ist, treibt man Zwillingsforschung. Eineiige Zwillinge sind genetisch identisch ausgestattet. Wenn sie nun voneinander getrennt aufwachsen, lässt sich der Einfluss des Milieus gut studieren. Bekannt geworden ist beispielsweise die *Minnesota Study of Twins reared apart (Mistra)*, eine Langzeituntersuchung, die 1979 eine Gruppe um den US-Psychologen Thomas Bouchard begonnen hat. Die Forscher haben das Schicksal von 7000 getrennt aufgewachsenen Zwillingspaaren verfolgt. Die dahinter steckende Idee ist einleuchtend: Wenn die Zwillinge getrennt aufwachsen, sind sich ausprägende Unterschiede auf Erziehung und Umwelt, Ähnlichkeiten trotz der unterschiedlichen Milieus dagegen auf die Gene zurückzuführen.

Irrtümer der Zwillingsforschung

Ein paar Fallbeispiele dieser Studie sind berühmt geworden. Sie dienen immer wieder als Beleg dafür, wie gering doch der Einfluss der Umwelt ist. Sie könnten jeden Erzieher zum Fatalisten werden lassen: Jack Yufe wuchs bei seinem jüdisch-orthodoxen Vater in Trinidad auf, sein eineiiger Zwillingsbruder Oskar Stöhr bei seiner katholischen Mutter in Deutschland. Im Alter von 46 Jahren begegneten sie sich bei den Psychologen an der Universität von Minnesota: Beide trugen das gleiche blaue Sporthemd mit Schulterklappen, Pilotenbrillen und jeweils ein paar Gummibänder am Handgelenk. Beide hatten die auffallende Angewohnheit, in Aufzügen laut zu niesen. Oder Jim Lewis und Jim Springer: Sie trafen sich im Alter von 39 Jahren. Da waren beide bereits zweimal verheiratet, jeweils zuerst mit einer Frau namens Linda, dann beide mit einer Frau, die Betty hieß. Einer nannte seinen ersten Sohn James Alan, der andere den seinen James Allen. Beide waren Heimwerker, Kettenraucher und hatten die unangenehme Angewohnheit des Nägelkauens. Beide hatten in einer Tankstelle gearbeitet, und beide waren später Hilfssheriff.

Eben diese verblüffenden Ähnlichkeiten sollten freilich zum Nachdenken anregen: Mag ja sein, dass die Vorliebe für Blau genetisch bedingt ist; aber die Liebe für den Namen Linda oder Betty? Oder eine Leidenschaft fürs Tankstellengeschäft? Die Wissenschaftler Leon Kamin und Arthur Goldberger haben jüngst die Methodik von *Mistra* sowie einer ähnlich umfangreichen schwedischen Zwillingsstudie überprüft und die Resultate dieser Nachprüfung publiziert (73). Ergebnis: Die *Mistra*-Psychologen haben nicht genau genug gearbeitet. Es machte für die Studie zum Beispiel keinen Unterschied, ob Zwillinge im Alter von 20 Wochen getrennt wurden oder ob sie sich zehn Jahre lang zweimal im Jahr für eine Woche trafen. Auch wurde die Frage, wie unterschiedlich die Milieus waren, was also »getrennt« aufgewachsen wirklich heißt, nicht genau genug gefasst. Das heißt, die Zwillingsforscher aus Minnesota haben nicht genau genug beachtet, ob Ähnlichkeiten zwischen den Zwillingen nicht auf Ähnlichkeiten in der Umwelt zurückzuführen sind. Und sei es, dass Namen wie Linda oder Betty zeitweilig überall in den USA sehr beliebt waren wie auch Herrenhemden mit Schulterklappen.

Ein spezieller Aspekt von Erbe oder Umwelt ist die Frage nach der Herkunft von Intelligenz. Man misst sie gewöhnlich mit Hilfe des so genannten Intelligenzquotienten (IQ) und kommt dann bei Auswertung zahlreicher einschlägiger Studien zu dem Ergebnis, etwa zu einem Drittel sei die Intelligenz dem Menschen angeboren. Dabei wird freilich nicht berücksichtigt, was Untersuchungen an denselben Personen über 28 Jahre hinweg bereits Anfang der 1980er Jahre zeigten: Die kognitiven Fähigkeiten eines Menschen, also seine Erkenntnismöglichkeiten, wechseln im Laufe seines Lebens. Sie sind mal stärker und mal wieder schwächer. Das hängt mit dem Gesundheitszustand zusammen, aber auch mit dem gerade ausgeübten Beruf. Durch diese Erkenntnis fühle ich mich in dem Vorhaben gerechtfertigt, dieses Buch zu schreiben. Es liegt eben nicht nur in den Genen, wie der Mensch sich orientiert, und darum könnte es nützlich sein, darüber etwas zu lesen.

Dass die Verhältnisse oft kompliziert sind, dafür mag wieder ein Fallbeispiel aus *Mistra* dienen: Ein Mädchen wächst bei einer Klavierlehrerin auf, ihre Zwillingsschwester bei musikalisch nicht aktiven Eltern. Nur eine der beiden Zwillingsschwestern entwickelt sich zu einer gefragten Konzertpianistin – und zwar die, deren Pflegemutter *nicht* Klavierlehrerin war.

Vorbilder

Wir hätten gerne, dass sich unsere Kinder die richtigen Vorbilder für ihr Leben aussuchen – zum Beispiel uns. Doch leider tun sie das nicht, auch wenn sie, indem sie dann älter werden, oft genau das von den Eltern übernehmen, was sie besser nicht übernehmen sollten. Der Züricher Jugendpsychologe Allan Guggenbühl verweist auf einen alten Irrtum der Pädagogen (74): »Vorbilder können nicht Programm oder Inhalt der Pädagogik sein, da die Wahl des Vorbildes ein tief persönlicher Akt ist. Die Kinder und Jugendlichen wählen ihre Vorbilder autonom. Vielfach handelt es sich sogar um Personen, die im Gegensatz zu den Werten der Familie oder Schule stehen. Vor allem bei Jungendlichen befiehlt die antagonistische Beziehung zu den Erwachsenen, dass offizielle Vorbilder abgelehnt und alternative Figuren gewählt werden ... Die Jugend sucht sich ihre Vorbilder in der eigenen Subkultur und entsprechend ihren Generationsmythen. Von den Erwachsenen erwartet sie höchstens, dass sie sich aufregen. Die Jugend sucht in Lehrpersonen und Eltern Menschen, die sich mit ihnen ernsthaft auseinander setzen. Ob sie zu einem positi-

Jugend sucht sich die Vorbilder in der eigenen Subkultur: Nachdem im Jahre 1774 Die Leiden des junger Werther *von Johann Wolfgang von Goethe erschienen waren, galt es unter jungen Leuten mit Liebeskummer als angemessen, nach dem Vorbild Werthers dem eigenen Leben selbst ein Ende zu setzen. Der Kupferstich aus dem Jahre 1797 zeigt Werther am Boden liegend, von einem Diener aufgefunden.*

ven Vorbild werden, ist völlig offen … Statt auf die Wirkung von Vorbildern zu setzen, gilt es Kindern und Jugendlichen die Probleme zu kommunizieren, die uns beschäftigen. Wir müssen ihnen zeigen, mit welchen existenziellen Herausforderungen wir konfrontiert werden.«

Und doch ist die Erziehung der einzige Weg, Kindern und Jugendlichen zu helfen, sich zu orientieren. Nun gibt es Menschen, die sich unbestritten vorbildlich verhalten. Warum sind sie so geworden, wie sind diese Menschen, die wir gerne anderen als Vorbilder anempfehlen würden, selbst erzogen worden? Zum Beispiel Menschen, die in der Zeit des Nationalsozialismus ihr Leben riskierten, um Juden zu retten? Die Schweizerin Alice Miller hat sich in vielen Schriften mit den Folgen von Erziehung beschäftigt. In einem Aufsatz in der *Süddeutschen Zeitung* (75) verwies sie auf eine Untersuchung in den USA, die auf Gesprächen mit mehr als 400 Zeitzeugen beruhte (76), und kam zu dem Resümee: »Was die Kindheit der Retter grundsätzlich von derjenigen der Täter unterschied, ist der Erziehungsstil ihrer Eltern.« Es ging dabei nicht um religiöse oder moralische Werte wie Nächstenliebe oder Verantwortung, die die Eltern vermittelten. Denn eine solche Erziehung haben auch viele Täter oder Mitläufer genossen. Wichtig ist vielmehr etwas anderes: »Fast alle Retter gaben in den Interviews an, ihre Eltern hätten sie mit Argumenten und nicht mit Strafen zu erziehen versucht. Körperlich seien sie nur selten bestraft worden, und nie, weil die Eltern irgendeine unfaßbare Wut an ihnen abreagieren wollten.« Viele andere Befragungen belegen: Die Helfer sehen zuerst die Notlage des Gefährdeten, dann erst die Gefahren. Und sie handeln spontan, fast immer, ohne sich zuvor mit irgendjemandem zu beraten. Selbstvertrauen, die Fähigkeit, zu entscheiden und mitzufühlen, sind Charakteristika für solche Menschen, die in ungewöhnlichen Situationen ungewöhnlich mutig und selbstlos handeln.

Die angeblich harmlosen Schläge

Auch die Gewalttäter übernehmen den Erziehungsstil ihrer Eltern. Ich zitiere wieder Alice Miller: »Verhängnisvollste Folge früh erlittener Schläge ist, dass man die so erfahrene Mißachtung an die eigenen Kinder weitergibt und sie, wie einst die eigenen Eltern, als harmlos bezeichnet.« Strafen, so erklärt Miller, basieren auf der Annahme, dass ein Kind aus böser Absicht handelt. »Kein Wunder, dass ein Kind so kein Vertrauen entwickelt, sondern Furcht. Schließlich hat es gelernt, dass der Stärkere das Recht hat, seine Macht willkürlich zu gebrauchen. Ein mit Gewalt und Strafen erzogenes Kind hat Angst, neue Erfahrungen zu sammeln, denn in seinen Augen lauert überall die Gefahr, urplötzlich für Fehler oder auch nur angebliche Fehler bestraft zu werden. Dem Erwachsenen wird später der Erfahrungskompass fehlen, der ihn leiten könnte. Deshalb wird er sich Autoritäten unterwürfig beugen und Schwächere knechten, so wie er als Kind die Willkür seiner Erzieher zu spüren bekam.«

Aggressivität entsteht zuerst im Kopf und hat mit den Bildern zu tun, die sich der Aggressive von der Umwelt macht. Wer in einer aggressiven Welt aufgewachsen ist, sieht allmählich überall nur Aggressivität. Und er reagiert auf eine als feindselig empfundene Situation nach bewährtem Schema: Wenn er eigene Aggressivität als nützlich erlebt hat, dann schlägt er leicht zu und empfindet das jeweils als Befreiungsschlag. Wenn er häufig die Erfahrung gemacht hat, selbst geschlagen zu werden, dann bremst er die eigene Aggressivität und läuft (zum Beispiel sich schimpfend entlastend oder auch nur die Faust in der Tasche ballend) fort. Ich zitiere aus einer Titelgeschichte des *Spiegel* (77): »Hat ein potenzieller Aggressor seine Hemmschwelle überwunden, so rechnet er sich ... aus, welche Folgen in der gegebenen Situation wahrscheinlich sein könnten. Lohnt sich Gewalt oder nicht? Gerade hier und jetzt? Intelligenz und Weitsicht können einen Menschen mit geringem Hemmpotenzial auch jetzt noch bremsen; je dümmer, aber auch je jünger er ist, desto kurzfristiger kalkuliert er und lässt die negativen Konsequenzen der Zukunft außer Acht. Reicht die Hochrechnung nicht über die aktuellen Gegebenheit hinaus und ist der unmittelbare Erfolg vielversprechend, kommt es zur Tat.« Schlussfolgerung: »Die Duldung von Aggressionen wirkt verstärkend. Aggressive Kinder müssen gestoppt werden, nicht belohnt.« Noch in den 1968er Jahren hat sich »antiautoritäre« Erziehung für ein Gewährenlassen entschieden. Und der Wiener Kabarettist Helmut Qualtinger ließ in seinem Dialekt die jungen Leute mit dem sie selbst beschreibenden Zitat zu Worte kommen, das auch heute charakteristisch ist für pubertäres Verhalten: »Wir benehmen sich immer so.« Wo keine Grenzen gesetzt werden, kann sich ein Kind auch nicht orientieren. Es versteht sich von selbst, dass nach meinem Verständnis die Alternative zur antiautoritären Erziehung nur die nichtautoritäre, nicht etwa die autoritäre Erziehung sein sollte. Die folgenden zwei Sätze gefallen mir, weil sie, wie ich glaube, besonders treffend sind: Wenn man ein Kind erzieht, lernt es zu erziehen. Wenn man einem Kind Moral predigt, lernt es Moral zu predigen.

Die Erziehung hat, wie man mittlerweile nachweisen kann, sogar Einfluss auf das spätere Glück oder Unglück in einer Partnerschaft. Das Modell der Herkunftsfamilie spielt dabei eine wesentliche Rolle. Leipziger Psychologen haben einen repräsentativen Querschnitt der Bevölkerung, 1104 Menschen im Alter von 18 bis 50 Jahre befragt, wie zufrieden sie in ihrer Partnerschaft sind und welche Erinnerungen an Kindheit und Jugend zu Hause sie haben. Ergebnis: »Ein ablehnendes und wenig emotional warmes elterliches Erziehungsverhalten geht mit einer geringeren Partnerschaftszufriedenheit einher.« (78)

Feindbilder

Schon Adam und Eva im Paradies waren verführbar. So schildert es der biblische Mythos. »Weil die Evolution keine wirkliche Kontrolle darüber hat, was ›zu viel‹ ist« – so erklärt das der Anthropologe und Psychologe Scott Atran von der University of Michigan. Atran meint damit zum Beispiel, das angeborene menschliche Verlangen nach etwas Süßem – der Apfel im Paradies, »eine Lust für die Augen«, wie Eva fand, »und verlockend, weil er klug machte« – oder das Bedürfnis nach Sexualität werde kommerziell manipuliert, »bis es schädlich wird und uns sogar selbst zerstört« (79). Und im Prinzip nichts anderes sei die aus religiöser, ideologischer und politischer Propaganda erwachsende Dämonisierung anderer Menschen. Scott Atran hat das Profil des Selbstmordattentäters unserer Zeit gezeichnet, der sich als lebende Bombe zur Verfügung stellt (80): Dieser hat meist eine gute Ausbildung und zählt wirtschaftlich nicht zu den Benachteiligten. Er hat viele Freunde. Er gehört der Mittelschicht an, ist gläubig, aber nicht fanatisch religiös. Keineswegs sind die Selbstmordattentäter lebensüberdrüssig. Allerdings werden sie von »charismatischen Trainern« psychisch manipuliert, bis sie bereit sind, ihr Leben einzusetzen. Das ist dann der Fall, wenn es gelingt, ein Bedrohungsszenario zu kreieren, »ähnlich wie das auch Armeen in demokratischen Ländern tun«. »Haß nährt sich aus kognitiven Mißverständnissen, die wir selbst befördern«, formulierte der Frankfurter Gehirnforscher Wolf Singer als Antwort auf die Terrorakte in den USA vom 11. September 2001 (81): »Was jedoch von uns selbst geleistet werden könnte, wäre die Dekonstruktion der Feindbilder.« Denn: »Das Böse ist vom Guten weniger denn je zu trennen ... Unverzüglich zu korrigieren wären jedoch die Trugbilder, denen wir uns selbst hingeben und die wir in unserer Selbstdarstellung verherrlichen.«

Die Ambivalenz von gut und böse

Bereits der Mythos vom »Sündenfall« und der Vertreibung der Menschen aus dem Paradies zeigt etwas von dieser Ambivalenz von gut und böse. Der erste Mensch hieß Adam, weil er, wie die Schöpfungsgeschichte beschreibt, aus Erde (hebräisch: *adamah*, dem fruchtbaren Schwemmland aus den Flussniederungen des Orients) geschaffen war. Gott setzte ihn in den »Garten Eden« und warnte Adam: »... von dem Baum der Erkenntnis des Guten und Bösen sollst du nicht essen, denn an dem Tage, da du von ihm issest, musst du des Todes sterben.« Aus einer Rippe Adams schuf ihm der Schöpfergott seine künftige Frau Eva (anders geschrieben: *Hawa*). Sie trägt den Namen der phönizischen Schlangengöttin, die auch sonst in der Mythologie als Mutter der Menschen bekannt ist. Damit wird der hohe Rang der Eva bezeugt. Spuren uralter Schlangenkulte sind übrigens auch an anderer Stelle im Alten Testament zu finden (4. Mose 21).

Die Geschichte vom Sündenfall beginnt mit einem Dialog zwischen Eva und einer Schlange über das göttliche Essverbot. Anscheinend hat sich die Figur der Eva aufgespalten. Die Schlange ist damit als Göttin gekennzeichnet. Sie beruhigt Eva: »Ihr werdet keineswegs des Todes sterben, sondern Gott weiß: An dem Tag, da ihr davon esset, werden eure

Ambivalenz von gut und böse: Die Schlange im Paradies, Verführerin der Eva, war zugleich eine Göttin. Bereits der Name Eva erinnert an eine phönizische Schlangengöttin.

Augen aufgetan, und ihr werdet sein wie Gott und wissen, was gut und böse ist.« Eva glaubt der Schlange, isst von der verbotenen Frucht und gibt auch Adam davon. Im ersten Buch Mose finden sich, etwas ineinander verschlungen, zwei Darstellungen des Falles. In der ersten ist der Schöpfergott empört über das Verhalten der Schlange, Evas und Adams, verflucht die Schlange und bestraft die Menschen (1. Mose, 3, 14–19). In der zweiten Darstellung nimmt Gott ihr Handeln ohne Zorn zur Kenntnis (Vers 22): »Siehe, der Mensch ist geworden wie unsereiner und weiß, was gut und böse ist.« Gott weist den Menschen zwar aus dem Paradies, aber zugleich überträgt er ihm die Aufgabe (Vers 23), »dass er die Erde bebaute, von der er genommen war.« Anschließend folgt in der biblischen Geschichte wieder die Fortsetzung der ersten Variante, wonach Gott die Menschen aus dem Paradies vertreibt und vor den Garten Eden »die Cherubim mit dem flammenden, blitzenden Schwert« als Wache aufstellt.

Die Ambivalenz drückt sich nun im Bild der Schlange aus. Ich beziehe mich dabei auf die Forschungsergebnisse von Walter Beltz (82). Der ursprüngliche Mythos, so Beltz, beurteilt das Verlangen der Frau, klug zu werden, positiv. Und der Schlange, der Göttin der Kultur bringenden Küstenvölker, wird ihr Anteil am Weg des Menschen vom Nomadendasein in die Ackerbaukultur zugestanden. Zugleich aber wird sie verflucht. Denn die Schlange ist schuld daran, dass der aus dem Paradies vertriebene Mensch nun »im Schweiße seines Angesichts« sein Brot essen muss und die Frau »viel Mühsal« zu erleiden hat, wenn sie schwanger ist.

Aktiv und passiv

Die Dynamik unseres Lebens drückt sich buchstäblich im Tempo aus: Ein Maler im alten China hatte den Auftrag, einen Hahn auf dem Misthaufen im Moment des Krähens zu zeichnen. Er sagte zu, die Zeichnung anzufertigen, aber nichts geschah. Offensichtlich hatte der Maler wochenlang noch nicht einmal angefangen mit dem Bild. Der Auftraggeber war mittlerweile sehr ungeduldig und drängte den Künstler, ihm das bestellte Bild abzuliefern. Nichts passierte. Eines Tages kam der Auftraggeber ins Atelier und suchte wieder einmal vergebens nach dem gewünschten Bild vom Hahn. Der Maler beruhigte ihn und bat ihn, Platz zu nehmen. Daraufhin stellte er sich vor die Leinwand und zeichnete in wenigen Minuten ein meisterliches Bild von einem krähenden Gockel. Der Auftraggeber war höchlichst irritiert: »Warum habt Ihr mich so lange warten lassen, wenn es für Euch doch nur einer Anstrengung von wenigen Minuten bedurfte, die Zeichnung anzufertigen?« »Ihr vergesst, dass ich viele Male den Hahn im Moment des Krähens beobachten musste, um das Charakteristische eben dieses Moments genau wahrzunehmen. Erst nachdem ich also vielmals morgens früh aufgestanden und den Gockel beim ersten Hahnenschrei beobachtet habe, kann ich nun den krähenden Hahn zeichnen.«

Die Geschichte kann man sich nun selbst weiter ausmalen. Vielleicht beschimpfte die Frau des Malers den Künstler: »Du sitzt den ganzen Morgen vor dem Misthaufen, tust nichts und lässt mich das Frühstück machen.« Hinter der Passivität des Künstlers verbarg sich seine Aktivität. Das gilt freilich für jeden denkenden Menschen, dass man ihm den Vorgang des Denkens nicht ansieht. Und insofern ist auch die Karikatur eines Beamten womöglich höchst ungerecht. Man sagt, Beamter könne werden, wem es gelänge, den ganzen Tag aus dem Fenster zu schauen, ohne einen einzigen Gedanken zu haben. Der Prozess der geistigen Arbeit vollzieht sich so, dass unter Umständen erst in der Phase der Entspannung der richtige Einfall kommt. Also zum Beispiel kurz vor dem Einschlafen oder beim Dösen im verrauchten Bus, wo anno 1865 der deutsche Chemiker August Kekulé, wie er selbst berichtete, plötzlich die lange gesuchte ringförmige Struktur des Benzolmoleküls vor seinem inneren Auge sah. Oder auf Sizilien in einer Badewanne. Da löste der griechische Forscher Archimedes das Problem des Königs Hieron II. von Syrakus. Dieser hatte sich eine Krone, angeblich aus reinem Gold, anfertigen lassen. Der König war sich aber nicht sicher, ob nicht der Goldschmied das Gold mit dem billigeren Silber legiert hatte. Archimedes also sollte herausbekommen, ob die Krone echt war – ohne sie jedoch zu zerstören. Der Gelehrte bemerkte, dass beim Hineinsteigen in die randvolle Badewanne das Wasser überlief – und hatte den Geistesblitz: Wenn er die Goldkrone in ein mit Wasser gefülltes Gefäß tauchen würde, dann könnte er messen, wie viel Wasser überlaufen würde. Eine gleich schwere Menge Goldes würde genauso viel Wasser überlaufen lassen. Enthielte allerdings die Krone neben Gold auch Beimengungen von Silber, das spezifisch leichter ist, dann müsste sie ein größeres Volumen von Wasser verdrängen. Außerordentlich erregt über diesen Einfall

Archimedes in der Badewanne

»Heureka, ich hab's herausgefunden!«, soll Archimedes gerufen haben, als ihm in der Badewanne eine geniale Idee gekommen war, das bis heute so genannte archimedische Prinzip.

und nun wieder hoch aktiv soll Archimedes aus der Wanne gesprungen und zum Palast des Königs, mit dem er verwandt war, gerannt sein: *Heureka, heureka* (Ich hab's herausgefunden) rufend. Wie sich dann herausgestellt haben soll, hatte der Goldschmied tatsächlich mit Silber gearbeitet, was er mit dem Tode büßen musste. Die Entdeckung heißt heute archimedisches Prinzip. Auch für den Dichter Thomas Mann waren die täglichen Spaziergänge, scheinbares Nichtstun, Voraussetzung für kreative Arbeit. Insofern war es nicht ganz blöd, dass in Preußen die höheren Beamten vom Oberregierungsrat an aufwärts eine Couch im Büro hatten – und diese auch während der Arbeitszeit nutzen durften.

So kann man nach dem »Zwiebelmodell« sagen: In der Passivität versteckt sich Aktivität. Es gibt verschiedene Beschreibungsweisen des Menschen. Der um 400 vor Christus lebende griechische Arzt Hippokrates, dessen Eid und das heißt dessen ethischen Vorstellungen sich die Ärzte von heute immer noch verpflichtet fühlen, hat eine Typologie der vier Temperamente entworfen. Analog zu den vier Elementen der Antike: Feuer, Wasser, Luft und Erde, den vier Zuständen: heiß, trocken, kalt und feucht, sowie der Vorstellung von viererlei Körpersäften: Gelbe Galle, Schwarze Galle, Schleim und Blut benannte Hippokrates: den im Wesentlichen Passiven als Phlegmatiker, den Heftigen, Aufbrausenden als Choleriker, den leicht Erregbaren und ebenso schnell wieder zu

Der Sanguiniker

Der Melancholiker

Der Choleriker

Der Phlegmatiker

Die vier Temperamente des Hippokrates: Charakterisierungen, mit deren Hilfe man die Entwicklung eines Menschen im Laufe seines Lebens prognostizieren kann.

Beruhigenden, Heiteren und Lebendigen aber auch Ruhelosen Sanguiniker und den Schwermütigen Melancholiker. Diese Kategorisierung, die auf genauer Beobachtung der Menschen beruhte, kann auch heute noch helfen, die Entwicklung eines Menschen im Laufe seines Lebens zu prognostizieren. Der Psychoanalytiker Carl Gustav Jung traf knapp 2400 Jahre nach Hippokrates eine Unterscheidung der Menschen nach zwei Temperamenten, dem nach außen gerichteten, also vorzugsweise aktiven Extravertierten und dem nach innen orientierten Introvertierten. Man kann schließlich den passiven Menschen auch als antriebsarm, den Aktiven im Extremfall als gehetzt bezeichnen.

Definitionen sind nützlich, wenn sie zum besseren Verständnis beitragen. Der Münchner Psychologe und Psychotherapeut Adrian Urban beschreibt neben der Extra- und der Introvertiertheit sowie der Frage, wie wenig oder wie stark neurotisch jemand ist, wie gesund also sein Selbstwertgefühl ist, noch weitere drei relativ stabile übergeordnete »Persönlichkeitsfaktoren, die sich mit wissenschaftlichen Methoden bei fast jedem Menschen feststellen lassen«. Erstens: Liebenswürdigkeit und Verträglichkeit. Dazu gehören eine mehr oder weniger ausgeprägte menschliche Wärme, Hilfsbereitschaft und Toleranz. Zweitens: Gewissenhaftigkeit. Sie umfasst Eigenschaften wie Ordentlichkeit, Beharrlichkeit und Zuverlässigkeit. Drittens: Die Offenheit für Erfahrungen. Dazu gehören das mehr oder minder intelligente Verhalten sowie das Verhältnis zu Bildung und Kultur (83).

Die verschiedenen Möglichkeiten, Charaktere zu beschreiben, erlauben uns auch, kulturbedingte Veränderungen zu benennen. Nie zuvor haben die Moden so rasch wie heute gewechselt. Noch Anfang des 20. Jahrhunderts kaufte sich der Durchschnittsbürger einen Wintermantel fürs Leben oder einen »guten Anzug« für Jahrzehnte. Jüngere Kinder mussten die Kleidung der älteren »auftragen«. Haltbarkeit, Dauerhaftigkeit, war ein wesentliches Kriterium für eine Kaufentscheidung. Heute ist es der Wunsch nach Veränderung, der zu permanentem Konsum reizt. Und infolgedessen polarisiert unsere Kultur die Menschen in Aktive und Passive. Denn Voraussetzung für Konsum ist es, die Aufmerksamkeit des potenziellen Konsumenten zu erregen. Das erfordert die Aktivität einer Minderheit und die Passivität der Mehrheit. Dies gilt ganz allgemein: Um überhaupt beachtet und also (wieder)gewählt zu werden, muss ein Politiker – aber auch sonst jeder auf Öffentlichkeit Angewiesene – möglichst permanent in den Medien, vorzugsweise im Fernsehen, präsent sein. Dasselbe gilt für jegliche zum Kauf feilgebotene Ware. Sie wiederum benötigt den passiven Konsumenten, etwa den Fernsehzuschauer, der lediglich auf einen Reiz reagiert, etwa der Art: »Otto, find ich gut.«

Reflexkultur

Für mich ist der Autofahrer mit dem »Bleifuß« ähnlich mobil wie der Fernsehzuschauer mit der Fernbedienung. Sie reagieren beide bei bestimmungsgemäßem Gebrauch reflexartig. Es ist nicht gerade eine

Freude, mit einem passiven Menschen zu tun zu haben. Zumindest dann nicht, wenn Beweglichkeit, wenn Initiative, eben Aktivität erwünscht sind. Warum ist ein Mensch passiv, was hat er selbst davon? Ich beziehe mich auf Beobachtungen, die Edrita Fried bereits in den 1960er Jahren anstellte; eine Psychotherapeutin, die in Wien studiert hatte und dann am Medical College in New York arbeitete (84). Sie kam zu der Erkenntnis: »Untätigkeit und Trägheit eines erwachsenen Menschen gehen entweder auf eine ›goldene‹ oder auf eine schwer belastete Kindheit zurück. Wenn Trägheit oder Unbeweglichkeit andauern, sind sie meist auf eine der beiden Ursachen zurückzuführen.«

Ursachen der Passivität

Das kleine Kind lebt im Normalfall in engster Bindung an die Mutter. Wenn es in diesem Zustand bleibt, die Mutter also das Kind in Abhängigkeit hält, anstatt es zur Selbständigkeit zu erziehen, entwickelt sich eine »Tu-es-für-mich-Persönlichkeit«, wie Edrita Fried sie nennt. Der in der Kindheit permanent verwöhnte Mensch will auch als Erwachsener versorgt und behütet werden. Er will gut leben, aber keine Anstrengungen auf sich nehmen. Eine fordernde Passivität also. Sie fordert mit größter Selbstverständlichkeit eine Kompensation für das verlorene Paradies des totalen Umsorgtwerdens. Ein solcher Mensch will alles haben und sieht nicht im mindesten Anlass dafür, dankbar zu sein. Denn was ihm auch immer gewährt wird, es ist niemals genug.

Wenn Kinder dagegen zu wenig Liebe und Fürsorge empfangen, können sie eine andere Art von Passivität entwickeln: Sie verschanzen sich hinter selbst auferlegter Gefühl- und Teilnahmslosigkeit – einem Schutzwall also. Als Erwachsener kann so ein Mensch, wenn er eine auch nur leichte Enttäuschung erlebt, in dieses Lebensmuster zurückfallen – die »Abwehr-Passivität«, wie Fried sie nennt: »Wo solche Abwehr-Passivität ausgebildet und später beibehalten wird, kommen immer widersprüchliche Wünsche auf. Ein tiefes, aber nie eingestandenes Verlangen nach Zärtlichkeit stößt mit dem inneren Zwang zusammen, jede freundlich ausgestreckte Hand zurückzuweisen.«

Passive Menschen sind, wie gesagt, für die Mitwelt alles andere als eine Freude. Sie erscheinen obendrein schrecklich dumm – auch wenn sie nur so aussehen mögen. Denn, so beobachtete Edrita Fried, »Menschen, die ganz in ihrer selbst gewählten Passivität versunken sind, neigen zu stereotypem Denken und geben sich mit den oberflächlichsten Erklärungen zufrieden, weil diese wenig Gedankenarbeit erfordern. Sie stellen gern und häufig Fragen und benehmen sich dabei wie Kinder, die – bis zu einem gewissen Alter mit voller Berechtigung – erwarten, daß man ihnen alles erklärt. Abgedroschene Phrasen werden immer wieder verwendet ...« Viele passive Menschen sehen, so Fried, den Zusammenhang von Ursache und Wirkung nicht mehr und erfinden Zusammenhänge. Ihre intellektuelle und emotionale Neugier ist verkümmert, sie sind uninformiert. Und weil sie so träge sind, auch im Begreifen, bemerken sie nicht einmal, warum sie anderen so sehr auf die Nerven gehen.

Ich habe schon in anderen Zusammenhängen erklärt, dass wir weitgehend reflexartig handeln, ohne darüber nachzudenken; andernfalls könnten wir Routineaufgaben nicht routiniert erledigen. Freilich handeln wir auch dort gewohnheitsmäßig, wo uns dies gar nicht gut tut: Der Griff zur Zigarette, zur Flasche, zur süßen Nascherei geschieht reflexartig. Wir greifen unbewusst auf das zurück, von dem wir erfahren haben, dass es unser Befinden bessert. Robert Thayer, Psychologe an der California State University in Long Beach, sagt (85): »Es gibt viele wissenschaftliche Beweise dafür. Wir essen, weil wir müde, gelangweilt, einsam, ängstlich, deprimiert oder gestresst sind ... Alle diese Seelenzustände gehen einher mit stark herabgesetzter Energie und/oder steigender Anspannung.« Thayer verweist auf den paradoxen biologischen Effekt, wonach physische Aktivität den Energiepegel heraufsetzt. Ein bisschen Bewegung vertreibt Müdigkeit, Anspannung und auch den Heißhunger auf etwas Süßes. »Wir müssen die Wechselwirkung zwischen Essen, Stimmung und körperlicher Aktivität erkennen lernen. Und wir sollten herausfinden, wie wir typischerweise auf Stress und Anspannung reagieren. Wenn wir das durchschauen, wissen wir auch, wo wir ansetzen müssen, um unsere Trägheit zu überwinden.« Das heißt, wir müssen ein »Stimmungsmanagement« betreiben. Doch die Psychologiepublizistin Ursula Nuber warnt: Den meisten Menschen ist nicht klar, worauf sie sich einlassen, wenn sie zu der Erkenntnis gekommen sind: »So kann es nicht weitergehen!« und daraus die Konsequenz ziehen wollen. »Sie überschätzen das Ausmaß der möglichen Veränderung, sie unterschätzen die Zeit, die es dauert ...« 25 Prozent aller guten Vorsätze würden nach durchschnittlich 15 Wochen scheitern. Fünf bis sechs Anläufe seien im Durchschnitt notwendig, ein Ziel zu erreichen. »Wer sich verändern will, lebt oft lange Zeit in einem Niemandsland zwischen dem ›Nichtmehr‹ und dem ›Nochnicht‹. Dies ist ein Zustand, der nicht leicht auszuhalten ist ...« (85)

Die große Langeweile

Wer einmal Kinder an ihrem ersten Schultag beobachtet, kann sich daran erfreuen, wie sie mit leuchtenden Augen auf den Beginn des Unterrichts warten. Aber bereits nach wenigen Wochen werden ihre Augen stumpf und von Freude ist (jedenfalls in sehr vielen Fällen) keine Spur mehr zu erkennen. »Da Langeweile in der Schule unbestreitbar vorkommt und vielfach davon ausgegangen wird, daß Schüler das hinzunehmen und auszuhalten haben, kann die Einübung in das Ertragen von Langeweile als Element des heimlichen Lehrplans der Schule angesehen werden.« So formulierte es bissig der Pädagoge Wolfgang Fichten (86). Dabei hat schon vor etwa 200 Jahren der deutsche Philosoph und Pädagoge Johann Friedrich Herbart festgestellt, langweilig zu sein sei »die ärgste Sünde des Unterrichts«. Bereits 1929 sind in einer Studie 81 Aufsätze dreizehnjähriger Jungen zum Thema Langeweile (*Als mir mal langweilig war* und *Unterrichtsstunden, in denen mir langweilig ist*) ausgewertet worden. Ergebnis: Langeweile ist das Merkmal eines Unterrichts, in dem die Motorik stillgelegt und der Schüler in die Passivität getrieben wird. Seither ist vielfach dokumentiert worden, dass Unterrichtsmethoden, Unterrichtsinhalte und die Beziehung zwischen Lehrern und Schülern Ursache für Langeweile und ein Weg in die Passivität sind.

Das unbewegliche Kind

Verstärkt wird diese Entwicklung zu passiven Menschen bereits im Kindesalter durch das Sitzen vor dem Fernseher, ergänzt durch Computerspiele. Folge ist eine nachweisbare Veränderung des körperlichen Zustands der Kinder. Klaus Bös, Sportwissenschaftler an der Universität Karlsruhe, hat anno 2002 die Ergebnisse einer Studie mit knapp 1500 Grundschülern aus 33 deutschen Schulen vorgestellt. Beispiel Laufen: Im Jahre 1976 rannten zehnjährige Jungen in sechs Minuten durchschnittlich 1024 Meter weit, im Jahre 1996 dagegen nur noch 876 Meter. Bös: »Teilweise hat die Leistungsfähigkeit seit Mitte der 70er Jahre um 10 bis 20 Prozent abgenommen.« (87) Folgen von Bewegungsarmut, denn das ist die Ursache, sind messbare Gelenk- und Skelettveränderungen und häufigere Unfälle aufgrund von geringerer Körperbeherrschung. Werden doch bereits Babys in Sitzschalen abgestellt, »wo ihnen nichts passieren kann, aber eben auch nichts passiert«, so die Osnabrücker Sportwissenschaftlerin Renate Zimmer. Sie hat vier- bis sechsjährige Kinder auf ihre körperliche Geschicklichkeit hin untersucht. Ergebnis: eine durchschnittliche Verschlechterung um zehn Prozent innerhalb von 15 Jahren (87).

Angesichts solcher Beobachtungen wundert es nicht, dass die bereits als Kinder zur Passivität erzogenen lebenslangen Konsumenten der Fernseh- und Boulevardmedien-Bilderreizwelt, wenn sie schließlich alt geworden und in einem Heim gelandet sind, (jedenfalls sehr oft) nur noch dahindämmern. Dem Pflegepersonal kann es recht sein, wenn die ihm Anvertrauten auf diese Weise ruhig gestellt sind.

Dabei weiß man, dass Menschen, die extrem reizarm leben, zum Beispiel auf einer weichen Matratze liegen, die Druckgeschwüre vermeiden soll, bereits nach 30 Minuten über Störungen der Körperwahrnehmung berichten: von sich lösenden Händen und Beinen, von breiigem Körpergefühl. Man kann gegen den Verlust des Gefühls für den eigenen Körper durchaus etwas tun; zum Beispiel mit Hilfe von Musik.

Mit Musik gegen den Schmerz

Musikberieselung ist eine – oft gewünschte – Plage unserer Zeit, welche besonders gut die Passivität fördert. Dass man Musik auch therapeutisch nutzen kann, um das Gegenteil zu erreichen, wird seit wenigen Jahrzehnten zwar systematisch untersucht, aber oft unsystematisch praktiziert. Die Erfahrung ist uralt. Bereits das Alte Testament berichtet darüber, wie das Harfenspiel von David die Schwermut von König Saul milderte (»der böse Geist wich von ihm«, 1. Samuel 16, 23). Viele Ärzte oder auch Zahnärzte lassen in ihren Praxisräumen Musik laufen – freilich im Allgemeinen solche, die *ihnen* gefällt. Seit Mitte der 1970er Jahre arbeitet man im Sportkrankenhaus Hellersen in Lüdenscheid mit Musik. Anfangs dudelte ein Programm-Mix aus allen Lautsprechern – was fast alle Patienten schrecklich fanden. Mittlerweile wählen die Patienten selbst ihr Programm aus, das sie vor und während einer Operation begleiten soll, um es dann über Kopfhörer zu empfangen. Das Repertoire wurde gemeinsam mit Studenten der Musiktherapie an der Universität Münster zusammengestellt. Nun sind fast alle Patienten damit zufrieden – und das Krankenhaus spart bis zu 50 Prozent Schmerz- und Beruhigungsmittel ein. In der Ambulanz der Universität Witten/Herdecke erleben Schmerzpatienten durch Musik, dass sie noch andere Empfindungen haben können als den Schmerz.

Überaktiv

Überraschen muss es allerdings, dass in einer Gesellschaft, die zur Passivität verleitet, auch die Überaktivität (oder *Hyperaktivität*) vor allem der Kinder beklagt wird. Von dem als krankhaft angesehenen »hyperkinetischen Syndrom« (englisch: *Attention Deficit Hyperactivity Disorder*, ADHD) sind in Deutschland schätzungsweise fünf bis zwölf Prozent aller Kinder betroffen. Hier zeigt sich erneut die Richtigkeit der Regel, dass immer auch mehr oder weniger stark ausgeprägt das Gegenteil zutrifft. Die Ursache für ADHD ist nicht genau bekannt. Anscheinend ist die »Datenverarbeitung« im Gehirn gestört, und diese Störanfälligkeit ist unter gewissen Umständen erblich. Therapien fruchten jedenfalls in schweren Fällen anscheinend nur dann, wenn die Kinder gleichzeitig ein beruhigendes Medikamente einnehmen. Der Verkauf solcher Medikamente, die, nebenbei gesagt, alles andere als harmlos sind, ist insbesondere in den USA auf eine Rekordhöhe gestiegen; gewiss kein Zufall.

Den *Zappelphilipp* hat als erster 1844 der Nervenarzt und Kinder-

Überdreht oder untererregt, der Zappelphilipp von Heinrich Hoffmann, anno 1844: »... Bis der Stuhl nach hinten fällt; Da ist nichts mehr, was ihn hält ...«

buchautor (*Struwwelpeter*) Heinrich Hoffmann beschrieben: »Er gaukelt / Und schaukelt / Er trappelt / Und zappelt / Auf dem Stuhle hin und her.« Heute weiß man, dass solche Kinder entweder überdreht oder »untererregt« sind – jedenfalls in ihrem Wachheitszustand der Situation nicht angepasst. Sie können schwer aus Erfahrung lernen und schon gar nicht Selbstkontrolle. Der Selbstkontrolle wird allerdings in unserem Kulturkreis, anders etwa als in Japan, auch wenig Bedeutung beigemessen.

Natürlich hat der Zustand unserer Schulkinder mit den schon erwähnten Zuständen in den Kinderzimmern zu tun. Die Kinder, so der Deutsche Sportbund, »werden sozialisiert als Sitztiere«. Dort, wo üblicherweise der Fernsehapparat läuft, werden Hör- und Sehsinn angeregt; Reize, die weder zum Handeln noch zum Entscheiden zwingen. Riechen und Fühlen, Atmen und Sprechen werden vernachlässigt. Wer sich daran gewöhnt, ständig nach prickelnden Reizen zu suchen, braucht allmählich immer stärkere Reize. Eine Brutalisierung der Filme, die das Fernsehen zeigt, ist geradezu eine notwendige Folge der Regel, die man benennen könnte: Die Vermehrung der Langeweile durch deren unentwegte Bekämpfung. Wer den Anspruch an die Welt stellt, ständig Spaß zu haben, dem vergeht der Spaß ganz schnell. Mit der Überaktivität ist wahrscheinlich genau deshalb sehr oft die Unfähigkeit verbunden, aufmerksam sein zu können. Selbst wenn mit dem Älterwerden der Kinder die Überaktivität nachlässt, bleibt die Aufmerksamkeitsstörung. Dagegen helfen keine Medikamente, dagegen hilft aber sehr wohl intensive verhaltenstherapeutische oder einfach nur gute pädagogische Arbeit.

Immer allein

»Allein, immer allein ...«, so beginnt das Lied aus Franz Lehárs Operette *Der Zarewitsch* vom Wache haltenden Soldaten am Wolgastrand. Anders als es hier intoniert wird, ist mit dem Wort »allein« in seiner ursprünglichen Bedeutung nichts Negatives gemeint; im Gegenteil: »Allein« kommt vom mittelhochdeutschen *al-ein*, dem »mit sich selbst einig, mit sich selbst im Reinen sein«. »Einsam« meint in der frühen Bedeutung dasselbe: *allein-sam* im Gegensatz zu gemeinsam. Die Silbe *-sam*, ursprünglich ein selbständiges Wort, bedeutet »von gleicher Beschaffenheit« (englisch *the same*, derselbe). Es geht also auch hier um das ganz authentische Bei-sich-Sein.

Ganz bei sich sein: Der heilige Antonius vor der Stadt. Albrecht Dürer, 1519

Mit sich eins sein

Schöpferische Prozesse sind an dieses Bei-sich-selbst-Sein gebunden, also an Einsamkeit. Das ist eine uralte Erfahrung. Die Evangelien des Neuen Testaments berichten davon, dass sowohl Johannes der Täufer als auch Jesus immer wieder meditierend und fastend in die Wüste gingen; Vorbild für das mönchische Leben der letzten zwei Jahrtausende. Allein zu sein, so sah es der Biorhythmusforscher Jürgen Zulley vom mittlerweile weitgehend aufgelösten Max-Planck-Institut für Verhaltensphysiologie im oberbayerischen Andechs, ist Teil unserer biologischen Ausstattung. Wer zu vielen Reizen ausgesetzt war, braucht anschließend das reizlose Bei-sich-Sein. Die Max-Planck-Forscher in Andechs haben das in den letzten Jahrzehnten des vorigen Jahrhunderts experimentell überprüft. Freiwillige lebten jeweils einige Wochen lang in völliger Abgeschiedenheit bei künstlichem Licht in einem »Bunker«, ohne Telefon, Radio oder Fernsehapparat; lediglich Briefe waren als Kontakt zur Außenwelt erlaubt. Der Proband konnte Musik hören oder selbst musizieren, konnte lesen und arbeiten und sich selbst das Essen bereiten. Die meisten der 450 Teilnehmer an diesen Isolationsexperimenten erlebten die Zeit des Mit-sich-allein-Seins sehr positiv. Eine wesentliche Erfahrung war, dass sie Literatur oder Musik viel intensiver als gewöhnlich aufnehmen konnten und dass auch ihre Träume intensiver waren.

Wir kennen heute besser das Außer-sich-Sein; machen die Erfahrung, wenn wir schnell eine weite Strecke geflogen sind, anschließend längere Zeit noch nicht ganz da zu sein, obwohl wir bereits am Ziel an-

In der Mitte sein: Dämpfe steigen aus einer Erdspalte auf. Und weil Mutter Erde von Anbeginn Zeugin alles Geschehens war, kann sie auch Rat geben für die Zukunft. Diese Vorstellungen begründeten das Orakel von Delphi, zugleich dem Nabel der Welt, mit der weissagenden Priesterin Pythia. Radierung aus dem 19. Jahrhundert. SV-Bilderdienst

gekommen sind. Nur wenige Menschen haben die Begabung, immer bei sich zu sein, wo auch immer sie sind – und damit auch nicht heimatlos. Vor 1200 Jahren musste Kaiser Karl der Große, der das erste vereinte Europa gründete, in einer sehr unwirtlichen Welt, die großenteils aus Urwäldern bestand, auf eine Hauptstadt wie Rom, Byzanz, Jerusalem oder Babylon verzichten. Er war ständig unterwegs, aber nicht als ein Gesandter, so wie heute mancher Außenminister »Reisediplomatie« treibt. Wo auch immer Kaiser Karl weilte, war in seiner Person das Zentrum des Reiches. Dort empfing er jeweils Boten aus aller Welt und schickte Befehle in alle Welt. Ich finde, das ist in unserer Zeit auch ein schönes Bild für das In-seiner-eigenen-Mitte-Sein.

Der Bauchnabel ist mehr als nur ein Bild für die eigene Mitte. Für die alten Griechen gab es sogar den Nabel der Welt, den *Omphatos*. Weil die Erde eine Kugel ist, ist jeder Ort der Mittelpunkt der Welt. Für die Griechen war das Delphi – sehr passend, denn die Wortwurzel *delph* bedeutet »Mutterleib«. Die weissagende Pythia im Orakel von Delphi saß an einer Erdspalte, aus der Dämpfe aufstiegen, neben sich den Omphatos, einen runden Stein, eingewickelt in eine Windel. Man kann ihn heute noch im Museum in Delphi anschauen. Delphi, die älteste griechische Orakelstätte, war der Mutter Erde, der Göttin Gaia gewidmet. Weil sie von Anbeginn der Erde Zeugin alles Geschehens war, so die Vorstellung, konnte sie auch am ehesten Rat für die Zukunft geben. Man musste nur gewissermaßen in sie hineinhorchen, indem man das Ohr an eine Erdspalte legte. Und weil die Schlangen als besonders erdnah lebend bekannt waren, wurde das Orakel von Delphi von einer Schlange, der Python, bewacht; der Name spiegelt sich noch in dem der weissagenden Priesterin Pythia. Allgemein wurden Schlangen in der Alten Welt als Götter verehrt. Die Schlange in der biblischen Schöpfungsgeschichte bewahrt noch eine kleine Erinnerung daran. Und die Mutter der Menschheit, Eva, trägt, wie oben schon erwähnt, den Namen einer Schlangengöttin. Alle Meditationstechnik heute, in der es darum geht, seine eigene Mitte zu finden und damit aus der Intuition richtig zu handeln, konzentriert sich auf den Bauchnabel; und damit zeigt sich auch etwas von der unvergänglichen Weisheit der alten Griechen.

In den Ordnungen unserer Zeit spielt als Bild weniger die Mitte als das irgendwie seitlich (lateral) Gelegene neuerdings eine Rolle. Früher hätte man sich zum Beispiel unter einem Kollateralschaden Kratzer am Kotflügel eines Autos vorstellen können. Heute geht es dabei um einen Schaden, der zentral und tödlich die nicht Gemeinten trifft, ähnlich dem *friendly fire*. Früher gab es bilaterale oder multilaterale Beziehungen, die so etwas wie ein Gleichgewicht von Geben und Nehmen ausdrückten. Heute ist die Beziehung der USA zur Welt unilateral, also einseitig und ungleichgewichtig. Eigentlich will man in der Weise der alten Griechen ausdrücken: Die USA sind der Mittelpunkt der Welt, und alles andere ist dann eben lateral gelegen, das Alte Europa etwa. Aber das getraut man sich nicht so zu sagen. Unter *Mitte*, wenn man es denn so sagen wollte, wäre natürlich nicht eine geographische Beschreibung zu verstehen, sondern vielmehr das Kraftzentrum der Welt. Tatsächlich sind die Vereinigten Staaten von Amerika hauptsächlich das Fresszentrum, das die Ressourcen der Welt unersättlich verschlingt. Man kann eben immer noch, wie einst Christoph Kolumbus, einem Hühnerei mit Gewalt eine neue Mitte geben – aber nur um den Preis, es damit zu zerstören. Man hätte dann, wie der Alteuropäer Wilhelm Busch wusste, »am Weltgebäude mitgezimmert / Und allerlei daran verschlimmert«. Doch zurück zu den Ordnungen im individuellen Leben:

Einsamkeit wird heute im Allgemeinen negativ verstanden: als die Unfähigkeit, soziale Kontakte aufzubauen, zu pflegen und zu erhalten. Der Mensch ist in der Tat von Natur aus ein soziales Wesen. Im Laufe der Evolution der Primaten zum *Homo sapiens* hat er sich so entwickelt – als ein Lebewesen, das nicht nur einer höchst differenzierten Mimik fähig ist, sondern vor allem sprechen und Sprache verstehen kann. Kontakte zu anderen Menschen sind lebenswichtig. Menschen, die dazu nicht oder kaum fähig sind, sind häufiger krank, das zeigen epidemiologische Untersuchungen. Sie haben statistisch gesehen eine geringere Lebenserwartung als Gesellige. Chronisch einsame Menschen sind zu differenzierter Kommunikation gar nicht (mehr) fähig. Sie erstarren innerlich – und sehen damit ihr Leben mehr als Bedrohung denn als Herausforderung an. Dabei kann man durchaus auch in einer Partnerschaft vereinsamen. Untersuchungen am Deutschen Jugendinstitut zeigen, dass allein lebende Singles mit einem sehr viel größeren Kreis von Verwandten, Freunden und Nachbarn Kontakte pflegen als Menschen mit Partner(in) und Familie. Die auf viele Jahre angelegte Berliner Altersstudie hat in den 1990er Jahren den Zustand der alten Menschen im Lande studiert. Ein Ergebnis: 85 Prozent der 70- bis 104-Jährigen hatten zwar im Laufe der Jahre immer weniger Bezugspersonen, die Intensität der Beziehungen ihres sozialen Netzes nahm aber nicht ab. Wenn man nun die epidemiologischen Studien interpretiert, die Einsamen höhere Krankheitshäufigkeit und geringere Lebenserwartung attestiert, kann man sagen: Gerade weil bei diesen Altgewordenen das soziale Beziehungsgefüge intakt ist, sind sie so alt geworden.

Das wäre zumindest eine erfreuliche Erkenntnis angesichts der Tatsache, dass hierzulande die Menschen immer älter werden. Während einerseits in den Entwicklungsländern die Kindersterblichkeit größer wird – zum Beispiel, weil es kein sauberes Trinkwasser gibt – wächst die Kurve der Rekordlebenserwartung der Frauen in den entwickelten Ländern seit 1840 linear (88). Das haben Jim Oeppen (Universität Cambridge, Großbritannien) und James Vaupel vom Max-Planck-Institut für demographische Forschung in Rostock nachgewiesen. Anno 1840 hatten die schwedischen Frauen weltweit die höchste Lebenserwartung: 45 Jahre. 1860 waren es die Norwegerinnen mit 52 Jahren. Im Zeitraum 1880 bis 1940 hoben die Neuseeländerinnen den Rekord allmählich auf 70 Jahre an; 1940 bis 1970 steigerten sich die Norwegerinnen auf 77 Jahre. In den 1980er Jahren verbesserten Isländerinnen und Schweizerinnen die Marke auf über 80 Jahre, anschließend entwickelte sich die weltweit höchste Lebenserwartung von 85 Jahren bei den Frauen in Japan.

Statistisch gesehen ergibt das seit 1840 einen linearen Anstieg: die Lebenserwartung steigt im Jahr um drei Monate. Anno 2020 ist bei den zukünftigen Rekordhalterinnen eine durchschnittliche Lebenserwartung von 90 Jahren zu erwarten. »Wer gesund bleiben will, muss sich vor dem Krankwerden hüten«, lautet eine Kalenderweisheit. Banal, natürlich, aber nicht unsinnig: Gemeint ist das aktive Sich-auf-das-Leben-Einlassen, in jedem Alter und unter allen Umständen. In diesen Zusammenhang passt auch die Aussage des Physikers Niels Bohr: »Der Sinn des Lebens besteht darin, dass es keinen Sinn hat zu sagen, dass das Leben keinen Sinn hat.«

IX. Anfang und Ende

Das Bild vom Anfang

Anfang und Ende sind die Eckpunkte jeder Orientierung. Das zeigt sich in zahlreichen Bildern. Man kennt etwas »von A bis Z«. Der in der Metapher enthaltene Hinweis auf Anfangs- und Endbuchstabe des Alphabets drückt Vollständigkeit aus. Im Griechischen sind die entsprechenden Buchstaben Alpha und Omega, A und O. So lässt das ursprünglich auf Griechisch geschriebene biblische Buch der Offenbarung (1,8) Gott sagen: »Ich bin das A und das O.« Seitdem der Mensch das Fernrohr erfunden hat, bemüht er sich, über seinen engen Horizont hinauszublicken und die Anfänge des Universums zu ergründen.

Die Kosmologen können sich im Grunde nur auf wenige Beobachtungen stützen, »diese sind aber derart fundamental, dass der Phantasie enge Grenzen gesetzt sind«, so kommentierte die *Neue Zürcher Zeitung* (89). Das heißt, die uns möglichen Erkenntnisse sind grundsätzlicher Art, Widerspruch ließe sich kaum begründen. Wir werden zwar niemals fähig sein, unsere Milchstraße zu verlassen. Aber dennoch können wir weit über unsere Galaxie hinausblicken. Dies gelingt, indem eine Beobachtung aus dem Alltag universell genutzt wird: Wenn sich ein hupendes Auto von uns entfernt, dann klingt die Hupe tiefer, als wenn sich das Auto mit dem Signalton auf uns zu bewegt. Warum das so ist, erklärte der österreichische Physiker Christian Johann Doppler bereits anno

Anfang und Ende: Im Buch der Offenbarung heißt es von Gott: »Ich bin das A und O« – »Alpha und Omega«, erster und letzter Buchstabe im griechischen Alphabet. So sind diese Buchstaben ins Christus-Bild gekommen. Ausschnitt aus einem Mosaik in der Basilica di S. Miniato al Monte, Florenz 1297

1843. Er sagte ebenfalls richtig voraus, dass es einen »Doppler-Effekt« auch beim Licht geben müsse, das sich, wie der Schall, wellenförmig ausbreitet. Man kann den Effekt zum Beispiel im Sternenlicht erkennen, dessen gesamtes Spektrum sich in Richtung seines langwelligeren Teils verschiebt. Diese »Rotverschiebung« lässt sich dadurch erklären, dass sich die Sterne und Galaxien mit immer größer werdender Geschwindigkeit von der Erde entfernen. Der US-amerikanische Astronom Edwin Powell Hubble zog daraus 1929 die geniale Schlussfolgerung, dass die Geschwindigkeit einer Galaxis direkt proportional zu ihrer Entfernung von der Erde sein müsse. Das Verhältnis von Fluchtgeschwindigkeit zu Abstand nennt man seither Hubble-Konstante. Je genauer man diese bestimmen kann, indem man kosmische Distanzen misst, desto genauer weiß man, wie lange die Welt bereits auseinander fliegt, wann also das Universum in einem Urknall entstanden ist. Den Gedanken an einen solchen Urknall hatte bereits 1927 der belgische Astronom Abbé Georges Édouard Lemaître.

Bestätigt wurde diese Idee aber erst 1965, als Astrophysiker eine weitgehend homogene »Hintergrundstrahlung« entdeckten, die von allen Seiten die Erde beleuchtet; kaum noch wahrnehmbare Mikrowellen extrem niedriger Temperatur von 2,7 Grad Kelvin (minus 270 Grad Celsius). Diese Strahlung ist ein Abglanz der Welt etwa 380 000 Jahre nach dem Urknall, als der zuvor trübe Himmel plötzlich aufklarte. So konnte sich dieses alte Licht auf den Weg in Richtung Erde machen. 1992 entdeckte man mit Hilfe des Satelliten COBE, dass die Hintergrundstrahlung winzige Unregelmäßigkeiten aufweist. Sie spiegeln die Schwankungen in der Verteilung der Materie wider, aus denen im Laufe der Zeit die Galaxien entstanden sind. Ich komme noch darauf zu sprechen, dass sich aus solchen statistischen Unregelmäßigkeiten neue Ordnungen bilden können.

Im Frühjahr 2002 hat die US-Weltraumbehörde Nasa ein Foto präsentiert, das die Mikrowellensonde MAP *(Microwave Anisotropy Probe)* aus der Frühzeit des Universums aufgenommen hat. Es zeigt die Welt im Licht der Mikrowellen-Hintergrundstrahlung rund 380 000 Jahre nach dem Urknall – vor 13,7 Milliarden Jahren oder, um nicht mehr Genauigkeit vorzutäuschen, als die Messtechnik tatsächlich hergibt: vor zwölf bis 15 Milliarden Jahren. Damals, als sich das Licht auf den Weg machte, um uns jetzt zu erreichen, war die Temperatur nach dem großen Knall so weit gesunken, dass sich Elektronen und Protonen zu Wasserstoffatomen verbinden konnten; dem ersten und bis heute wohl wichtigsten chemischen Element. Denn Wasserstoff verbindet sich in unserer gemäßigt warmen Welt mit Sauerstoff zu Wasser, der Grundlage allen Lebens.

Etwa zur Halbzeit, in der Mitte der seit dem Urknall bis heute vergangenen Zeit, vor rund sieben Milliarden Jahren, ist das Sonnensystem in der Milchstraße entstanden, in dem der Mensch zu Hause ist. Es ist, so sagt der Kosmologe Gerhard Börner vom Max-Planck-Institut für Astrophysik in München, eine »vernünftige Annahme«, dass die Welt, von wo aus im Universum man immer sie betrachtet, gleich aussieht. Die entsprechenden mathematischen Modelle sind widerspruchsfrei, und die astronomischen Daten bestätigen das. Wenn das so ist, »dann gibt es keinen Mittelpunkt des Universums«, sagt Gerhard Börner.

(K)ein Mittelpunkt des Universums

Wenn man die Geschichte des Universums im Film rückwärts verfolgen würde, dann zieht sich die Welt zusammen, aber es gibt keinen besonderen Punkt, keine Mitte, auf die hin sie sich zusammenzieht. Es ist so, wie wenn wir auf der Oberfläche eines Luftballons säßen. Wenn er aufgeblasen wird, die Zeit also voranschreitet, werden von jedem Punkt aus gesehen die Abstände zu allen anderen immer größer. Man kann freilich auch wie die alten Griechen sagen: Wo wir sind, ist die Mitte. Denn auf einer Kugeloberfläche ist jeder Punkt Mitte.

Aus der Analyse der MAP-Daten und ein paar anderen Beobachtungen der letzten Jahre wissen wir nun mit großer Sicherheit, dass das Universum zu etwa 73 Prozent aus dunkler Materie besteht, von der die Kosmologen nicht sagen können, was das ist, zu ungefähr 23 Prozent aus dunkler Energie, von der man im Grunde auch nicht weiß, was das heißt, und nur der kleine Rest von vier Prozent ist Materie herkömmlicher Art, aus der wir und unsere Erde bestehen. Man könnte glauben, wir wüssten somit nichts. Doch das ist falsch. Denn die Wirkungen von dunkler Materie und dunkler Energie auf die Galaxien im Universum kann man sehr genau beobachten. So haben Forscher des Max-Planck-Instituts für Astronomie in Heidelberg und vom Instituto de Astrofisica de Canarias um Francisco Prada die Geschwindigkeit von etwa 3000 kleinen Galaxien bestimmt, die gewissermaßen als Satelliten um große, isolierte Einzelgalaxien laufen. Das Prinzip hat bereits Johannes Kepler als Gesetz erkannt: Die Umlaufgeschwindigkeit eines kleinen Körpers – etwa eines Planeten um die Sonne – fällt mit dessen Abstand vom massereichen Zentralkörper stark ab. Anders als in der Umgebung der Sonne, wo es keine dunkle Materie gibt, konzentriert sich nach den Vorstellungen der Astrophysiker die dunkle Materie in der Umgebung von massereichen Galaxien sehr stark. Mit Hilfe des Doppler-Effektes ermittelten die Forscher die Geschwindigkeit jeder einzelnen Satellitengalaxie relativ zu ihrer Zentralgalaxie. Die auf diese Weise erhaltenen Geschwindigkeitsverteilungen, so berichtete die Max-Planck-Gesellschaft im Mai 2003, »lassen sich nur mit der Existenz der theoretisch geforderten dunklen Materie erklären«.

Indizien für dunkle Materie

Neuerdings weiß man auch, dass der Kosmos, die unvorstellbar große Kugeloberfläche des Universums, geometrisch nahezu flach ist. Anders gesagt, unser Weltall ist ein gewöhnlicher »euklidischer Raum«, in dem einfache Gesetze gelten, wie: Die Winkelsumme eines Dreiecks beträgt 180 Grad. Oder: Parallele Lichtstrahlen kreuzen sich nie. Andererseits hat bereits Albert Einstein festgestellt, dass der Raum in seiner Struktur ein Ergebnis der Massenverteilung ist. Denn die Gravitationskraft krümmt die Strahlen des Lichtes. Da sich, auf das ganze Universum bezogen, das Licht geradlinig ausbreitet, muss genau so viel Masse und Energie vorhanden sein, dass diese die Krümmung des Raumes kompensieren; ein Hinweis auf das Wirken dunkler Masse und dunkler Energie.

Wenn es einmal eine Weltformel geben sollte, die das Walten der Schwerkraft gemeinsam mit den anderen im Universum wirkenden Kräften und Wechselwirkungen erklärte, dann würde diese auch das Wirken dunkler Masse und Energie erklären. Und, so glaubt der Physik-Nobelpreisträger Steven Weinberg an der Universität von Texas (90), »sie wird es uns ermöglichen, den Anfang unseres Universums zu verstehen: Was ist damals geschehen? War der Urknall ein einmaliges Ereignis oder war er Teil eines größeren, ewigen Ganzen?« Niels Bohr hat lange vor Weinberg ganz bescheiden formuliert: »Es ist falsch, zu denken, es wäre Aufgabe der Physik, herauszufinden, wie die Natur beschaffen ist. Die Aufgabe der Physik ist vielmehr, herauszufinden, was wir über die Natur sagen können.«

In alter Zeit haben sich die Menschen Bilder vom Anfang der Welt gemacht, die uns in Form von Mythen immer noch etwas zu sagen haben; etwa der biblische Schöpfungsmythos. *Mythos* bedeutet ursprünglich soviel wie »Wort« oder »Gesagtes«. Die modernen Bilder von der Welt sind kurzgefasst Wortbilder wie »Urknall« oder Formeln der Physik, verfasst in der Sprache der Mathematik. Die daran arbeitenden Physiker beschreiben ihr Tun, wenn sie es reflektieren, mit Begriffen wie »Schönheit« und »Wahrheit« – vergleichbar mit anderen menschlichen Schöpfungen. Ich zitiere nochmals Steven Weinberg: »In gewissem Sinne läßt sich das durchaus mit der Schönheit von Musik vergleichen. Wenn Sie etwa ein Prélude von Chopin hören, dann spüren Sie, daß jede Note sitzt. Sie könnte durch keine andere ersetzt werden. Wir spüren durchaus, wenn da eine falsche Note in einer unserer Theorien ist... letztlich ist es die Unausweichlichkeit, die eine Note oder Gleichung schön macht. Wenn eine Melodie auf die ursprüngliche Phrase, auf die Tonika zurückkehrt, dann spüren Sie: Das lässt sich nicht mehr verbessern.«

Natürlich gibt es Kriterien für die Richtigkeit einer »Weltformel«. Sie muss zum Beispiel Masse und Ladung des Elektrons richtig voraussagen sowie andere Naturkonstanten. Weinberg meint: »Der Test, ob sie mit unserer Welt übereinstimmt, ist so restriktiv, daß ich denke, nur eine einzige Theorie würde ihn bestehen.« Und was den Zusammenhang von Schönheit und Wahrheit einer physikalischen Theorie angeht: »Wenn Sie sie als schön empfinden, dann ist es wahrscheinlich, daß sie auch wahr ist.« Der Gedanke jedenfalls fasziniert die Physiker seit hundert Jahren: mit einer einzigen Formel die Welt erklären zu können. Und deshalb arbeiten sie daran, von Einstein und Heisenberg bis Weinberg. Hier zeigt sich obendrein, dass Occams Rasiermesser immer noch als Werkzeug benutzt wird, jedenfalls von den Naturwissenschaftlern.

Vom Alter

Der Mensch gehört zu den am längsten lebenden Arten. Unter den niederen Lebewesen erreichen nur wenige sein Alter; so die Flussperlmuschel oder die Riesenmuschel mit hundert Jahren. Unter den Fischen wird der Stöhr mit maximal 150 Jahren deutlich älter; ein Höchstalter, das auch die Elefantenschildkröte erreicht. Krähe und Gänsegeier werden maximal 118 Jahre alt, der Storch erreicht hundert Jahre. Ebenso alt werden unter den Säugern der Wal und der Esel. Womit die Gemeinsamkeit zwischen Mensch und Esel sich nicht nur, wie der zum Schimpfwort gewordene Name andeutet, auf die Intelligenz bezieht.

Der Baum – ein Symbol für Nachhaltigkeit

Die bei weitem ältesten mehrzelligen Lebewesen sind die Bäume. Ein Apfelbaum kann 200 Jahre alt werden, eine Birne 300 Jahre, die

Hundsrose 400 Jahre, der Wacholder 500, die Lärche 600, der Ölbaum 700 Jahre. Die Rotbuche erreicht 900 Jahre, die Fichte 1100, die Platane 1300, die Eibe 1800, die Linde 1900, die Feige *(Ficus religiosa)* wird 2000 Jahre alt und der Mammutbaum 4000 Jahre.

Der vermutlich älteste lebende Baum der Welt war im Jahre 2003 genau 4768 Jahre alt. Eine Grannenkiefer *(Bristlecone Pine)*, die in den White Mountains in Kalifornien steht. Dort wurde in den 1960er Jahren dank der Dummheit eines Forstwissenschaftlers »zu Studienzwecken« eine Grannenkiefer gefällt. Nach Auszählen der Baumringe wusste man, dass der Baum 4844 Jahre alt geworden war – und heute noch leben könnte. Inzwischen ist man vorsichtiger. Der Standort der nunmehr ältesten Grannenkiefer wird von den Forstleuten geheim gehalten. Dieser Baum lebte bereits, als das Alte Reich der Ägypter entstand. Als der Pharao Cheops anno 2528 vor Christus starb und in seiner berühmten Pyramide nahe Kairo bestattet wurde, war das Bäumchen in den White Mountains bereits 237 Jahre alt. Und in seiner Umgebung wachsen noch 20 weitere Grannenkiefern, die alle bereits seit über 4000 Jahren leben.

Wieso wird dieser Baum so alt? Anscheinend auch deshalb, weil er extrem langsam wächst. Er steht nahe der Baumgrenze, die dort in Höhen zwischen 2000 und 4300 Metern verläuft. In dieser unwirtlichen Gegend ist es nur an durchschnittlich 45 Tagen im Jahr so warm, dass die Grannenkiefer wachsen kann. Die übrige Zeit herrscht Winterruhe. Im Herbst 2002 begannen Wissenschaftler mit Vermehrungsversuchen an dem ältesten bekannten Baum der Welt. Acht Sämlinge sind auf einem Kulturmedium angewachsen. Einige der im Sommer 2003 etwa acht Zentimeter großen Jungpflanzen sollen in botanischen Gärten der USA aufgezogen werden. Andere will man für Klonversuche verwenden. Man möchte Triebe des alten Baumes auf die Sämlinge aufpfropfen und damit genetisch identische Bäumchen entstehen lassen. Nun kann man spekulieren, wie die Welt wohl aussehen wird, wenn auch diese Bäumchen ein Alter von 4768 Jahren erreicht haben sollten. So sorgsam wie bestenfalls Forstleute, die im Übrigen die Idee der Nachhaltigkeit erst entwickelt haben, mit ihren Bäumen umgehen, geht die Menschheit mit sich selbst im Allgemeinen nicht um. Dafür wissen wir Menschen heute wie keine Generation vor uns genau, wie sehr unsere Zukunft durch uns selbst bedroht ist.

Die Zeit vergeht

»Das ›Jetzt‹ verliert für die räumlich ausgedehnte Welt seine objektive Bedeutung.« Das schrieb Albert Einstein im Jahre 1916 (91). Der geniale Physiker hatte ein einfaches Experiment ersonnen: Ein Zug fährt zwischen den Orten A und B auf gerader Strecke. Angenommen, ein Beobachter steht am Bahndamm in der Mitte zwischen beiden Punkten. Er beobachtet, dass gleichzeitig jeweils am Punkt A und am Punkt B ein Blitz einschlägt. Ein im Zug fahrender Beobachter, der den Punkt M von A nach B durchfährt, sieht den ihm vom Punkt B entgegenkommenden Blitz, je nach Fahrgeschwindigkeit, etwas früher, den ihm vom Punkt A hinterhereilenden Blitz dagegen etwas später. Er müsse also zu der Erkenntnis kommen, der Blitz sei in Punkt B früher eingeschlagen als in Punkt A. Die zwei Ereignisse, die in Bezug auf den Beobachter am Bahndamm gleichzeitig angekommen sind, sind dies nicht in Bezug auf den Beobachter im fahrenden Zug. Die alsbald populär werdenden Theorien Albert Einsteins hatten allerdings Anfang des 20. Jahrhunderts zwei Reisende im Zug gründlich missverstanden, deren Gespräch belauscht wurde: »Wo fahren Sie hin?« »Von Warschau nach Berlin.« »Was Sie nicht sagen. Also was die Technik heute möglich macht! Sie fahren von Warschau nach Berlin, ich fahre von Berlin nach Warschau – und beide sitzen wir im gleichen Zug, nur jeder in anderer Richtung.«

Eine Zeitangabe, um auf Albert Einstein zurückzukommen, hat also nur dann einen Sinn, wenn zugleich mitgeteilt wird, auf welches Koordinatensystem sie sich bezieht; in diesem Fall also, ob vom Standpunkt des Beobachters im Zug oder am Bahndamm. »Damit hängt es zusammen«, so Einstein, »daß man Raum und Zeit objektiv unauflösbar als vierdimensionales Kontinuum auffassen muß, wenn man den Inhalt der objektiven Beziehungen ohne entbehrliche konventionelle Willkür ausdrücken will.« Trotzdem vergeht die Zeit und kommt nicht wieder. Das ist keineswegs eine banale Feststellung. Jedenfalls beim gegenwärtigen Stand des Wissens der Physiker muss man sagen, dass sich der »Zeitpfeil« unsymmetrisch, nämlich nur in eine Richtung, bewegt. Bereits Isaac Newton schrieb 1687: »Die absolute Zeit verfließt an sich und vermöge ihrer eigenen Natur gleichförmig und ohne Beziehung auf einen äußeren Gegenstand.« Das entspricht der Lebenserfahrung in einer Welt, in der die Zeit des Lebens vom Anbeginn bis zu seinem zu erwartenden Ende kurz ist, gemessen an kosmischen Maßstäben. Hoch spekulativ sind allerdings Ideen, wonach die Zeit nicht kontinuierlich abläuft, sondern in kleinsten Zeitquantensprüngen – analog dazu, dass auch die Energie Quantensprünge macht. Das ist denkbar und fasziniert die Theoretiker. Es lässt sich aber bisher experimentell weder beweisen noch widerlegen.

Der österreichische, experimentell arbeitende Quantenphysiker Anton Zeilinger gemahnt allerdings seine über die Zeit spekulierenden Kollegen: »Information ist viel wichtiger als die Frage, wie die Ereignisse in Raum und Zeit angeordnet sind.« Zeilinger versteht die Welt so, dass »der quantenphysikalische Zustand nur eine Darstellung von Information ist«. Denn wenn er Messungen macht und den quantenphysikalischen Zustand von Elementarteilchen bestimmt, hat das zur Folge: »Ich gewinne neue Information, die ich vorher nicht hatte.« (92)

Gelingendes Leben

Das Leben selbst ist der höchste Grad von Ordnung, den die Natur im Verlaufe der Evolution entwickeln konnte. Und der Mensch wiederum ist das am höchsten organisierte und zugleich komplizierteste Ordnungssystem in der Natur. Und das, obwohl die Natur selbst uns letztlich in die Unordnung treibt, nämlich in den Tod. Die Natur ist nämlich auch die große Nivelliererin aller Ordnung. Sie ebnet alle Unterschiede ein. Jedes Haus fällt mit der Zeit zusammen, sofern man nichts dagegen tut. Wenn es gebaut wird, muss der Dachdecker die Ziegel im Schweiße seines Angesichts oder mit Motorkraft von unten nach oben transportieren und damit das Dach decken. Es passiert nicht, dass das Dach sich von allein deckt, indem die Dachziegel selbständig von der Straße aufsteigen, sich dabei abkühlen, um die für den Aufstieg notwendige Energie zu gewinnen, und sich ordentlich auf das Dach legen. Sich selbst überlassen, bleibt das ungedeckte Dach ungedeckt. Die Natur geht niemals von allein in einen deutlich unwahrscheinlicheren, nämlich höher geordneten Zustand über. Man nennt dieses Naturgesetz den Zweiten Hauptsatz der Thermodynamik. In der zweiten Hälfte des 20. Jahrhunderts haben große Naturwissenschaftler, wie der in Moskau geborene Ilya Prigogine und der Deutsche Manfred Eigen, beide mit dem Nobelpreis ausgezeichnet, erklärt, wie trotz der Gültigkeit des Zweiten Hauptsatzes der Thermodynamik aus statistischen Schwankungen, lokalen Ungleichgewichten im Universum, geordnete Systeme und sogar das Leben entstehen konnten.

Anfang und Ende als die Fixpunkte des menschlichen Lebens beschäftigen Dichter, Philosophen und Naturwissenschaftler seit alters her. Nur die Märchen sind zeitlos, weshalb sie mit dem die Zeitlosigkeit ihrer Helden betonenden Schlusssatz enden können: »Und wenn sie nicht gestorben sind, dann leben sie noch heute.«

Ein Kunstwerk dagegen hat einen individuellen Autor und dieser ist sich des Anfangs und des Endes natürlich bewusst.

> *Und jedem Anfang wohnt ein Zauber inne,*
> *Der uns beschützt und der uns hilft, zu leben.*

So heißt ein berühmter Satz in dem 1941 von Hermann Hesse verfassten Gedicht *Stufen* (93). Sehr viel pessimistischer klingt der dem um 600 vor Christus lebenden Griechen Solon, einem der sieben Weisen der Antike, zugeschriebene Satz, der nur die rückwirkende Beurteilung eines Lebens erlauben will: »Niemand ist vor seinem Tode glücklich zu preisen«. Und ein deutsches Sprichwort betont: »Ende gut, alles gut«. Dagegen sagt der deutsche Arzt und Reformpsychiater Klaus Dörner, der sich sein Berufsleben lang intensiv für ein menschenwürdiges Leben der alten und gebrechlichen Menschen eingesetzt hat: »Ein gelingendes Leben bedarf auch der Last. Ich-Stärke ist auf Ich-Schwäche angewiesen, auf die passive Tugend der Empfänglichkeit für die Bedürfnisse anderer.« Denn das Leben ohne Sorge für andere sei leer (94).

Dass sich die Dinge fügen müssen, gilt nicht nur statisch für Schlüssel und Schloss, sondern auch für die Dynamik eines Lebens, Anfang und Ende. Aus der Distanz lässt sich erkennen, dass da viel weniger zufällig ist, als es manchmal aussieht. Zum Beispiel im Verhältnis von Eltern und Kindern. Manchmal ist es traurig zu sehen, dass alte Menschen im Heim, obwohl sie doch Kinder haben, von diesen nie oder höchst selten besucht werden. Wer genauer hinschaut, erfährt dann etwas darüber, wie ungut einst die Eltern mit ihren Kindern umgegangen sind, die es ihnen jetzt – vielleicht ganz unbewusst – heimzahlen. Manchmal kann und kann ein alter Mensch nicht sterben, obwohl er dies doch möchte. Er hat noch etwas zu erledigen. Es mag sein, dass nun endlich das Gespräch zustande kommt, das längst hätte sein müssen. Danach findet der alte Mensch endlich seine Ruhe.

»Wird auch silbern mein Haar, lern' ich immer noch vieles«, schrieb einst der Grieche Solon. Das wird in unserer Zeit immer wichtiger, wenn sich die Alten nicht zu Tode langweilen und damit die Statistik wieder drücken wollen. Viel älter als Solons Zitat ist die Klage der Alten, das Alter werde nicht mehr geehrt. Darüber schrieb bereits der griechische Dichter Hesiod um 700 vor Christus (95). Tatsächlich stimmte das so schon damals nicht. Das moderne Ideal ewiger Jugend wurde jedenfalls seinerzeit den Göttern zugeschrieben, nicht den Menschen.

Der Mensch ist in jedem Alter ein sehr unvollkommenes Wesen. Nirgends ist die Verzweiflung über die Lebenswirklichkeit stärker zu spüren als in den Schriften des Alten und des Neuen Testaments. Etwa im 90. Psalm, in dem es heißt: »... wir bringen unsre Jahre zu wie ein Geschwätz. Unser Leben währet siebzig Jahre, und wenn's hochkommt, so sind's achtzig Jahre, und was daran köstlich war, ist doch nur vergebliche Mühe, denn es fähret schnell dahin, als flögen wir davon.«

»Es kommt wohl nur darauf an, ob man dem Fragment unseres Lebens noch ansieht, wie das Ganze eigentlich angelegt und gedacht war und aus welchem Material es besteht.« Das schrieb der evangelische Theologe und Widerstandskämpfer gegen das nationalsozialistische System Dietrich Bonhoeffer 1944 aus dem Gefängnis in Berlin (96).

Sehnsucht nach Unsterblichkeit

Offensichtlich hat der Mensch die Sehnsucht, dass etwas von ihm im Gedächtnis der Menschheit haften bleiben soll; eine Sehnsucht, die sich auf vielfältige Weise ausdrückt. Anno 356 vor Christus äscherte ein gewisser Herostratos den seinerzeit berühmten Artemistempel in Ephesos ein, um damit selbst berühmt zu werden. Weil er der Erste war, der diese Methode benutzte und sich ausdrücklich zu seinem Ziel bekannte, ist es ihm auch gelungen. Man spricht bis heute in so einem Fall von Herostratentum. Sobald der Mensch fähig war zu schreiben, notierte er, wo immer es möglich war, seinen Namen. Die Herrscher in alten Zeiten ließen ihre Heldentaten verewigen. Und bereits im Altertum drückte sich das Bedürfnis von jedermann aus, auf eine Wand zu kritzeln, und sei es auch nur die einer öffentlichen Toilette, und so ein Zeichen zu hinterlassen, dass auch er einst daselbst gewesen ist. Das hat sich bis heute nicht geändert. In den letzten Jahrzehnten sind die Graffitisprayer zur allgemeinen Landplage geworden.

»Unsterblich« kann man freilich auch mit allerlei Rekorden werden, und sei es als Meister bei der fünften Europameisterschaft der Hirschrufer. Im Juni 2003 wurde dies in St. Goarshausen der 29-jährige Peter Feher aus Ungarn. Er konnte nach Ansicht einer Jury den Brunftschrei des Rothirsches am besten imitieren. Der Zweck dieser Übung ist es, dem Platzhirsch einen Nebenbuhler vorzugaukeln und ihn so aus der Deckung zu locken. Der frisch gekürte Europameister: »Ich bin sehr glücklich. Es war mein Traum, Europameister zu werden.« Ebenfalls als besondere Leistung anerkannt wissen will der 25-jährige Südafrikaner Dylan Smith, um noch ein Beispiel zu nennen, dass er mit seiner Motocross-Maschine an Pfingsten 2003 vor tausend Zuschauern über 38 in einer Reihe aufgestellte Motorräder gesprungen ist. Als Höchstleistung zuvor im Guinessbuch der Rekorde notiert waren 30 übersprungene Motorräder.

Den Traum von der Unsterblichkeit erfüllt man sich auch als Erfinder oder Entdecker, als Schöpfer von Kunstwerken oder als »Fußnote« in der Geschichte. Zumindest auf dem Grabstein soll der Name stehen. Und natürlich soll auch etwas von einem selbst in Kindern und Kindeskindern weiterleben.

Natürlicherweise wird ein Mensch mit dem Alter melancholisch. Das ist eine Reaktion auf die spürbar werdende Erfahrung der Vergänglichkeit, mit der jeder Mensch irgendwie fertig werden muss. Künstler können dieses Lebensgefühl in Worte fassen, wie in jenem Gedicht des früh verstorbenen österreichischen Lyrikers Georg Trakl (1887–1914), *Melancholia* (97):

Ein Stoppelfeld. Ein schwarzer Wind gewittert.
Aufblühn der Traurigkeit violenfarben,
Gedankenkreis, der trüb das Hirn umwittert;
An Zäunen lehnen Astern, die verstarben,
Und Sonnenblumen schwärzlich und verwittert.
Da schweigt die Seele grauenvoll erschüttert
Entlang an Zimmern leer und dunkelfarben.

Dem Tod ein Schnippchen zu schlagen ist eine menschliche Hoffnung, die sich in Sagen und Märchen ebenso widerspiegelt wie neuerdings in der Idee des Klonens. Die Sterbeforscher freilich bestätigen, dass letzt-

Hoffnung auf Unsterblichkeit: Nach einem altägyptischen Mythos soll der Vogel Phönix alle 500 Jahre erscheinen, sich selbst verbrennen, dann aus der Asche neu aufsteigen und gen Himmel, Richtung Sonne fliegen. Das Bild wurde zu einem Symbol für die Auferstehung von den Toten.

lich jeder Mensch erst dann auf natürliche Weise stirbt, wenn er dazu bereit ist. Das in München sehr beliebte, mehrmals auch verfilmte Theaterstück *Der Brandner Kaspar schaut ins Paradies* von Josef Maria Lutz zeigt dies auf seine Weise: Der Held des Stücks hat den Tod, den *Boandlkramer*, beim Kartenspiel, beim *Schafkopfn*, überlistet und könnte nun noch lange, lange Zeit leben. Der Tod, der das natürlich nicht zulassen darf, holt sich den Kaspar Brandner nicht etwa trotzdem und mit Gewalt – sondern er zeigt ihm das Paradies, so schön, wie man es sich im frommen weiß-blauen Bayern nur ausmalen kann. Und dazu kann auch der Brandner Kaspar am Ende nur Ja sagen.

Mit dem Ende eines Lebens zerfällt der menschliche Organismus in seine Bestandteile. Es entsteht wieder der größtmögliche Grad von Unordnung. Man fragt sich, wie die arme Seele, falls es sie gibt, das aushält. Der Psychiater, Neurologe und Wissenschaftspublizist Hoimar von Ditfurth hat dazu Bedenkenswertes geschrieben (98): »Angesichts des – betrüblicherweise nicht zuletzt innerhalb der Kirchen – verbreiteten sehr konkreten Redens von einem ›Weiterleben‹ nach dem Tode und der tröstlichen Verheißung von ›Unsterblichkeit‹ trifft die kritische Diagnose voll ins Ziel. Solange wir uns ein ›Leben nach dem Tode‹ am Modell dessen, was allein wir unter ›Leben‹ verstehen, auszumalen versuchen, liefern wir uns jeder rationalen Kritik wehrlos aus. Denn das Leben ist mit dem Tode sozusagen definitionsgemäß zu Ende.«

Aber wann der Mensch wirklich tot ist, ist, je genauer man hinschauen kann, desto weniger eindeutig zu beantworten. Nicht wenige

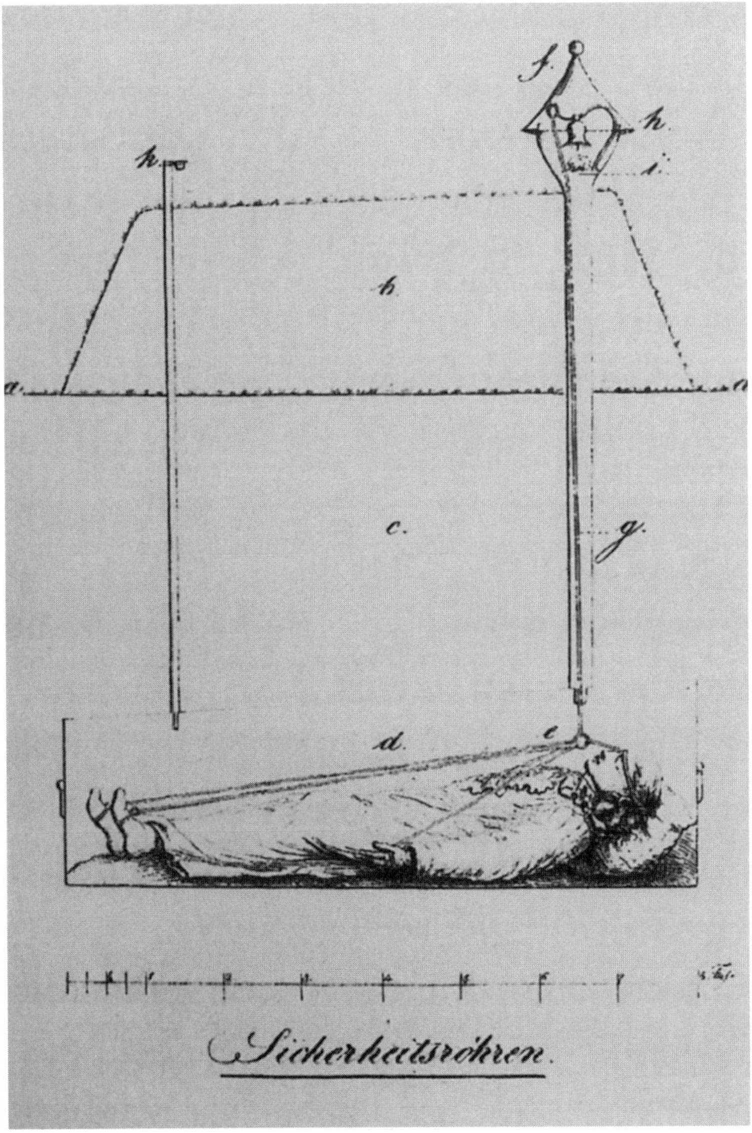

Wann ist der Mensch tot? Die Erfahrung, dass scheinbar Tote wieder aufwachen, machte den Menschen in früheren Zeiten Angst davor, lebendig begraben zu werden. Die Konstruktion eines »Sicherheitssarges« aus dem Jahre 1829 sollte dazu führen, dass bei der geringsten Körperbewegung des bereits bestatteten Scheintoten eine Glocke über dem Grab läuten würde.

Menschen, die bereits »klinisch tot« waren, sind mit Hilfe medizinischer Hightech wieder ins Leben zurückgebracht worden. Manche haben etwas zu erzählen, können sich an »Nahtodeserfahrungen« erinnern. Das heißt, ihr Gedächtnis muss diese Erinnerungen gespeichert haben. Sie waren also nicht wirklich tot.

Die Dinge sind aber noch komplizierter. Manche ins Leben Zurückgeholte berichten von Beobachtungen, die zutreffen, welche sie aber eigentlich gar nicht gemacht haben können. Zum Beispiel kann eine Frau über einen Dialog im Operationsraum, der tatsächlich stattfand, während sie am Gehirn operiert wurde, berichten; nach Angaben ihrer Ärzte lag sie in tiefem Koma, mit obendrein stark unterkühltem Gehirn und objektiv unfähig, mit den Ohren zu hören. Dieselbe Frau beschreibt auch zutreffend die Instrumente, mit denen in ihrem Kopf gearbeitet wurde. Auch diese kann sie nach Meinung ihrer Ärzte mit eigenen Augen gar nicht gesehen haben.

Dies ist ein, wie es scheint, sehr gut dokumentierter Einzelfall aus den USA. Weitere Fälle sind weniger gut dokumentiert, gehen aber in dieselbe Richtung. Möglicherweise können Menschen, vielleicht nur in Extremsituationen, solche Erfahrungen machen, auch wenn ihnen die dazu gemeinhin nötigen Sinne verstopft sind. Die Hirnforscher stehen trotz aller eindrucksvollen Erfolge immer noch am Anfang. Sie können beobachten, ob und wo Gehirnzellen aktiv oder nicht aktiv sind, das heißt elektrische Signale feuern oder nicht feuern. Daraus ziehen sie dann ihre Schlüsse. Man kann erwarten, dass wir auch hier mit noch besserem Instrumentarium im Laufe der Zeit noch mehr erfahren werden.

Unsere Existenz als ich-bewusster Mensch ist an die Existenz des Gehirns gebunden. Ditfurth sieht da eine Analogie: Reale Musik ist an die Existenz von Musikinstrumenten gebunden. Doch die Musik wird nicht durch das Instrument erschaffen. Eine Mozart-Sonate würde nicht zu existieren aufhören, wenn die Instrumente fehlten, um sie erklingen zu lassen. Ditfurth erscheint »die Vermutung zulässig, daß der besondere und eigentümliche Rang musikalischen Genusses damit zusammenhängen könnte, daß er uns einen Widerschein der Strukturen jener ›eigentlichen Wirklichkeit‹ erleben läßt, die wir hinter dem unvollkommenen Abbild in unseren Köpfen gleichsam als deren Original anzunehmen haben.«

Der Tod betrifft den ganzen Menschen, seinen Leib und seine Psyche. Das ist der objektive Befund. Hoimar von Ditfurth argumentiert nun, indem er an das Analogiebild des Musikinstrumentes anknüpft, dass »ein Abbild nicht ohne Original existiert, da die Welt, in der wir uns vorfinden, auf einem sie tragenden und ermöglichenden transzendenten Fundament ruht ... und daß wir daher, wenn wir im Tode aus dieser Welt herausfallen, nicht ins Nichts fallen werden.« Eine tröstliche Vorstellung für Menschen, denen konventionelle religiöse Bilder zu schlicht sind.

Zu guter Letzt

Der Mensch ist das einzige Lebewesen, das die Welt interpretiert. Ich habe an anderer Stelle genauer erklärt, warum das so ist (14). Der Drang, nach dem Warum zu fragen, ist uns angeboren. Es gibt eine Aufgabenteilung zwischen den zwei Hemisphären des Gehirns. Die linke Gehirnhälfte (bei Rechtshändern) ist fortwährend damit beschäftigt, Theorien über die Welt zu entwickeln. Das ist notwendig, weil wir oft nicht genügend Informationen haben, um Entscheidungen zu treffen. Diese Entscheidungen müssen aber insbesondere in lebensgefährlichen Situationen sofort getroffen werden. Und deshalb mussten bereits die Urahnen des Menschen möglichst die richtigen Schlüsse ziehen, zum Beispiel um nicht von den wilden Tieren gefressen zu werden. Die rechte Gehirnhälfte dagegen überprüft die Theorien oder Geschichten, die die linke Hemisphäre uns erzählt, anhand der Wirklichkeit. Allerdings nicht immer sorgfältig. Die Hirnforscher lehren uns: Mehr als 90 Prozent dessen, was wir zu wissen glauben, vermuten wir nur. Allein dank unserer Fähigkeiten, das Beobachtete zu interpretieren, sind wir überhaupt in der Lage, uns in der Welt zu orientieren. Unsere Sinnesorgane sind, wie ich oben im Einzelnen beschrieben habe, alles andere als perfekt. Dies erkennend haben wir uns Krücken geschaffen – die Wissenschaftler nennen ihre Krücken Messinstrumente – um uns über unsere Unvollkommenheit zu erheben. Weil der Mensch geistbegabt ist, beherrscht er die Natur – und bleibt sich doch seiner Unvollkommenheit bewusst; ich erinnere an das oben zitierte Gedicht von Hans Magnus Enzensberger: »Du kannst dein eigenes Gehirn / Mit deinem eigenen Gehirn erforschen / Aber nicht ganz ...« Gleichzeitig ist der Mensch selbst so vollkommen, dass er Vollkommenheit zumindest erahnen kann. Der Verfasser des 8. Psalms im Alten Testament hat das so beschrieben: »... was ist der Mensch? ... Du (Gott selbst) hast ihn wenig niedriger gemacht als Gott ...«

Um die Welt zu interpretieren, bedarf es, wenn man intellektuell redlich sein will, der Überprüfung anhand der Fakten. Das Bedürfnis nach intellektueller Redlichkeit hat sich freilich auch erst langsam beim Menschen entwickelt. Das Interpretationsbedürfnis ist allerdings unabhängig von der Fähigkeit, Zusammenhänge zu verstehen. In archaischen Zeiten hat der Mensch die Natur als beseelt interpretiert. Das heißt, er hat sie vergottet oder verteufelt: Die Sonne, das Meer oder der Wind waren Gottheiten. Daneben gab es jede Menge böse Geister. Auch so war eine Orientierung möglich, aber um den Preis der Angst. Die Entmythologisierung mit der Erkenntnis, dass zum Beispiel Sonne und Mond lediglich Gestirne, aber keine Götter sind, begann bereits zur Zeit, als das Alte Testament verfasst wurde. Doch die alten Bilder verschwinden nicht einfach durch Aufklärung. Eugen Roth hat das so formuliert (3):

> *Wir wissen zwar mit dem* Verstand:
> *Geändert hat sich allerhand!*
> *Jedoch im* Herzen, *ganz verstockt,*
> *Noch tief das alte Weltbild hockt ...*

Das astrologische Weltbild zum Beispiel, das den Planeten ungeheuere Kräfte zuweist, hat nach wie vor viele Anhänger. Und auch die in manchen Religionen wie in der katholischen Kirche (anders als bei den Protestanten) immer noch übliche Zweiteilung der Welt in heilig und profan, geweiht und entweiht, ist ein Rest dieser archaischen Weltdeutung. Wer hier Occams Rasiermesser ansetzt, tut sich schwer. Der Philosoph Karl Popper, dem durchaus bewusst war, zu welchem Irrsinn die Menschen im Namen der Vernunft fähig sind, sprach 1988 von einem unsere Zeit prägenden »verantwortungslosen Angriff auf die Naturwissenschaften und die Vernunft«. Namhafte Wissenschaftler versuchten damals Antworten auf die Beobachtung zu finden, die der Philosoph Walther Zimmerli so beschrieb: »Es sieht so aus, als gehe mit zunehmendem wissenschaftlich-technischen Wissen über das Sein ein Verschwinden der Orientierung über den Sinn Hand in Hand.« (99) In den Jahren seither hat sich das nicht geändert. Die Antworten der Kirchen in unserem Kulturraum befriedigen die Menschen offenkundig nicht. Elf Prozent der Menschen in Deutschland vertrauen noch der katholischen Kirche, 17 Prozent der evangelischen. Das ist das Ergebnis einer Umfrage im Jahre 2003, gewonnen aus der Analyse von 350 000 ausgefüllten elektronischen Fragebögen.

Von den Naturwissenschaftlern haben wir in den letzten hundert Jahren erfahren, wie unendlich kompliziert die Welt ist. Einfache Antworten, wie sie die Menschen gerne hätten, sind deshalb wahrscheinlich prinzipiell nicht möglich. Und wenn sie ihnen im Rückgriff auf archaische Weltbilder geliefert werden, sind sie nicht redlich.

Und *Wo bleibt der Humor?* müsste man jetzt doch noch mit Ernst Jandl fragen. Humor oder, besser gesagt, ein Witz, erlaubt durchaus auch einfache Antworten. Denn eine gute Pointe ist eine auf den Punkt gebrachte Antwort auf eine komplizierte Frage. Ich habe in diesem Buch hin und wieder solche Antworten zitiert. Und ich zitiere noch eine: »Die große Menge wird mich nie begreifen, die Pfeifen.« Der Satz stammt von Robert Gernhardt (100). Sein *Trost im Gedicht* drückt in einem Vers aus, was ich weiter oben als Erkenntnis der modernen Gehirnforschung beschrieben habe:

... Was je ein Mensch gedacht,
lässt eine Spur.
Wirkt als verborgne Macht,
und erst die letzte Nacht
löscht die Kontur ...

Den Zusammenhang zwischen Humor und Wissenschaft hat übrigens Eugen Roth so gedeutet (3):

Der Humorist, meist selbst nicht heiter,
Gibt Frohsinn nur an andre weiter.
Die Wissenschaft, die kaum je irrt,
Nennt so was einen Zwischenwirt.

Der Philosoph Hans Jonas versuchte 1988 die alte Frage zu beantworten, wie der Geist in die Welt gekommen ist (99). Ich zitiere ihn, weil er sich vorsichtig ausdrückt und damit nach meinem Empfinden sehr redlich. Und weil er damit zugleich ein Exempel dafür gibt, dass einfache Antworten nicht möglich sind. Jonas sagte damals: »Das Mindeste, was wir der sich aus dem Urknall entwickelnden Materie im Hinblick auf das schließlich und spät Hervortretende zusprechen müssen, ist eine ursprüngliche Begabung ...« Nämlich die, dass in der Natur »die Fähigkeit zur Ermöglichung des Geistes« angelegt sei. Das ist zunächst eine Binsenweisheit, denn verwirklichen kann sich selbstverständlich immer nur das, was möglich ist. Aber Hans Jonas überlegt weiter: »Wer (oder was) hat die Materie so ›begabt‹? Und: Welchen Anteil hat die ›Begabung‹ am Gang der Weltereignisse?« Immerhin verdanke der Mensch der Materie und »dem bisschen davon, das gerade in seinem Gehirn versammelt ist«, dass er existiere und denken könne. Also müsse er doch der Materie zu all den Eigenschaften, die ihn die Physik lehre, auch noch die

Fähigkeit zur Ermöglichung des Geistes zuerkennen. »... wenn wir jetzt mit wohl erlaubter Metapher sagen, dass die Materie von Anbeginn schlafender Geist sei, so müssen wir hinzufügen, dass die wirklich erste, die schöpferische Ursache von schlafendem Geist nur wacher Geist sein kann, von potentiellem Geist nur aktueller ...«, und so führe uns »die Selbsterfahrung des Geistes und zumal seines denkenden Ausgreifens ins Transzendente, als Teil des kosmischen Befundes, zum Postulat eines Geisthaften, Denkenden, Transzendenten am Ursprung der Dinge: als erste Ursache, wenn es nur eine gibt; als Mitursache, wenn es mehr als eine gibt.« Jonas nennt dies die ihm selbst »einleuchtendste der hier der Vernunft erlaubten Vermutungen«.

Man kann sich freilich dem Geistigen und dem Bemühen, zu begreifen, was es damit auf sich habe, auch auf andere Weisen annähern. Dabei müssten Natur- und Geisteswissenschaften miteinander kommunizieren, was sie nach wie vor nicht tun. Die Geisteswissenschaften nennen sich heute Kulturwissenschaften, mit dem Geist haben sie es kaum leichter als die Naturwissenschaften.

Bereits im 19. Jahrhundert vermutete der deutsche Naturforscher Hermann von Helmholtz, die Wahrnehmungen des Menschen seien unbewusste Rückschlüsse. Heute glauben Gehirnforscher wie der Brite Richard Gregory, die Wahrnehmung hänge von Wissen ab, das in der Vergangenheit erworben wurde. Sein deutscher Kollege Wolf Singer bestätigt dies: »Es besteht allgemeine Einigkeit darüber, daß die Art, wie wir die Außenwelt wahrnehmen, stark von einem *a-priori*-Wissen abhängt.« (101) Dieses Wissen, so Singer, sei in der für die Weiterverarbeitung zuständigen Architektur unseres Gehirns angesiedelt und sei dort sowohl durch genetische Anweisungen als auch durch das früh in der Entwicklung einsetzende Lernen eingerichtet worden. Deshalb vermutet der Frankfurter Gehirnforscher, »daß erworbenes Wissen über das Wesen geistiger Zustände durch Erziehung an die nächste Generation weitergegeben werden kann und beträchtlichen Einfluss darauf hat, wie Menschen sich ihrer selbst bewusst werden und ihre inneren Zustände wahrnehmen«. Natürlich beruhe die bewusste Wahrnehmung auf Vorgängen in den Neuronen des eigenen Gehirns. Doch der Bezugsrahmen, innerhalb dessen sich diese Wahrnehmung abspiele, gehe »über die Grenzen des einzelnen Gehirns hinaus, so dass er eine soziale und damit auch eine historische Dimension annimmt.«

Diese Zusammenhänge sind für mich eine Bestätigung dafür, dass es wichtig ist, sich darüber Gedanken zu machen, wie wir uns orientieren. Der von mir so geschätzte Wilhelm Busch hat zwar mit seiner bereits hundert Jahre alten Klage immer noch recht: »Ach, daß der Mensch so häufig irrt / Und nie recht weiß, was kommen wird.«

Über dem Gedicht steht *Dunkle Zukunft*. Ich habe aber versucht, etwas davon zu zeigen, wie die Zukunft mit der Vergangenheit zusammenhängt, und die dunkle Zukunft damit ein bisschen aufzuhellen. In den letzten Jahrzehnten wird die Klage lauter, dass Faktenwissen so schnell veraltet. Umso wichtiger ist es, Zusammenhänge erkennen zu können. Dann bleibt es ein spannendes Abenteuer, sich auf neue Erkenntnisse und Beobachtungen einzulassen. Und weil ich immer wieder darauf hinweisen musste, dass in allem auch das Gegenteil richtig sein kann, setze ich gegen die Zeilen von Wilhelm Busch zu guter Letzt noch ein Gedichtchen von Eugen Roth (3):

Ein Mensch kanns manchmal nicht verstehn,
Trifft ein, was er vorausgesehn.

Literaturverzeichnis

1. *Nature*, 423, S. 742, 2003
2. Onur Güntürkün, Markus Hausmann, Martin Tegenthoff, NEUROrubin, 2003
3. Eugen Roth, *So ist das Leben*, dtv, München 1973
4. *Spektrum der Wissenschaft*, 5, 2003
5. *Nature Neuroscience*, 4, S. 428, 2003
6. Bertolt Brecht, *Der Radwechsel*, texte 3, Suhrkamp, Frankfurt 1960
7. *Science*, 300, 2003
8. Siegfried Frey, *Bild dir deine Meinung*, NZZ, 19.5.2001
9. Werner A. Müller, *Tier- und Humanphysiologie*, Springer, Heidelberg 1998
10. *Psychologie heute*, 7, 2003
11. Christoph von Campenhausen, *Die Sinne des Menschen*, Thieme, Stuttgart 1981
12. *NZZ*, 26.6.2001
13. Jacques Lusseyran, *Das wiedergefundene Licht*, Ernst Klett Verlag, Stuttgart, 1963
14. Martin Urban, *Wie die Welt im Kopf entsteht*, Eichborn, Berlin 2002
15. Lewis Mumford, *Die Stadt* Kiepenhauer & Witsch, Köln 1963
16. Isaac Asimov,*Biographische Enzyklopädie der Naturwissenschaften und der Technik*, Herder, Freiburg 1973
17. *Spektrum der Wissenschaft*, 11, 2001
18. Hermann Kern, *Labyrinthe, Erscheinungsformen und Deutungen,* 5000 *Jahre Gegenwart eines Urbildes*, Prestel, München 1982
19. Boris Suchan und Irene Daum, Rubin, 2, 2002
20. *BMC Ecology*, zitiert nach *dpa*, 30.4.2003
21. Rudolf Bilz, *Paläoanthropologie*, Suhrkamp, Frankfurt 1969
22. *Jeder 100 000. männliche Deutsche wird in jungen Jahren zum Mörder, dpa*, 26.2.2003
23. *FAZ*, 1.6.2002
24. Christian Morgenstern, *Galgenlieder, Der Ginganz*, dtv, München 1963
25. *Psychologie heute*, 4, 2001
26. Dietrich Dörner, *Die Logik des Misslingens, Strategisches Denken in komplexen Situationen*, rororo, Hamburg 1995
27. Der *Spiegel*, 18, 2003
28. Werner Heisenberg, *Der Teil und das Ganze*, Piper, München 1969

29. FAZ, 18.5.2001
30. *Journal of Epidemiology and Community Health* 56, 2002
31. *Der Tagesspiegel*, 10.6.2002
32. *Nature neuroscience*, 4, 2001
33. Der Spiegel, 9, 2003
34. *Die Zeit*, 20.2.2003
35. *Die Zeit*, 15.2.2001
36. FAZ, 23.2.2001
37. SZ, 8.4.2003
38. *Journal of Family Psychology*, 17, 2003
39. *Journal of Consulting and Clinical Psychology*, 71, 2003
40. *Sleep*, 26, 2003
41. *Focus*, 30.7.2001
42. SZ, 8.4.2003
43. *Psychother. Psychosom.* 71, 2002
44. Zulley/Knab, *Unsere Innere Uhr*, Herder/Spektrum, Freiburg 2000
45. *Daily Mail*, 3.1.2003
46. Max Schmeling, *Erinnerungen*, Ullstein, Berlin 1977
47. *Spektrum der Wissenschaft*, 10, 2001
48. *Spektrum der Wissenschaft*, 6,1979
49. *attempto*, April 2003
50. SZ, 25./26. 10. 1986
51. Kurt Gödel, *Spektrum der Wissenschaft*, Biographie 1, 2002
52. NZZ, 29.12.2002
53. *Gehirn & Geist*, 1, 2003
54. *Impulse*, 2, 2000
55. *Gehirn & Geist*, 3,2003
56. *NZZ Zeitfragen*, 29.12.2001
57. *Gehirn & Geist*, 2,2003
58. *SZ-Magazin*, 10.1.1992
59. *FAZ-Magazin*, 16.2.1990
60. *Die Zeit*, 18.11.1999
61. SZ, 24.9.2001
62. *Nature*, 422, 2003
63. Eugen Herrigel, *ZEN in der Kunst des Bogenschießens*, Otto Wilhelm Barth Verlag, Weilheim 1990
64. Ernst Peter Fischer, *Werner Heisenberg*, Piper, München 2002
65. Karl Kerényi, *Die Mythologie der Griechen*, dtv, München 1966
66. Elisabeth Badinter, *Ich bin Du*, Piper, München 1987
67. *Psychologie heute*, 12, 1992
68. *Gehirn & Geist*, 4, 2002
69. *Science*, 300, 2003
70. *Spiegel*, 16.10.2000
71. *Nature*, 423, 2003
72. *Psychology today*, 3/4, 2003

73. *Theoretical Population Biology*, 61, Heft 1, 2002
74. *NZZ*, 22.1.2002
75. *SZ*, 18.7.1999
76. *The Altruistic Character*, New York 1986
77. *Der Krieg der Kinder*, Der Spiegel, 6.4.1998
78. *Zeitschrift für Entwicklungspsychologie und Pädagogische Psychologie*, 4, 2002
79. *SZ*, 11.3.2003
80. *Science*, 299, 2003
81. *FAZ*, 5.10.2001
82. Walter Beltz, *Gott und die Götter*, Claassen, Düsseldorf 1977
83. Adrian Urban, *Das große Buch der Menschenkenntnis und Charakterkunde*, Weltbild, Augsburg 2003
84. Edrita Fried, *Der intensive Mensch*, Kindler Studienausgabe, München 1972
85. *Psychologie heute*, 2, 2003
86. Wolfgang Fichten, *Unterricht aus Schülersicht*, Verlag Peter Lang, Frankfurt, 1993
87. *SZ*, 2.7.2002
88. *NZZ*, 29.5.2002
89. *NZZ*, 8.5.2002
90. *Spiegel*, 26.7.1999
91. Albert Einstein, *Über die spezielle und die allgemeine Relativitätstheorie*, Vieweg, Braunschweig, 1916
92. *FAS*, 1.6.2003
93. Hermann Hesse, *Die Gedichte*, Insel Verlag, Frankfurt/M., 2001
94. *Die Zeit*, 6.3.2003
95. Hartwin Brandt, *Wird auch silbern mein Haar, Eine Geschichte des Alters in der Antike*, C.H. Beck, München 2002
96. Dietrich Bonhoeffer, *Widerstand und Ergebung*, Christian Kaiser Verlag, München 1951
97. Georg Trakl, *Aus goldenem Kelch*, Otto Müller Verlag Salzburg, 1939
98. Hoimar von Ditfurth, *So laßt uns denn ein Apfelbäumchen pflanzen*, Rasch und Röhring, Hamburg 1985
99. Hans-Peter Dürr, Walter Ch. Zimmerli (Hrsg.), *Geist und Natur*, Scherz, Bern, 1989
100. Robert Gernhardt, *Wörtersee*, Gedichte, Fischer, Frankfurt 1996
101. Steven Rose (Hrsg.) *Gehirn, Gedächtnis und Bewusstsein*, Bastei Lübbe, Bergisch Gladbach, 2000

Personenregister